3e

Réussir le BRE[illegible]

Spécial entraînement

Mathématiques
Philippe Rousseau

Physique-Chimie – Technologie
Sébastien Dessaint

SVT
Fabienne Ottevaere

Français
Isabelle de Lisle

Histoire-Géographie
Enseignement moral et civique
Laurent Bonnet

Annales
Français : Brigitte Réauté, Michèle Laskar
Maths : Philippe Rousseau
Histoire-Géo.- EMC : Christophe Saïsse
Physique-Chimie – Technologie :
Sébastien Dessaint
SVT : Malorie Gorillot

hachette
ÉDUCATION

Crédits photographiques

Dessins techniques et cartes : Rémi Picard, Lasergraphie et Soft Office.
P. 59 : pictogrammes © Rainer Lesniewski/ Shutterstock. **P. 74** : rollers © Vereshchagin Dmitry/Shutterstock ; scooter © annet999/ Shutterstock ; train © Leonid Andronov/Shutterstock. **P. 87** : D. R. **P. 127** : County Museum of Art, Los Angeles, http://collections. lacma.org. **P. 143** : Archives Charmet/Bridgeman/Giraudon. **P. 144** : © D.R. **PP. 146, 155** : Cartographie Hachette. **P. 147** : D.R. **P. 149** : © Plantu. **PP. 151, 154, 158** : Romuald Belzacq (Légendes Cartographie). **P. 152** : François Hollande © Frederic Stevens/Getty Images News *via* Getty Images ; Jacques Chirac © Ron Sachs/CNP/Sygma/Corbis ; Nicolas Sarkozy © Horacio Villalobos/epa/Corbis ; François Mitterand © Bernard Bisson/Sygma/Corbis. **P. 153** : © Guy Quéral. **P. 156** : © Savoie Mont Blanc Tourisme. **P. 157** : Hachette Éducation. **P. 160** : © ADRIAN DENNIS/AFP. **P. 163** : D.R. **P. 173** : D. R. **P. 178 (de haut en bas)** : © Stocksnapper/Shutterstock ; © Peter Gudella/Shutterstock. **P. 179** : © alicjane/Shutterstock. **P. 184** : © Courtesy National Gallery of Art, Washington. **P. 189** : © Collection Simone Benoît/Europeana. **P. 192** : Photographie aérienne de la commune de Chassieu. **P. 240** : Première Guerre mondiale © Collection NBL/Kharbine-Tapabor ; Staline © Photothèque Hachette ; Hitler © Costa/Leemage ; Charles de Gaulle © Photothèque Hachette ; **Rabat** : construction du Mur de Berlin © D.R ; traité de Maastricht © D.R ; Paris, rassemblement pour la liberté © prochasson frederic/Shutterstock ; droit de vote des femmes © Photothèque Hachette ; les trente glorieuses © Photothèque Hachette.

PAPIER À BASE DE FIBRES CERTIFIÉES

hachette s'engage pour l'environnement en réduisant l'empreinte carbone de ses livres. Celle de cet exemplaire est de : 1,2 kg éq. CO_2 Rendez-vous sur www.hachette-durable.fr

Maquette de couverture : Stéphanie Benoit
Maquette de l'intérieur : Mélissa Chalot
Réalisation PAO de l'intérieur : Soft Office et Mediamax
Édition : Morgane Boubault
Achevé d'imprimer en juin 2024 en Italie par Elcograf - Dépôt légal : juillet 2024 - Édition 01

www.parascolaire.hachette-education.com

ISBN : 978-2-01-726856-7

Sommaire

* Cette notion n'est pas notée dans le cadre du Brevet. Elle est proposée aux élèves souhaitant aller plus loin.

Physique-Chimie / Technologie (p. 57)

Sciences de la vie et de la Terre (p. 77)

Français (p. 95)

Histoire-Géographie-EMC (p. 139)

2 – L'épreuve orale

3 – Sujets du Brevet

4 – Corrigés

Réforme du Brevet

Le ministère de l'Éducation nationale a annoncé, en décembre 2023, vouloir faire évoluer le diplôme national du Brevet à partir de la session 2025. À l'heure où nous publions notre ouvrage, nous ignorons les modalités précises des changements annoncés. Mais en voici les grands principes :

– les **épreuves terminales** représenteront désormais 60 % de la note finale ;

– le **contrôle continu** ne comptera donc plus que pour 40 %, et la note ne sera plus le résultat d'une conversion de « compétences » en points, mais elle sera calculée à partir de la moyenne des notes obtenues dans toutes les disciplines au cours de l'année ;

– l'**obtention du Brevet** conditionnera l'accès direct au lycée. Les élèves admis en classe de seconde générale et technologique ou en classe de seconde professionnelle, mais qui n'obtiendront pas ce diplôme rejoindront une « classe préparatoire à la classe de seconde », qui leur permettra de consolider leur niveau, rattraper leur retard et être mieux armés pour la suite.

Flashez et retrouvez les dernières informations ici

Modalités d'attribution du diplôme national du brevet

Le diplôme national du Brevet (DNB) s'obtient en ajoutant deux types de résultats :

- les **résultats acquis en cours de scolarité** qui déterminent votre niveau de maîtrise du socle commun de connaissances, de compétences et de culture, évalué pour chacune de ses composantes par vos professeurs ; ce niveau est converti en points sur un total maximum de **400 points ;**
- les **notes obtenues aux cinq épreuves terminales de l'examen du DNB,** sur un total maximum de **400 points.**

Pour être déclaré **admis au diplôme national du brevet**, vous devez obtenir un minimum de **400 points sur le total de 800.**

- Le DNB comporte deux séries : série générale et série professionnelle.

– Si vous êtes inscrit en classe de 3e générale, vous devez vous présenter en **série générale.**
– La **série professionnelle** est réservée aux candidats bénéficiant de dispositifs particuliers (enseignement agricole, SEGPA, ULIS, UPE2A, 3e prépa-pro, DIMA) : ils peuvent choisir de se présenter en série générale, s'ils le préfèrent.

- Si vous êtes scolarisé dans un collège, votre établissement vous proposera l'inscription au DNB et vos responsables légaux devront compléter et signer le formulaire d'inscription.

- Si vous êtes candidat individuel, vous devez vous adresser à l'inspection académique de votre résidence/domicile vers les mois de novembre-décembre précédant la session de juin à laquelle vous voulez vous inscrire.

Le jour de l'épreuve, prévoyez d'avoir **votre carte nationale d'identité** ou un autre document officiel comportant une photographie : vous devez faire preuve de votre identité au moment de l'examen.

Le niveau de maîtrise du socle commun

- Les résultats obtenus en cours d'année (qu'ils fassent l'objet de notes ou d'autres formes d'évaluation) sont pris en compte dans toutes les disciplines pour évaluer votre niveau de maîtrise des compétences attendues dans les différents éléments qui composent le socle commun (décret n° 2015-372 du 31 mars 2015) :

– **le domaine 1 :** « les langages pour penser et communiquer » décliné en ses quatre composantes :
  – « Comprendre, s'exprimer en utilisant la langue française à l'oral et à l'écrit » ;
  – « Comprendre, s'exprimer en utilisant une langue étrangère et, le cas échéant, une langue régionale » ;
  – « Comprendre, s'exprimer en utilisant les langages mathématiques, scientifiques et informatiques » ;
  – « Comprendre, s'exprimer en utilisant les langages des arts et du corps » ;

– chacun des quatre autres domaines de formation du socle :
  – **le domaine 2 :** « les méthodes et outils pour apprendre » ;
  – **le domaine 3 :** « la formation de la personne et du citoyen » ;
  – **le domaine 4 :** « les systèmes naturels et les systèmes techniques » ;
  – **le domaine 5 :** « les représentations du monde et l'activité humaine ».

- Pour chacune de ces composantes (soit 8 au total), les enseignants évaluent le degré de maîtrise que vous avez atteint. Il est attribué :

– **10 points** si vous avez obtenu le niveau ***maîtrise insuffisante*** ;

– **25 points** pour le niveau ***maîtrise fragile*** ;

– **40 points** pour le niveau ***maîtrise satisfaisante*** ;

– **50 points** pour le niveau ***très bonne maîtrise***.

- Peuvent s'y ajouter les points obtenus pour un **enseignement de complément** que vous avez suivi et si vous avez atteint (10 points) ou dépassé (20 points) les objectifs d'apprentissage du cycle. L'enseignement de complément est au choix : **latin** ou **grec** ou **langue et culture régionale** ou **langue des signes française** ou **découverte professionnelle**.

- Le **total maximum de points** est de **400 points** (50 points × 8 composantes = 400), plus l'éventuel bonus de l'enseignement de complément.

L'examen

- L'examen terminal en fin de classe de 3e comporte cinq épreuves obligatoires :

– **une épreuve écrite** qui porte sur le programme de français (voir le détail de cette épreuve p. 11) ;

– **une épreuve écrite** qui porte sur le programme de mathématiques (voir le détail de cette épreuve p. 10) ;

– **une épreuve écrite** qui porte sur le programme d'histoire, géographie et enseignement moral et civique (voir le détail de cette épreuve p. 11) ;

– **une épreuve écrite** qui porte sur le programme de physique-chimie, sciences de la vie et de la Terre et technologie (voir le détail de cette épreuve p. 10) ;

– **une épreuve orale** de 15 minutes (voir le détail de cette épreuve p. 166).

- Ces épreuves sont notées sur **400 points**.

1

Les épreuves écrites

Descriptif des épreuves écrites

L'ÉPREUVE ÉCRITE DE MATHÉMATIQUES

Durée de l'épreuve : 2 heures

Nature de l'épreuve
Le candidat traite une série d'exercices indépendants les uns des autres. Parmi ces exercices figure obligatoirement un exercice d'algorithmique ou de programmation.

Notation : 100 points
Les points attribués à chaque exercice sont indiqués dans le sujet.

L'ÉPREUVE DE SCIENCES (PHYSIQUE-CHIMIE, SVT, TECHNOLOGIE)

Durée de l'épreuve : deux fois 30 minutes, soit 1 heure.

Nature de l'épreuve
Pour cette épreuve, à chaque session de l'examen, deux disciplines seulement sur les trois citées – physique-chimie, sciences de la vie et de la Terre, technologie – sont retenues.
Le choix des deux disciplines est signifié deux mois avant la date de l'examen.

Notation : 50 points.
Les points attribués à chaque exercice sont indiqués dans le sujet.

Le sujet est constitué d'exercices qui doivent pouvoir être traités par le candidat indépendamment les uns des autres.
Le candidat traite les exercices de chacune des deux disciplines retenues sur une même copie.

L'ÉPREUVE ÉCRITE DE FRANÇAIS

Durée de l'épreuve : 3 heures

Notation : 100 points
Les points attribués à chaque exercice sont indiqués dans le sujet.

Nature de l'épreuve

L'épreuve prend appui sur un texte littéraire et éventuellement une image en rapport avec ce texte. L'épreuve est composée de trois exercices :

• **Questions portant sur le texte littéraire et, éventuellement, sur une image (1 heure 10 minutes – 50 points) :** cet exercice évalue, grâce à des questions et un exercice de réécriture, la compréhension du texte et la capacité d'interprétation ainsi que les compétences linguistiques et la maîtrise de la grammaire.

• **Dictée (20 minutes – 10 points) :** le texte dicté aux candidats comporte environ 600 signes pour la série générale et 400 signes pour la série professionnelle.

• **Rédaction (1 heure 30 minutes – 40 points) :** un sujet de réflexion et un sujet d'imagination, au choix, sont proposés aux candidats. Le dictionnaire est autorisé pour cette partie de l'épreuve.

L'ÉPREUVE ÉCRITE D'HISTOIRE-GÉOGRAPHIE-EMC

Durée de l'épreuve : 2 heures

Notation : 50 points
Les points attribués à chaque exercice sont indiqués dans le sujet.

Nature de l'épreuve

L'épreuve comprend trois exercices :

• **Exercice 1 : Analyser et comprendre des documents en histoire et géographie (20 points) :** les questions proposées dans cette partie s'appuient sur des documents remis au candidat avec le sujet. Peut y être adjoint un document iconographique ou audiovisuel (rendu accessible par un sous-titrage adapté), d'une durée inférieure ou égale à cinq minutes.

Les questions ou consignes proposées ont pour objectif de tester la bonne compréhension des documents et, le cas échéant, le regard critique porté sur ces documents.

• **Exercice 2 : Maîtriser différents langages pour raisonner et utiliser des repères historiques et géographiques (20 points) :** une question d'histoire ou de géographie appelle un développement construit, sous la forme d'un texte structuré et de longueur adaptée. Éventuellement, une question met en jeu un autre langage (croquis, schéma, frise chronologique).

• **Exercice 3 : Mobiliser des compétences relevant de l'enseignement moral et civique (10 points) :** une problématique d'enseignement moral et civique est posée à partir d'une situation pratique présentée dans un document. Le questionnaire qui amène le candidat à y répondre comprend des questions à réponse courte et une question à réponse plus développée.

Mathématiques

Rappels et conseils

Le programme de mathématiques de la classe de troisième vous permet de consolider vos acquis des classes précédentes, de conforter l'acquisition des méthodes caractéristiques des mathématiques et de développer votre capacité à utiliser les mathématiques dans différents domaines (vie courante ou autres disciplines).

Activités numériques

▶ Nombres et calculs

Vous allez découvrir la notion de **PGCD** afin de rendre irréductible les fractions. Pour cela il sera utile de revoir les critères de divisibilité par 2, par 3, par 5...

Pour déterminer un PGCD, vous pourrez aussi employer un **algorithme**. L'algorithmique et la programmation vous permettront de résoudre plus rapidement des problèmes mathématiques.

Le calcul littéral, avec en particulier les **identités remarquables**, renforce le calcul mental sur des calculs tels que "103^2" ou "39×41" et permet des démonstrations dans un cadre différent de celui de la géométrie.

La résolution de problème vous amène à traduire des données à l'aide d'une **équation** ou d'une **inéquation** qu'il faut ensuite résoudre.

▶ Organisation et gestion des données

En troisième, vous approfondissez la notion de **fonction** avec l'étude des **fonctions affines**, et en particulier des **fonctions linéaires** qui correspondent à des situations de proportionnalité. Ces fonctions se rencontrent dans la vie courante ; ainsi, le prix d'un plein d'essence est fonction du volume de carburant acheté. Vous allez calculer des images ou des antécédents, représenter des fonctions à l'aide de droites et exploiter ces représentations graphiques.

Les données chiffrées font partie de notre quotidien. L'étude des **statistiques** et des **probabilités** doit vous donner l'habitude de vous interroger sur la signification et l'information apportées par un résumé statistique.

Activités géométriques

▶ Géométrie

Les différents cas d'**homothétie** permettent d'introduire les diverses configurations de **Thalès** (dans le triangle et forme papillon) et de faire le lien avec la proportionnalité. **La réciproque de Thalès** permet de montrer que des droites sont parallèles.

L'étude de la **trigonométrie** est complétée avec le **sinus** et la **tangente** d'un angle aigu, outils indispensables au lycée pour la résolution d'exercices en sciences physiques.

Avec la **sphère** et la **boule**, vous pouvez traiter des problèmes de géographie liés aux parallèles et aux méridiens. La géométrie dans l'espace est complétée par l'étude des **sections des solides par un plan**.

Grandeurs et mesures

Ces **sections** donnent, dans le cas d'une pyramide ou d'un cône, une **réduction** dont on peut calculer l'aire ou le volume avec des théorèmes qui permettent aussi de faire des **agrandissements**.

La vie courante est présente dans les problèmes de **grandeurs composées** telles que vitesse ou consommation énergétique.

Conseils généraux

La réussite en mathématiques, comme pour toutes les matières, commence par l'**apprentissage du cours**. Sans une parfaite connaissance des règles de calcul, des théorèmes et propriétés de géométrie, il est impossible de résoudre correctement des exercices. Revoyez systématiquement tous les chapitres !

Exercez-vous régulièrement en soignant la rédaction et la présentation des exercices. Ainsi, le jour d'un contrôle ou d'un examen, vous donnerez une bonne impression au correcteur.

Et le Brevet ?

Pendant l'année

En plus des conseils généraux ci-dessus, **il faut**, pour réviser efficacement, **travailler régulièrement tout au long de l'année**. Placez-vous dans les conditions réelles de l'épreuve : mettez-vous au calme et traitez complètement le sujet d'annales proposé en p. 171, en 2 heures comme le jour de l'examen.

Le jour de l'épreuve

Il est important de :

- **prévoir votre matériel.** Si le papier est fourni, il vous faut, en revanche, apporter crayons (de différentes couleurs), gomme, règle, compas, calculatrice et rapporteur ;
- **gérer votre temps.** Une première lecture de l'ensemble du sujet est suivie par la résolution des différents exercices, puis par une relecture finale attentive de votre copie ;
- **soigner votre rédaction.**

1 Diviseurs

Soit a, b et n trois entiers **naturels** non nuls tels que $n = a \times b$.
a et b sont des **diviseurs** de n. n est un **multiple** de a et de b.
Remarque : pour tout entier non nul, $n = 1 \times n$, donc 1 et n sont des diviseurs de n.

1 Pour chaque entier, écris tous les produits d'entiers naturels auxquels il est égal, puis donne l'ensemble de ses diviseurs.

Exemple : 24 = 1 × 24 = 2 × 12 = 3 × 8 = 4 × 6. Les diviseurs de 24 sont 1, 2, 3, 4, 6, 8, 12 et 24.

» 35 = 1 x 35 7 x 5 diviseurs sont 1, 35, 7 et 5

» 20 = ...

» 56 = 1 x 56 2 x 28 4 x 14 7 x 8 diviseur sont 1, 56, 2, 28, 4, 14, 7 et 8

» 43 = ...

2 Pose les divisions euclidiennes et écris les résultats en ligne. Précise les restes.

Exemple :

123	7
53	17
4	

donc
123 = 7 × 17 + 4.
Le reste est 4.

On peut aussi poser les soustractions dans les divisions.

» 253 | 6 — -24, 013, -12, 01 | 42
donc
253 = 6 x 42 + 1
le reste est de 1

» 828 | 18 — -72, 108, -108, 000 | 46
donc
828 = 18 x 46 + 0
le reste est de 0

» 967 | 15
....

» 1 025 | 15
....

3 Résous le problème.

a. Donne la liste des diviseurs de 48. » = 1 x 48 2 x 24 3 x 16 4 x 12 6 x 8

b. Donne la liste des diviseurs de 42. » = 1 x 42 2 x 21 3 x 14 6 x 7

c. Quels sont les diviseurs communs à 48 et à 42 ? Précise lequel est le plus grand d'entre eux.

» ~~42~~, 2, 1, 3, 6 le plus grand est 6

4 En justifiant ta réponse, dis si ces affirmations sont vraies ou fausses.

a. 432 est divisible par 32. » Non car 432 ÷ 32 = 13,5

b. 35 est un diviseur de 665. » oui car 665 ÷ 35 = 19

c. 240 est un multiple de 48. » Oui car 48 x 5 = 240

Corrigés p. 197

2 PGCD

- Le plus grand des diviseurs communs à deux entiers est leur **PGCD**.
- Deux entiers dont le PGCD vaut 1 sont dits **premiers entre eux**.
- Une fraction $\frac{a}{b}$, avec a et b premiers entre eux, est dite **irréductible**.

1 Calcule les PGCD avec l'algorithme des soustractions donné ci-après.

Soit a et b deux entiers ($a \geqslant b$). Si $a = b$, alors leur PGCD est a, sinon leur PGCD est celui de b et de $a - b$.

Remplace PGCD (a ; b) par PGCD ($a - b$; b) si $a - b > b$ ou par PGCD (b ; $a - b$) si $a - b < b$.

Exemple : PGCD (45 ; 10) = PGCD (35 ; 10)
= PGCD (25 ; 10)
= PGCD (15 ; 10) = PGCD (10 ; 5) = PGCD (5 ; 5) = 5.

- PGCD (28 ; 16) = ...
- PGCD (36 ; 12) = ...
- PGCD (13 ; 3) = ...

2 Détermine les PGCD avec l'algorithme d'Euclide donné ci-après.

Soit a et b deux entiers non nuls ($a \geqslant b$) et r le reste de la division euclidienne de a par b.
Si $r = 0$, alors le PGCD de a et b est b, sinon le PGCD de a et de b est celui de b et de r.
Remarque : pour utiliser cet algorithme, on construit souvent un tableau.

- PGCD (45 ; 7)

a	*b*	*r*

....
....
....
....

- PGCD (56 ; 20)

....
....
....
....

3 Détermine si ces nombres sont premiers entre eux.

- 45 et 30 ....
- 72 et 14 ....
- 27 et 10 ....

4 En utilisant les PGCD des exercices 1 et 2, rends les fractions irréductibles.

- $\frac{28}{16}$ = ...
- $\frac{45}{7}$ = ...
- $\frac{56}{20}$ = ...
- $\frac{671}{732}$ = ...

Corrigés p. 197

3 Algorithmique

- Une variable informatique contient une valeur.
- Toute saisie de cette variable ou affectation dans cette variable fait perdre la valeur précédente.
- On peut utiliser un compteur du type « pour i variant de 1 à n » pour effectuer une instruction pour toutes les valeurs entières de la variable i prises de 1 en 1 depuis 1 jusqu'à n.

1 Étudie le fonctionnement de cet algorithme.

On considère l'algorithme ci-contre.

a, b, x, y sont des variables
Saisir la valeur de x.
a prend la valeur $x + 1$.
b prend la valeur a^2.
y prend la valeur $-b + 16$.
Afficher y.

a. On applique l'algorithme en saisissant 0 pour la valeur de x. Calcule les valeurs prises par a, par b et par y.

» ....

....

b. Quel nombre obtient-on en sortie en saisissant 1 pour la valeur de x ?

» ....

....

c. Exprime en fonction de x la valeur affichée à la fin de l'algorithme.

» ....

....

Appliquer ce genre d'algorithme, revient à définir une fonction.

2 Applique cet algorithme à une seule variable.

On considère l'algorithme ci-contre.

a est une variable
Saisir la valeur de a.
a prend la valeur a au carré.
a prend la valeur a diminuée de 4.
a prend la valeur le double de a.

a. Si on applique cet algorithme en saisissant 9 comme valeur, quelles sont les différentes valeurs prises par la variable a ?

» ....

....

b. Quelle sera la valeur finale de a si l'on saisit 0,5 comme valeur ?

» ....

....

3 Complète le tableau en appliquant l'algorithme suivant :

x prend la valeur 0.

Pour i variant de 1 à 11, x prend la valeur $x + i$.

i	☒	1	2	3								
x	0	1	3									

À chaque étape la valeur de i à ajouter change.

Corrigés p. 197

4 Racine carrée : définition

• Soit a un nombre positif : on appelle **racine carrée de a** le nombre positif dont le carré vaut a. La racine carrée de a se note $\sqrt{a}$ et on a $\sqrt{a}^2 = a$ et $\sqrt{a^2} = a$.

• L'équation $x^2 = a$, avec $a < 0$, n'a pas de solution.

• L'équation $x^2 = a$, avec $a > 0$, a deux solutions : $x = \sqrt{a}$ et $x = -\sqrt{a}$.

1 Sans utiliser de calculatrice, complète.

$\sqrt{64} =$ .... $\sqrt{\text{..........}} = 7$ $\sqrt{5}^2 - \sqrt{2}^2 =$ .... $\sqrt{\text{..........}}^2 = 17$

$\sqrt{(-5)^2} =$ .... $\sqrt{3}^2 =$ .... $\sqrt{3^2 + 4^2} =$ .... $-\sqrt{25} =$ ....

2 Complète ces phrases par « le carré » ou « la racine carrée ».

» 49 est .... de 7.

» .... de – 14 n'existe pas.

» .... de – 5 est 25.

» .... de 0,01 est 0,1.

» 6 est .... de 36.

» .... de $\sqrt{17}$ vaut 17.

3 Résous les équations.

a. $x^2 = 25$	b. $x^2 + 25 = 0$	c. $2x^2 - 23 = 9$	d. $(x + 3)^2 = 49$
»	»	»	» ....
....	....	....	....
....	....	....	....
....	....	....	....
....	....	....	....

4 Résous le problème.

ABC est un triangle rectangle et isocèle en *A*. L'aire de *ABC* est 15 cm².

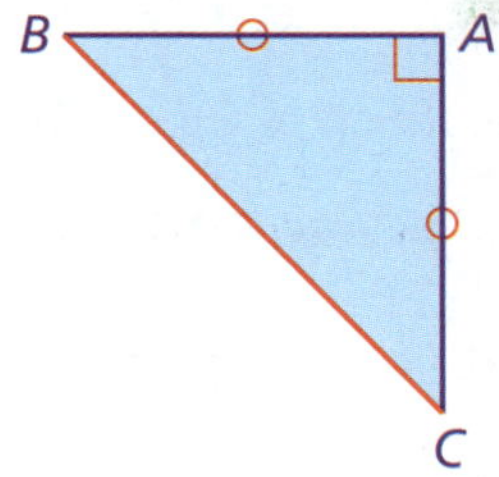

a. Donne la valeur exacte de *AB*.

» ....

....

....

b. Calcule la valeur exacte de *BC*, puis la valeur arrondie au dixième.

Revois la fiche 22.

» ....

....

....

....

Corrigés p. 197

5 Développement

- **Développer**, c'est transformer un produit en somme algébrique.
- On peut utiliser les règles de **distributivité** :
$a(b + c) = ab + ac$; $a(b - c) = ab - ac$; $(a + b)(c + d) = ac + ad + bc + bd$.
- On peut utiliser les **identités remarquables** :
$(a + b)^2 = a^2 + 2ab + b^2$; $(a - b)^2 = a^2 - 2ab + b^2$; $(a + b)(a - b) = a^2 - b^2$.

Attention ! Par exemple, le carré de $2x$ est $(2x)^2$, soit $4x^2$.

1 Développe et réduis les expressions.

- $A = 2x(3x + 4) =$ ....
- $B = (x + 5)(2x - 4) =$ ....
- $C = (x + 1)(x^2 - 3x + 5) =$ ....
- $D = (x + 3)(x - 5) + (x - 6)(2x + 3) =$ ....
- $E = (2x - 5)(3 + 4x) =$ ....

2 En utilisant les identités remarquables, développe et réduis les expressions.

- $F = (2x + 3)^2 =$ ....
- $G = (5 - 4x)^2 =$ ....
- $H = (3x - 7)(3x + 7) =$ ....
- $I = (x + 6)^2 + (2x - 3)^2 =$ ....
- $J = (x^2 + 3)^2 =$ ....

3 En faisant attention au signe « moins » devant les produits, développe et réduis.

- $K = -(x + 1)(2x - 1) =$ ....
- $L = (x + 2)(x + 3) - (x + 4)(x + 5) =$ ....
- $M = (x + 2)^2 - (x - 2)^2 =$ ....
- $N = (2x - 3)^2 - (x - 5)(x + 5) =$ ....

4 Sans calculatrice, effectue les calculs.

- $O = (100 + 2)^2 =$ ....
- $P = 98^2 =$ ....
- $Q = (\sqrt{2} + 3)^2 =$ ....
- $R = 97 \times 103 =$ ....

Aide :
$98 = 100 - 2$
$97 = 100 - 3$
$103 = 100 + 3$

Corrigés p. 198

6 Factorisation

• **Factoriser**, c'est transformer une somme algébrique en un produit.

• On peut utiliser les règles de **distributivité** :

$ab + ac = a(b + c)$; $ab - ac = a(b - c)$.

• On peut utiliser les **identités remarquables** :

$a^2 + 2ab + b^2 = (a + b)^2$; $a^2 - 2ab + b^2 = (a - b)^2$; $a^2 - b^2 = (a + b)(a - b)$.

Attention ! Il faut bien identifier les termes a et b.

1 Factorise les expressions.

- $A = 7a + 7b =$ ....
- $B = 5x - 15 =$ ....
- $C = 9x^2 - 6x + 3 =$ ....
- $D = 3x^2 + 5x =$ ....
- $E = 17x^2 - x =$ ....
- $F = 14x^3 - 7x^2 + 21x =$ ....

2 Factorise les expressions.

- $G = (2x + 3)(x + 5) + (2x + 3)(3x + 4) =$ ....
- $H = (x - 2)(2x + 3) - (x - 2)(x - 4) =$ ....
- $I = (3x + 6)(x + 1) - (x + 2)(x + 3) =$ ....
- $J = (x + 7)(3x - 5) + x + 7 =$ ....

....

Pense que $x + 7 = 1(x + 7)$.

3 À l'aide des identités remarquables, factorise les expressions.

- $K = x^2 + 6x + 9 =$ ....
- $L = 25x^2 - 20x + 4 =$ ....
- $M = (x + 3)^2 - 16 =$ ....
- $N = 16x^2 - 81 =$ ....

4 Résous le problème.

Soit A l'expression $x^2 - 6x + 9 - (x - 3)(2x + 1)$.

a. Développe et réduis A. ....

b. Factorise $x^2 - 6x + 9$. ....

c. Déduis-en une factorisation de A. ....

MATHÉMATIQUES

Corrigés p. 198

7 Calcul littéral : démonstrations

Soit A et B deux expressions littérales. Pour prouver que $A = B$, on peut :
- transformer l'une des deux expressions pour obtenir l'autre ;
- transformer les deux expressions pour obtenir une même troisième expression et conclure.

1 Prouve que l'expression *B* est égale à l'expression *A*.

On considère les expressions $A = x^3 + x^2 - 2x$ et $B = x(x - 1)(x + 2)$.

Il est plus simple de développer que de factoriser.

» ....

....

....

2 Transforme les deux membres pour prouver que l'égalité est vraie. A-t-on $(2x - 3)(x + 4) = 2(x + 1{,}25)^2 - 15{,}125$ pour tout nombre x ?

» • $(2x - 3)(x + 4) =$ ....

• ....

• Conclusion : ....

....

3 Résous le problème.

a. Soit a et b deux nombres.

Montre que $a^3 + b^3 = (a + b)(a^2 - ab + b^2)$.

$a^3 + b^3 = (a + b)\,(a^2 - ab + b^2)$ est une identité remarquable qui permet de factoriser $a^3 + b^3$, alors qu'on ne peut pas factoriser $a^2 + b^2$.

» ....

....

....

b. Déduis-en une factorisation de $x^3 + 8$.

» ....

....

....

4 Prouve que les trois expressions sont égales.

Soit les expressions : $A = (x - 4)^2 + 2x(x + 5) - 17$, $B = 3x^2 + 2x - 1$ et $C = (3x - 1)(x + 1)$.

» ....

....

....

Corrigés p. 198

8 Fractions

addition : $\frac{a}{b} + \frac{c}{b} = \frac{a+c}{b}$ soustraction : $\frac{a}{b} - \frac{c}{b} = \frac{a-c}{b}$ simplification : $\frac{a \times k}{b \times k} = \frac{a}{b}$

multiplication : $\frac{a}{b} \times \frac{c}{d} = \frac{a \times c}{b \times d}$ division : $\frac{\frac{a}{b}}{\frac{c}{d}} = \frac{a}{b} \times \frac{d}{c}$ l'inverse de $\frac{c}{d}$ est $\frac{d}{c}$

1 Calcule chaque expression et donne le résultat sous forme d'une fraction simplifiée.

$\frac{14}{45} \times \frac{27}{49} =$ ....

$\left(\frac{2}{3} - \frac{3}{2}\right) \div \frac{7}{11} =$ ....

2 Effectue les calculs en respectant les priorités.

$2 - \frac{5}{2} \times \frac{14}{15} =$ ....

$\frac{2}{3} - \frac{5}{3} \times \frac{21}{15} =$ ....

$\frac{1}{3} - \frac{1}{3} \times \frac{4}{7} =$ ....

$\frac{\frac{6}{5}}{\frac{1}{15} - \frac{1}{5}} =$ ....

Commence par le calcul au dénominateur.

3 Écris sous la forme la plus simple possible.

$\left(\frac{6}{7} \times \frac{1}{5}\right) - \left(\frac{2}{5} \div \frac{1}{4}\right) =$ ....

$\frac{6}{7} \times \left[\left(\frac{1}{5} - \frac{2}{5}\right) \div \frac{1}{4}\right] =$ ....

4 Résous le problème.

Lors d'un partage d'une somme, la première personne reçoit un tiers de la somme, la deuxième un quart et les deux dernières personnes se partagent le reste de manière égale.
Exprime, à l'aide d'une fraction, la part de la troisième personne.

» ....

....

....

Corrigés p. 198

9 Inéquations

Pour résoudre une **inéquation**, on peut, à chaque étape :
- simplifier les membres de l'inéquation ;
- ajouter ou soustraire un même nombre aux deux membres ;
- multiplier ou diviser les deux membres par un même nombre positif ;
- multiplier ou diviser les deux membres par un même nombre **négatif** en **changeant le sens** de l'inégalité.

1 Résous les inéquations.

» $2x - 3 > 7$

....

....

» $3x + 4 < 2x - 5$

....

....

2 Pour chaque inégalité, colorie en rouge sur la droite les nombres correspondants. Ajoute le crochet, tourné vers la partie coloriée si le nombre donné fait partie des solutions.

Exemple : $x \leqslant 3$.

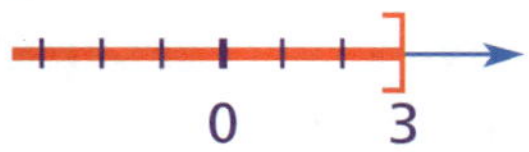

b. $x < 1$

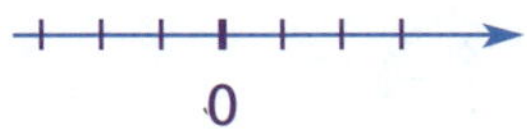

a. $x \geqslant -2$

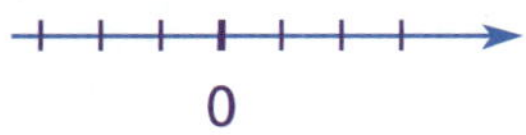

c. $2 < x$

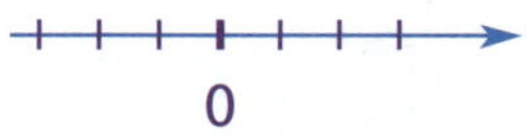

3 Pour chaque dessin, complète par le symbole $<$, $\leqslant$, $>$ ou $\geqslant$ qui convient.

a. x .... -2

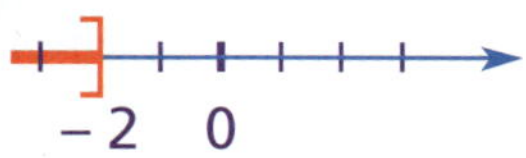

c. x 0

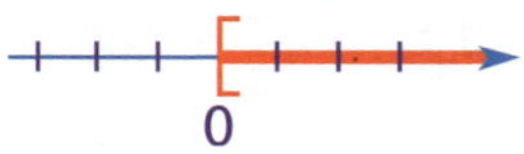

b. x 1

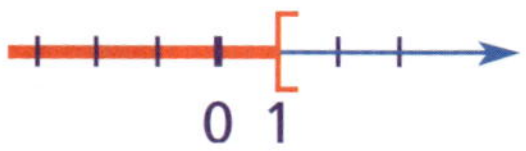

d. 3 x

4 Résous les inéquations.

» $-4x + 2 \leqslant 10$

....

....

» $4x + 5 > 5x$

....

....

5 Détermine la valeur minimale de x.

Sur le terrain $ABCD$, la famille Martin veut faire construire une maison $BEFG$ d'au moins 60 m². On a $BE = 8$ m et $BG = x$ m.

» ....

....

....

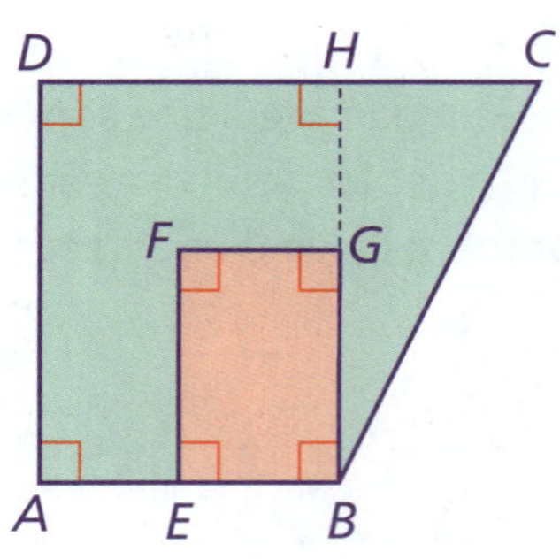

Corrigés p. 199

10 Équations produits

Théorème : Si un produit de facteurs est nul, alors l'un des facteurs au moins est nul.
Exemple : L'**équation produit** $(x + 3)(x - 4) = 0$ s'écrit aussi $x + 3 = 0$ ou $x - 4 = 0$.

1 Résous les équations produits.

$(x + 3)(2x + 5) = 0$ ▸ ....

....

$(x - 4)(5 - x) = 0$ ▸ ....

....

$5x\,(x + 1)(2x + 3) = 0$ ▸ ....

....

2 On cherche à résoudre l'équation $(x + 3)(2x + 5) + (x + 3)(2x - 7) = 0$.

a. Factorise $(x + 3)(2x + 5) + (x + 3)(2x - 7)$.

▸ ....

....

b. Résous l'équation proposée.

▸ ....

....

....

....

Utilise la factorisation obtenue à la question a.

3 Résous ces équations après les avoir transformées en équation produit.

$(2x + 3)(2x + 5) - (2x + 3)(x - 4) = 0$ ▸ ....

....

....

$(3x - 5)(x - 2) - 6x + 10 = 0$ ▸ ....

....

....

4 Factorise, puis résous.

a. Factorise l'expression $(2x - 1)^2 - 36$. ▸ ....

b. Résous l'équation $(2x + 5)(2x - 7) = 0$. ▸ ....

....

MATHÉMATIQUES

Corrigés p. 199

11 Comparaisons – Puissances – Notations scientifiques

- Soit a et b deux nombres : dire que $a > b$ revient à dire que $a - b$ est positif.
- $a^m \times a^n = a^{m+n}$ $\quad \dfrac{a^m}{a^n} = a^{m-n}$ $\quad (a^m)^n = a^{m \times n}$ $\quad a^m \times b^m = (ab)^m$ $\quad \dfrac{a^m}{b^m} = \left(\dfrac{a}{b}\right)^m$
- L'écriture scientifique d'un nombre relatif est l'écriture de ce nombre sous la forme $a \times 10^n$, où a est un nombre décimal ayant un seul chiffre non nul avant la virgule et n un entier relatif.

L'écriture scientifique de 2 700 000 est $2{,}7 \times 10^6$.

1 Complète les égalités.

$6^3 \times 6^{\cdots} = 6^5$ $\qquad 7^{\cdots} \div 7^4 = 7^2$ $\qquad 3 \times 3^{\cdots} = 3^4$ $\qquad 5^{-2} \times 5^{\cdots} = 5^3$

2 Effectue les calculs.

On rappelle que les puissances sont prioritaires sur les autres opérations.

$a = 3 \times 4^2 + 5 =$ ……………………………………………………

$b = 2^4 - 2^3 \times 3 =$ ……………………………………………………

$c = (11 - 6)^2 \times 4 =$ ……………………………………………………

$d = 6^3 \div 3^3 - (-2)^3 =$ ……………………………………………………

$e = 5^2 + 2 \times 3^3 - 24 \div 2^2 =$ ……………………………………………………

3 Écris les deux nombres A et B en notation scientifique.

$A = 0{,}002\,345 =$ …………………………… $\qquad B = 645{,}3 \times 10^5 =$ ……………………………

4 Donne l'écriture scientifique de C.

$$C = \frac{49 \times 10^3 \times 6 \times 10^{-10}}{14 \times 10^{-2}}$$

» ……………………………………………………

……………………………………………………

5 Résous le problème.

a. Compare 10^{-6} et 10^{-7}.

» ……………………………………………………

……………………………………………………

Il suffit de comparer les exposants.

b. Montre que $\dfrac{5 + 10^{-6}}{5 + 10^{-7}} - 1$ est un nombre positif.

» ……………………………………………………

c. Que peut-on en déduire pour le nombre $\dfrac{5 + 10^{-6}}{5 + 10^{-7}}$?

» ……………………………………………………

Corrigés p. 199

12 Statistiques

- L'**étendue** d'une série de valeurs est la différence entre la plus grande valeur et la plus petite.
- Une **moyenne pondérée** s'obtient en divisant la somme des produits de chaque valeur par son coefficient, par la somme des coefficients.

note	10	3	5	8
coefficient	1	2	3	2

La moyenne est $\frac{10 \times 1 + 3 \times 2 + 5 \times 3 + 8 \times 2}{1 + 2 + 3 + 2}$, soit 5,875.

1 Quelle est l'étendue de la série suivante : « 54 – 12 – 78 – 6 – 63 – 89 – 46 – 10 » ?

» ....

2 Quelle est la moyenne de la série de l'exercice 1 ?

» ....

....

3 Résous le problème.

Un examen comporte deux épreuves : une écrite de coefficient 6 et une orale de coefficient 4. Chacune des épreuves est notée de 0 à 20. Pour être reçu à l'examen, un candidat doit obtenir au minimum 10 de moyenne.

a. Caroline, qui a obtenu 7 à l'écrit et 13 à l'oral, est-elle reçue ? Justifie ta réponse.

» ....

....

b. Étienne a 7 à l'oral. Quelle note doit-il obtenir à l'écrit pour être reçu avec 10 de moyenne ?

» ....

....

....

Pose une équation et résous-la.

4 Résous le problème.

Le service qualité d'une usine teste des ampoules électriques, sur un échantillon, en étudiant leur durée de vie moyenne. Les résultats sont regroupés ci-contre.

Calcule la durée de vie moyenne d'une ampoule testée.

d : durée de vie en heure	nombre d'ampoules
$1\,000 \leqslant d < 1\,200$	550
$1\,200 \leqslant d < 1\,400$	1 460
$1\,400 \leqslant d < 1\,600$	1 920
$1\,600 \leqslant d < 1\,800$	1 640
$1\,800 \leqslant d < 2\,000$	430

» ....

....

Corrigés p. 199

13 Médianes

• On appelle **médiane d'une série de valeurs**, un nombre m tel que la série comporte autant de valeurs plus petites que ce nombre m que de valeurs plus grandes que ce nombre m.
• Pour déterminer une médiane d'une série de valeurs :
– on commence par ordonner la série ;
– si le nombre n de valeurs est impair, alors la médiane est la valeur de rang $\frac{n+1}{2}$;
– si le nombre n de valeurs est pair, on prend comme médiane la moyenne des deux valeurs de rangs $\frac{n}{2}$ et $\frac{n}{2} + 1$.

1 Trouve la médiane en expliquant la méthode suivie.

« 2 – 5 – 7 – 9 – 11 – 23 – 51 – 71 – 77 »

» ....

....

2 Trouve la médiane en expliquant la méthode suivie.

« 56 – 48,5 – 32,4 – 24 – 20 – 17,3 – 12 – 5 »

» ....

....

3 Trouve la médiane en expliquant la méthode suivie.

« 13 – 556 – 532 – 34 – 1 – 24 – 36 – 78 – 98 – 456 – 12 »

» ....

....

....

4 Résous le problème.

On a les données suivantes représentant les notes sur 10 à un contrôle.

note	1	2	3	4	5	6	7	8
effectif	2	1	3	5	2	6	2	4
ECC								

Les effectifs cumulés croissants permettent de répondre aux questions **b.** et **c.**

a. Complète la ligne des effectifs cumulés croissants (ECC).

b. Combien y a-t-il de notes en tout ? » ....

c. Quelle est la note médiane ? » ....

....

Corrigés p. 199

14 Fréquences – Variations en pourcentage

- Dans une série statistique, la **fréquence** d'une valeur est l'effectif de cette valeur divisé par l'effectif total.
- **Augmenter** une valeur de a % revient à la multiplier par $\left(1 + \frac{a}{100}\right)$.
- **Diminuer** une valeur de a % revient à la multiplier par $\left(1 - \frac{a}{100}\right)$.

1 Combien coûte un article à 80 € avec une remise de 30 % ?

» ....

....

....

2 Calcule le nouveau salaire d'un ouvrier dont le salaire de 1 100 € par mois a augmenté de 3,7 %.

» ....

....

....

3 Résous le problème.

En l'an 2000, le nombre de voitures neuves vendues en France a été de 2 134 milliers, répartis de la façon suivante :

– 602 milliers de Renault ;
– 398 milliers de Peugeot ;
– 262 milliers de Citroën ;
– un certain nombre de voitures de marques étrangères.

Quelle est la fréquence des ventes, exprimée en pourcentages et arrondie à 1 %, des voitures de marques étrangères ?

» ....

....

....

4 Résous le problème.

Un commerçant augmente tous ses prix de 8 %. Un téléviseur coûte, après augmentation, 540 euros. Combien coûtait-il avant ?

» ....

....

....

....

Utilise une équation dont l'inconnu représente le prix initial.

MATHÉMATIQUES

Corrigés p. 200

15 Proportionnalité – Fonctions linéaires

• Deux grandeurs x et y sont **proportionnelles** s'il existe un réel a tel que $y = ax$.

• Une fonction f définie par $f(x) = ax$ est une **fonction linéaire**.

• La représentation graphique d'une fonction linéaire est une droite passant par l'origine du repère.

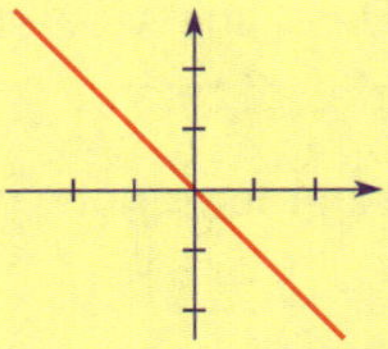

1 Résous le problème.

Un viticulteur vend ses bouteilles 7,50 euros pièce. Soit x le nombre de bouteilles vendues et y le prix total de vente.

a. Exprime y en fonction de x.

» ....

....

b. Complète le tableau.

nombre de bouteilles	prix en euros
5	....
10	....
....	150
....	240
....	322,50

c. Combien faut-il vendre de bouteilles pour obtenir une recette de 322,50 euros ?

» ....

2 Simplifie chaque expression et précise si la fonction est linéaire ou non.

Développe, simplifie et conclus.

» $f(x) = 3(4x + 2) - 2(2x + 3) =$ ....

....

» $f(x) = (x + 1)(x - 2)$

= ....

» $f(x) = (2x + 3)^2 - 4x^2 - 9$

= ....

3 Réponds aux questions en t'aidant du graphique.

La droite ci-contre représente une fonction linéaire f.

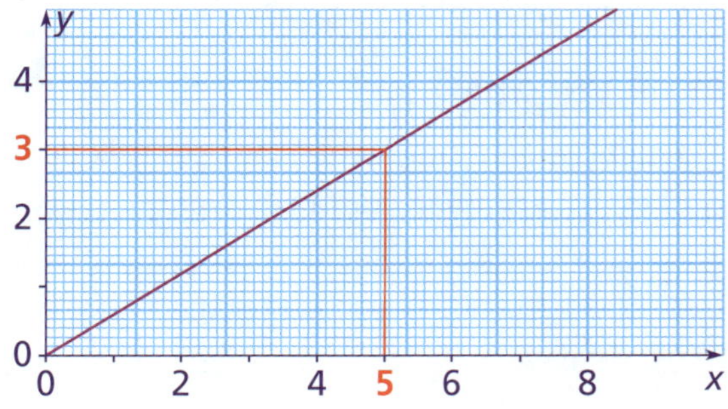

a. Donne l'expression de f.

» ....

b. Détermine graphiquement l'image de 3 par f. (Fais apparaître les traits de lecture.)

» ....

c. Détermine graphiquement l'antécédent de 4 par f.

» ....

Corrigés p. 200

16 Fonctions affines (1)

- Une fonction f telle que $f(x) = ax + b$ est une **fonction affine**.
- Dans $f(x) = ax + b$, a est le **coefficient** de la fonction.
- La représentation graphique d'une fonction affine est une droite sécante à l'axe des ordonnées.

1 Complète le tableau.

Développe la dernière expression.

fonction	coefficient a	nombre b
$f(x) = 5x - 1$		
$f(x) = 3 - x$		
$f(x) = (x-3)(x-2) - x^2$		

2 Représente les fonctions affines en expliquant la méthode suivie.

» $f(x) = 2x - 3$

....

....

....

» $g(x) = -0{,}5x + 2$

....

....

....

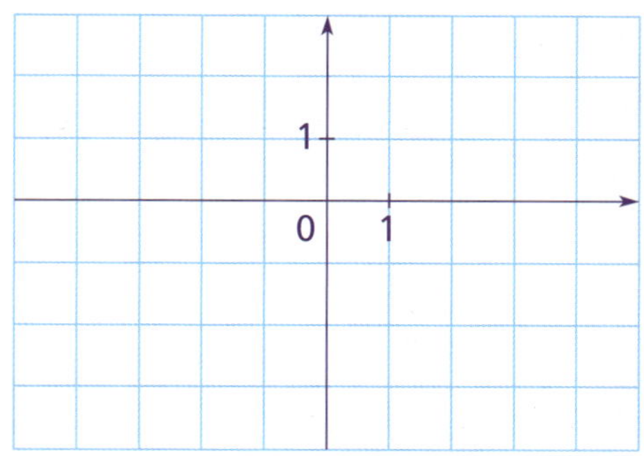

3 Résous le problème.

Monsieur Dubois voyage fréquemment en train entre Paris et Chambéry. Il a le choix entre deux tarifs : T_A : chaque trajet coûte 60 euros ;

T_B : il paie un abonnement de 300 euros et chaque billet coûte alors 30 euros.

On désigne par x le nombre de billets achetés.

a. Exprime, en fonction de x, les prix y_A et y_B correspondant aux tarifs T_A et T_B.

» ....

....

b. Représente graphiquement les fonctions f et g définies par $f(x) = 60x$ et $g(x) = 300 + 30x$.

» ....

....

....

....

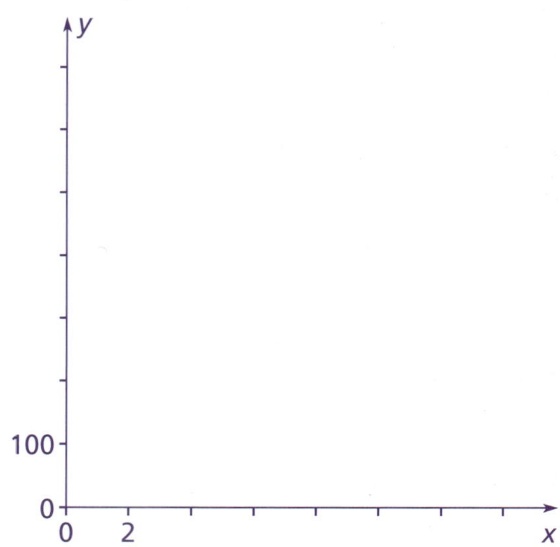

Corrigés p. 200

Gestion de données

17 Fonctions affines (2)

• Soit f une fonction affine, x_1 et x_2 deux réels différents.

Le **coefficient a** de f est donné par : $a = \dfrac{f(x_2) - f(x_1)}{x_2 - x_1}$.

• Soit a le coefficient d'une fonction affine f.

Si $a > 0$, f est croissante. Si $a = 0$, f est constante. Si $a < 0$, f est décroissante.

1 Représente graphiquement f dans le repère ci-contre.

Soit f une fonction affine telle que $f(1) = 1$ et $f(-2) = -5$.

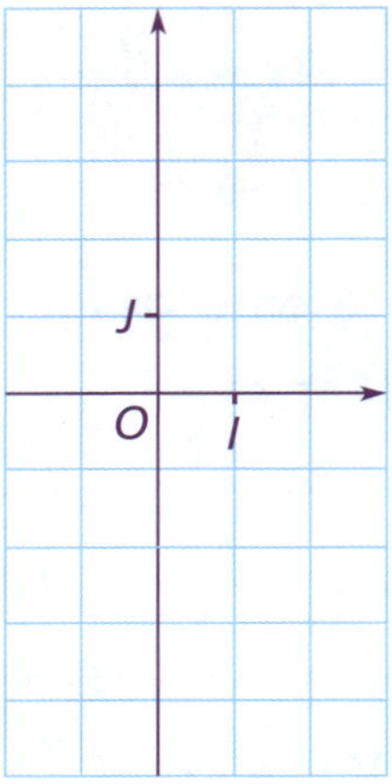

» ....

....

....

....

2 Résous le problème avec la fonction f de l'exercice 1.

a. Détermine a et b tels que $f(x) = ax + b$.

» ....

....

....

....

b. f est-elle croissante ou décroissante ?

» ....

3 Résous le problème.

Dans le diagramme ci-contre, la droite D passe par les points $A(-1\,;3)$ et $B(3\,;1)$.

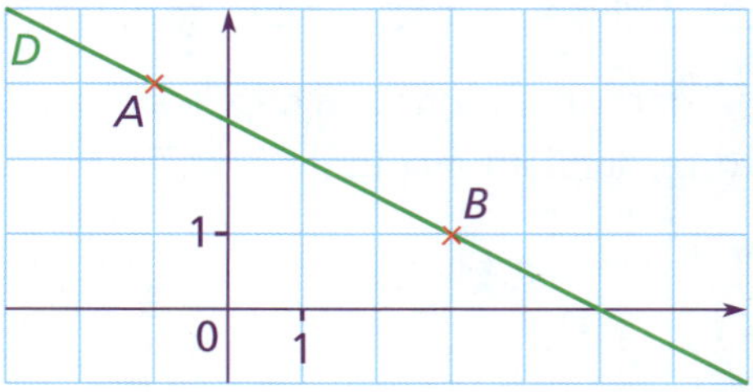

a. De quel type de fonction D est-elle la représentation graphique ?

» ....

....

b. Détermine l'expression $f(x)$ de la fonction f dont D est la représentation graphique.

» ....

c. Calcule $f(5)$ et place sur le dessin le point C correspondant.

» ....

....

Corrigés p. 200

18 Probabilités à une épreuve

- Chacun des résultats possibles lors d'une expérience aléatoire est un **événement**.
- La **probabilité** d'un événement A représente les chances que l'événement se réalise lors d'une expérience aléatoire. Cette probabilité se note $p(A)$: c'est un nombre compris entre 0 et 1.
- L'**événement contraire** d'un événement A est l'événement *non A*. On a $p(non\ A) = 1 - p(A)$.

1 Passe de la fréquence à la probabilité.

Pierre vient de compter ses billes et il a rempli le tableau ci-après :

couleur	rouge	bleu	vert	mauve
effectif	13	3	5	2

Tiens compte de l'effectif total pour les calculs suivants.

a. Combien de billes Pierre possède-t-il en tout ?

» ....

Donne la fréquence de chacune des couleurs de billes que Pierre possède.

» ....

....

b. Pierre met ses billes dans un sac et en tire une au hasard. On note R l'événement : « la bille tirée est rouge » et V l'événement : « la bille tirée est verte ». Combien valent $p(R)$ et $p(V)$?

» ....

c. Calcule $p(R \text{ ou } V)$.

Les événements R et V ne peuvent pas se réaliser en ....

On dit qu'ils sont .... On a donc : $p(R \text{ ou } V)$ = ...

2 Utilise l'événement contraire.

On tire une carte au hasard dans un jeu de 32 cartes et on a les événements suivants :
A, « la carte est un cœur » ;
B, « la carte est une figure (roi, dame ou valet) ».

a. Donne $p(A)$ et $p(B)$ sous forme de fraction irréductible.

» ....

....

b. Définis en français l'événement *non A*, ainsi que l'événement *non B*.

» ....

....

c. En utilisant les résultats de la question a., détermine $p(\text{non } A)$ et $p(\text{non } B)$.

» ....

Corrigés p. 201

19 Probabilités à deux épreuves

• Deux événements A et B qui ne peuvent pas se réaliser en même temps sont dits **incompatibles**.
On a alors $p(A \text{ ou } B) = p(A) + p(B)$.

• On peut représenter les différentes issues d'une expérience à deux épreuves à l'aide d'un arbre.
La branche en orange représente l'événement obtenir « non T » au premier lancer et « T » au second lancer.
La probabilité de cet événement est : $\frac{2}{3} \times \frac{1}{3}$, soit $\frac{2}{9}$.

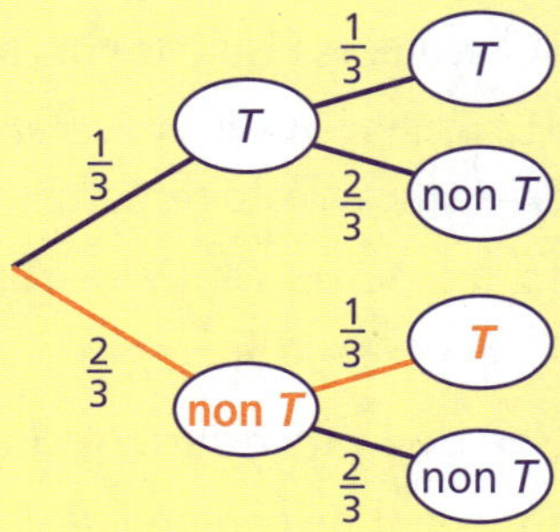

1 Utilise l'arbre ci-dessus pour répondre aux questions.

Une expérience consiste à lancer deux fois de suite un dé ordinaire à 6 faces. À chaque lancer, on note « T » l'événement : « le nombre obtenu est un multiple de 3 ».

a. Quelle est la probabilité d'obtenir « T » au premier lancer et « non T » au second lancer ?

» ....

b. Calcule la probabilité d'obtenir « T » au premier lancer, puis « T » au second lancer.

» ....

c. Calcule la probabilité d'obtenir « non T » au premier lancer, puis « non T » au second lancer.

» ....

2 Résous le problème.

Une expérience aléatoire consiste à lancer deux fois de suite une pièce de monnaie déséquilibrée et à noter les deux faces obtenues dans l'ordre des lancers.
On sait qu'à chaque lancer la probabilité de l'événement « obtenir Pile » est 0,6.

a. L'arbre dans le tableau ci-contre permet de visualiser les différents résultats possibles. Complète le tableau.

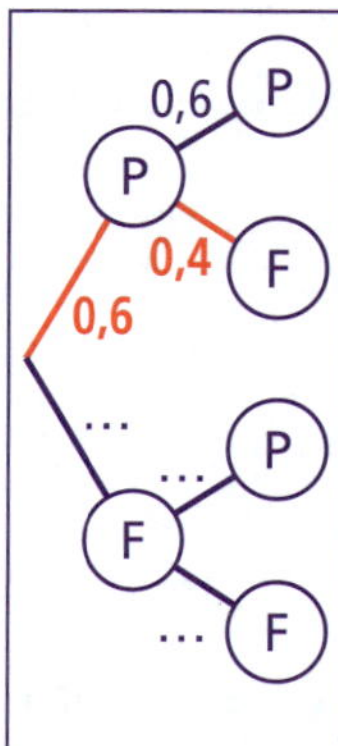

Résultat	Probabilité
PP	......
PF	0,24
......	......
......	......

b. Montre que la probabilité d'obtenir deux lancers avec la même issue est supérieure à celle d'obtenir deux lancers avec des issues différentes.

» ....

....

....

....

....

....

Corrigés p. 201

20 Principe de démonstration

Une **démonstration** consiste à expliquer de manière rigoureuse pourquoi un résultat est vrai.
Chaque étape d'une démonstration comporte trois parties :
① des connaissances : – données de l'énoncé (texte ou codage des dessins) ;
– résultats des questions précédentes ;
② un outil : théorème ou définition dont la fin correspond à la réponse et dont le début doit correspondre à l'énoncé ou aux questions précédentes (le théorème employé doit être cité, donc connu par cœur) ;
③ une conclusion : la réponse à la question.

1 Complète la démonstration.

a. ABC est un triangle. Les hauteurs issues de A et de B se coupent en H.

• Si une figure est un triangle, alors ....

• Donc H est ....

b. • D'après le théorème précédent, (CH) est ....

• Par définition d'une hauteur, (CH) et (AB) sont ....

2 Associe chaque théorème à une question qui lui correspond.

La conclusion du théorème doit correspondre à la question.

Théorèmes :

a. Si un triangle est rectangle, alors la longueur de la médiane issue de l'angle droit est la moitié de celle de l'hypoténuse.

b. Si une droite passe par les milieux de deux côtés d'un triangle, alors elle est parallèle au troisième côté.

c. Si, dans un triangle, une droite passe par le milieu d'un côté parallèlement à un second côté, alors elle coupe le troisième côté en son milieu.

Questions :

1) Prouver que I est le milieu de $[AB]$.

2) Montrer que (JK) est parallèle à (MN).

3) Calculer AJ.

» ....

3 Précise pourquoi le théorème employé ne convient pas et donne le théorème qu'il faudrait employer.

• $ABCD$ est un losange.
• Si une figure est un losange, alors ses quatre côtés ont la même longueur.
• Donc (AC) et (BD) sont perpendiculaires.

» ....

....

....

Corrigés p. 201

21 Démonstrations

Revois la méthode de la page précédente.

1 Effectue les démonstrations.

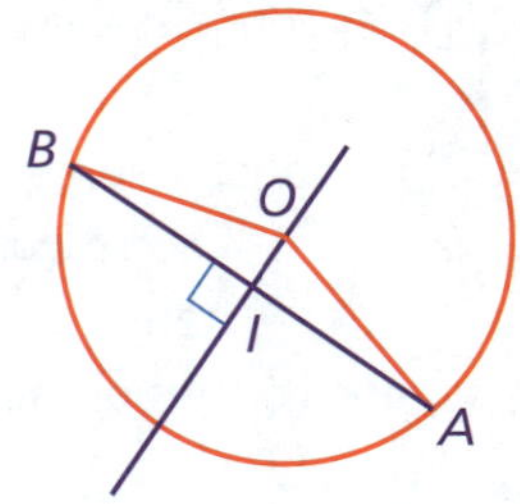

O est le centre du cercle passant par A et par B.
(OI) est perpendiculaire à (AB) en I.

a. Justifie la nature de OAB. » ....

....

b. Prouve que (OI) est la médiatrice de $[AB]$. » ....

....

2 Construis un triangle RST, tel que $RS = 3$ cm, $ST = 4$ cm et $RT = 5$ cm, et démontre qu'il est rectangle.

» ....

....

....

....

....

3 Résous le problème.

Soit un cercle de centre O et de diamètre $[AB]$, avec $AB = 2,5$.
E est un point de ce cercle tel que $AE = 1,5$.

a. Fais une figure en vraie grandeur.

b. Quelle est la nature du triangle ABE ? Justifie ta réponse.

» ....

....

....

....

....

c. Calcule la longueur BE. » ....

....

....

....

....

Attention ! Le côté recherché n'est pas l'hypoténuse.

Corrigés p. 201

12 Dans le triangle rectangle

- **Théorème de Pythagore**
Si un triangle est rectangle, alors le carré de la longueur de l'hypoténuse est égal à la somme des carrés des longueurs des deux autres côtés.
- Si un triangle est rectangle, alors la longueur de la médiane issue de l'angle droit est la moitié de celle de l'hypoténuse.

1 ***ABC*** **est un triangle rectangle en** ***A*****, avec** ***AB*** **= 12 et** ***AC*** **= 5. Calcule** ***BC*****.**

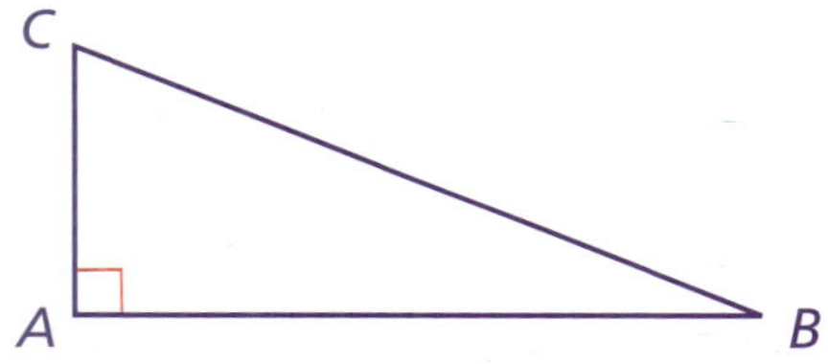

» ....

....

....

....

2 **Calcule la longueur** ***RS*** **arrondie au millimètre.**

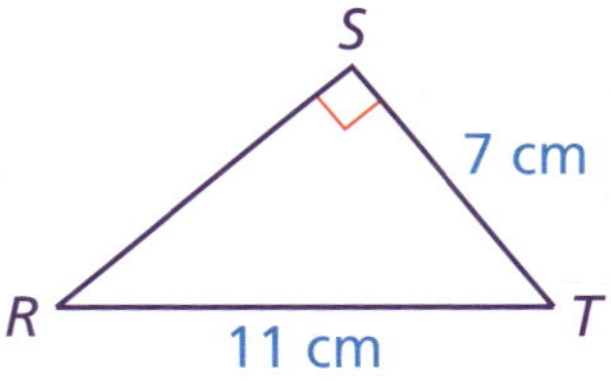

» ....

....

....

....

3 **Calcule la longueur** ***NP*** **dans un triangle rectangle** ***MNP*** **en** ***M*****, avec** ***MP*** **= 4,2 cm et** ***MN*** **= 5,6 cm.**

» ....

....

....

4 **Résous le problème.**

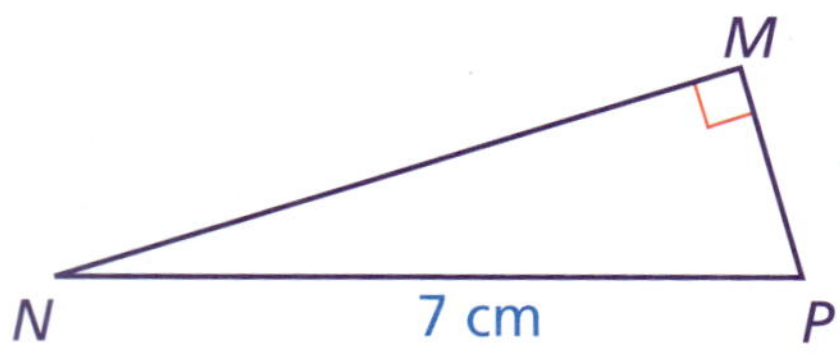

a. Soit *I* le milieu de [*NP*]. Calcule la longueur *MI*.

» ....

....

....

....

b. Montre que *I* est le centre du cercle circonscrit au triangle *MNP*.

» ....

....

Corrigés p. 201

Géométrie

23 Vers le triangle rectangle

• **Réciproque du théorème de Pythagore**
Si, dans un triangle, le carré de la longueur du plus grand côté est égal à la somme des carrés des longueurs des deux autres côtés, alors **ce triangle est rectangle** au sommet opposé au plus grand côté.

• Si, dans un triangle, la longueur d'une médiane est la moitié de celle du côté correspondant, alors **ce triangle est rectangle** au sommet dont est issue la médiane.

• Si un côté d'un triangle est un diamètre de son cercle circonscrit, alors **ce triangle est rectangle** au sommet opposé au côté diamètre.

1 Montre que *BCD* est rectangle.

BDC est un triangle, avec $DB = 5{,}2$ cm, $BC = 4{,}8$ cm et $CD = 2$ cm.

Dans *BDC*, le plus grand côté est [.........] avec ....^{2} = ... et ....^{2} + ...^{2} = ...

On constate que ....^{2} = ...^{2} + ...^{2}. D'après ....

...., *DBC* est .... en ....

2 Résous le problème.

MNP est un triangle, avec $MN = 10$ cm. *O* est le milieu de [*MN*]. On a aussi $OP = 5$ cm.

a. Que représente (*OP*) pour le triangle ? » ....

....

b. Prouve que *MNP* est rectangle et précise les côtés de l'angle droit.

» ....

....

....

....

....

....

Compare la longueur de la médiane et celle du côté correspondant.

3 Montre que le triangle *ABE* est rectangle et calcule *AE*.

[*AB*] est un diamètre du cercle et *E* est un point de ce cercle, avec $AB = 5$ cm et $EB = 3$ cm.

» ....

....

....

....

....

....

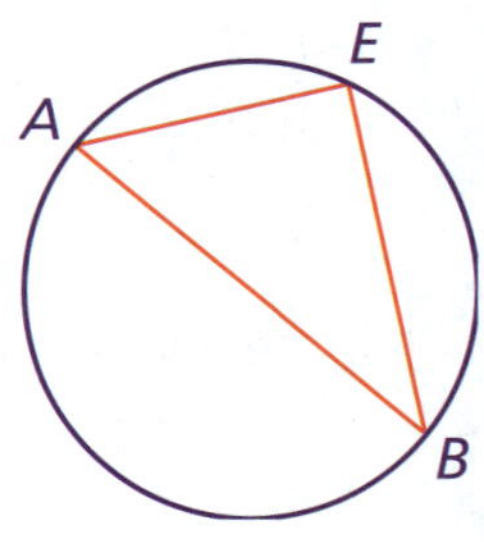

Corrigés p. 202

4 Homothétie (1)

Soit O un point donné et k un nombre strictement positif.
On appelle homothétie de centre O, de rapport k, la transformation du plan qui à tout point M autre que O associe comme image le point M' tel que :
– M' appartient à $[OM)$;
– $OM' = k \times OM$.

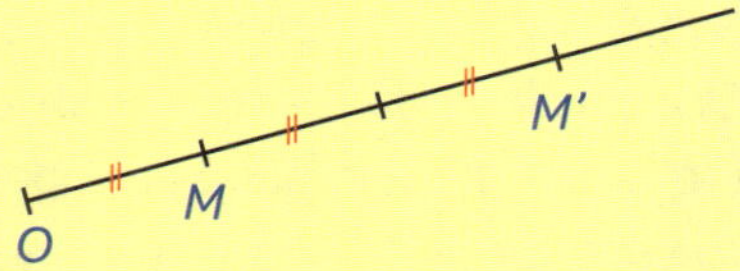

Exemple : ci-dessus, M' est l'image de M par l'homothétie de centre O et de rapport 3.

1 Utilise le quadrillage pour placer les images des points A, B, C et D par l'homothétie de centre O, de rapport 0,5.

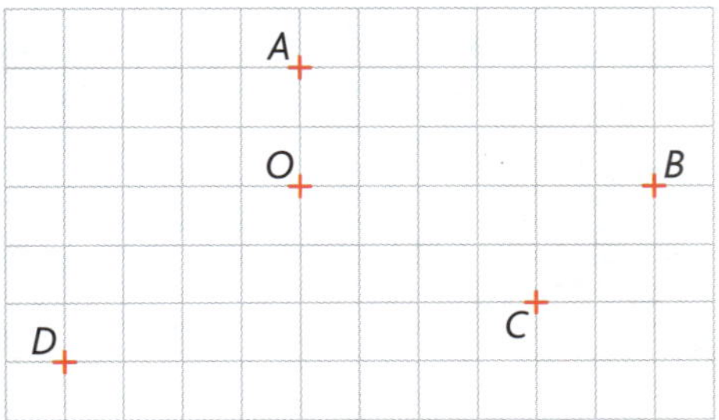

Compte les carreaux entre O et chaque point et divise par 2 pour placer les images.

2 Étudie cette homothétie de rapport 2.

a. Construis $M'N'P'$ l'image du triangle MNP par l'homothétie de centre O et de rapport 2.

b. Place les points I, J et K, milieux respectifs des segments $[M'N']$, $[N'P']$ et $[P'M']$. Trace le triangle IJK.

c. Compare le quotient de l'aire du triangle $M'N'P'$ par l'aire du triangle MNP avec le carré du rapport de l'homothétie.

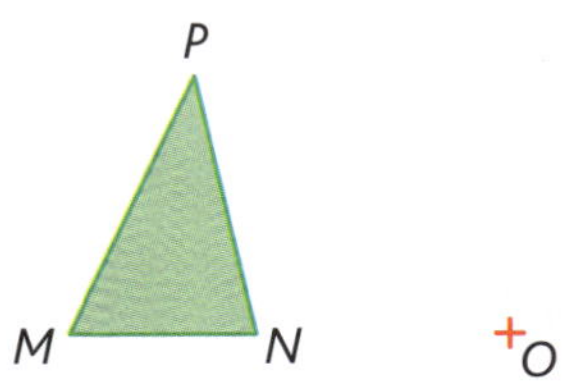

» ....

....

3 Calcule les rapports des homothéties.

a. Celle de centre A qui transforme B en C.

» ....

b. Celle de centre A qui transforme C en B.

» ....

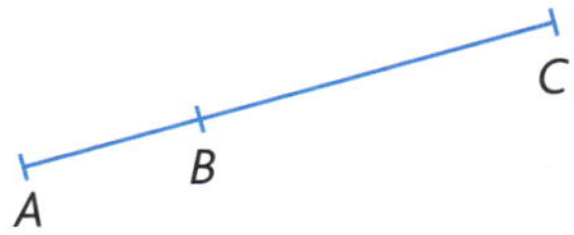

$AB = 2$ et $AC = 5$

Corrigés p. 202

25 Homothétie (2)

Soit O un point donné et k un nombre strictement négatif.
On appelle homothétie de centre O, de rapport k, la transformation du plan qui à tout point M autre que O associe comme image le point M' tel que :
– M' appartient à (OM) mais pas à $[OM]$;
– $OM' = -k \times OM$.

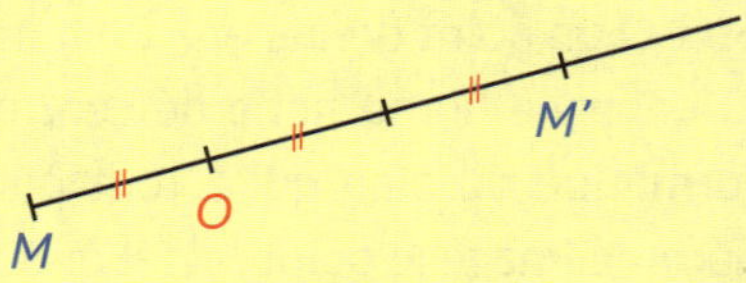

Exemple : ci-dessus M' est l'image de M par l'homothétie de centre O et de rapport -2.

1 Utilise le quadrillage pour placer les images des points A, B, C et D par l'homothétie de centre O, de rapport –0,5.

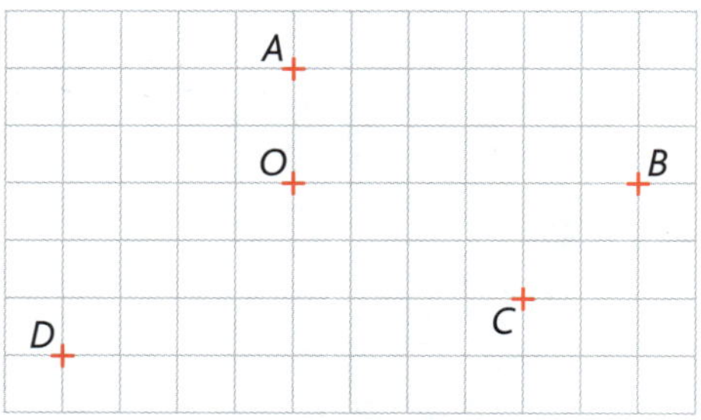

Quand le rapport d'une homothétie est négatif, alors O est entre chaque point et son image.

2 Construis l'image de la figure par l'homothétie de centre O et de rapport –2.

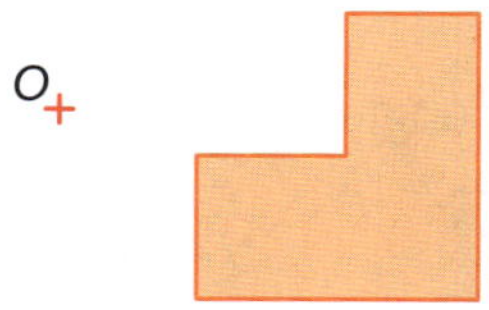

3 Étudie une homothétie de rapport –1.

a. Construis l'image du triangle ABC par l'homothétie de centre O et de rapport –1.

b. Comment peut-on nommer autrement une homothétie de centre O et de rapport –1 ?

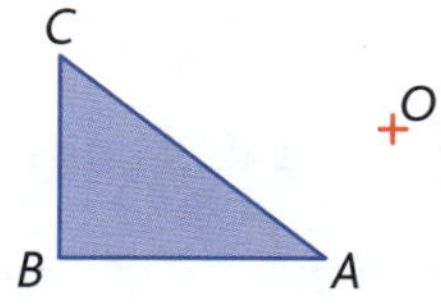

» ....

....

....

Il y a deux réponses attendues.

Corrigés p. 202

6 Théorème de Thalès

Théorème de Thalès

Si ABC est un triangle, avec M un point sur (AB) et N un point sur (AC), tels que (MN) soit parallèle à (BC),

alors, on a $\dfrac{AM}{AB} = \dfrac{AN}{AC} = \dfrac{MN}{BC}$ ← côtés du triangle AMN / ← côtés du triangle ABC.

N.B. : Dans chaque rapport, les longueurs correspondent à des côtés parallèles.

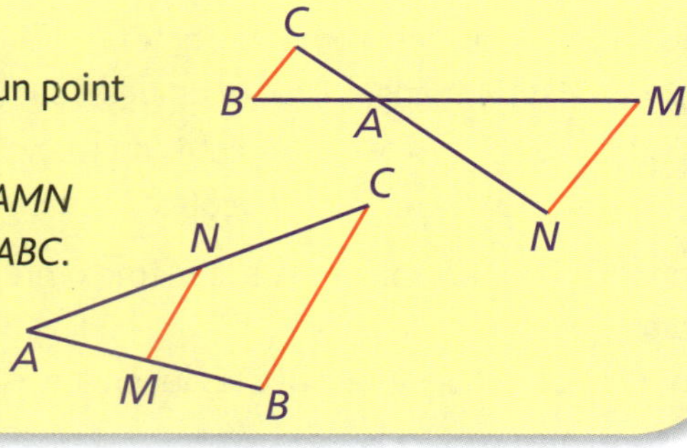

1 **Avec la figure ci-contre, écris les conditions du théorème de Thalès et les rapports en résultant.**

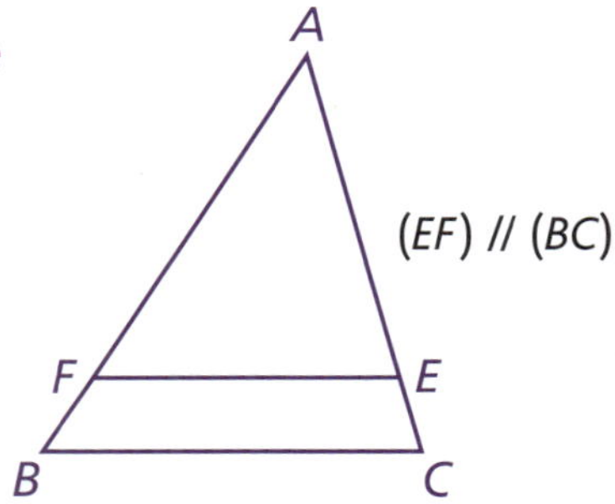

2 **En utilisant la figure de l'exercice 1, calcule les longueurs demandées.**

On donne $AF = 5$ cm, $AB = 6$ cm, $EC = 1$ cm et $BC = 3$ cm.

a. Calcule FE en valeur exacte.

b. En posant $x = AE$, détermine AE.

3 **Calcule OP.**

On a (MN) parallèle à (PQ) et $MN = 5$ cm, $PQ = 6$ cm, $OM = 3$ cm.

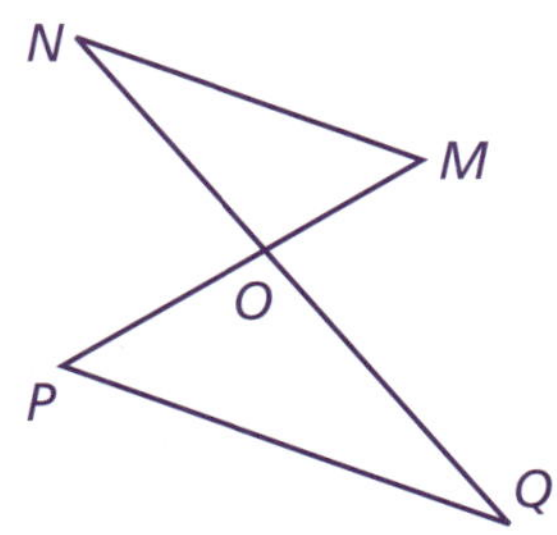

4 **En écrivant deux fois le théorème de Thalès, prouve que $AG \times AU = AS^2$.**

On a (ST) parallèle à (EU) et (TG) parallèle à (SE).

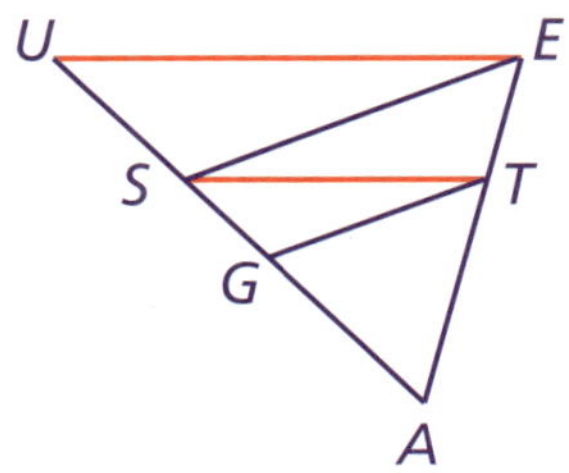

Corrigés p. 202

Géométrie

27 Réciproque du théorème de Thalès

Réciproque du théorème de Thalès

Si *ABC* est un triangle, avec *M* un point sur (*AB*) et *N* un point sur (*AC*),

tels que $\frac{AM}{AB} = \frac{AN}{AC} =$ ← côtés du triangle *AMN* / ← côtés du triangle *ABC*

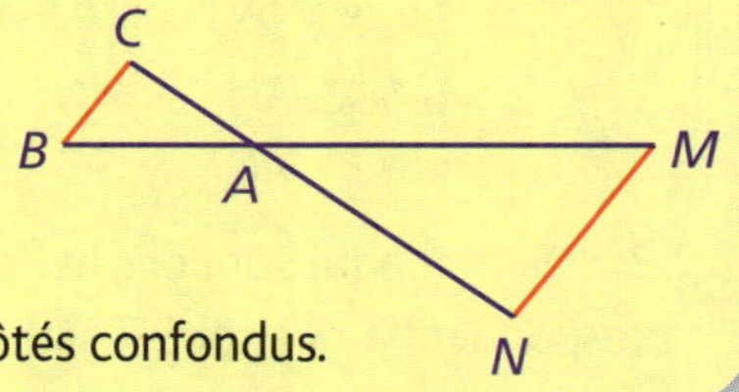

et que *A*, *M* et *B* soient dans le même ordre relatif que *A*, *N* et *C*,
alors (*MN*) est parallèle à (*BC*).

N.B. : Dans chaque rapport, les longueurs correspondent à des côtés confondus.

1 Compare les rapports $\frac{OA}{OM}$ et $\frac{OB}{ON}$.

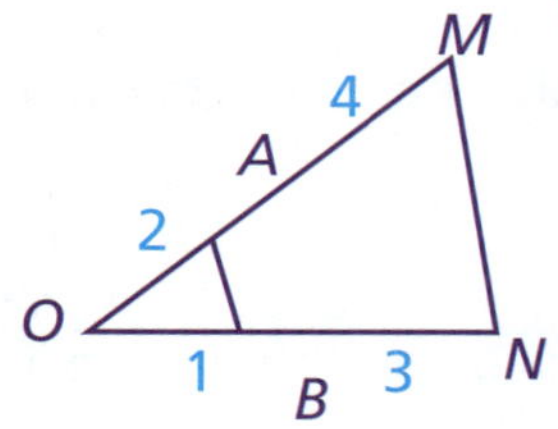

2 Démontre que les droites (*ED*) et (*AB*) sont parallèles.

La figure ci-contre est donnée pour préciser les positions respectives des points, avec $CE = 5$, $CD = 12$, $CA = 18$, $CB = 7{,}5$.

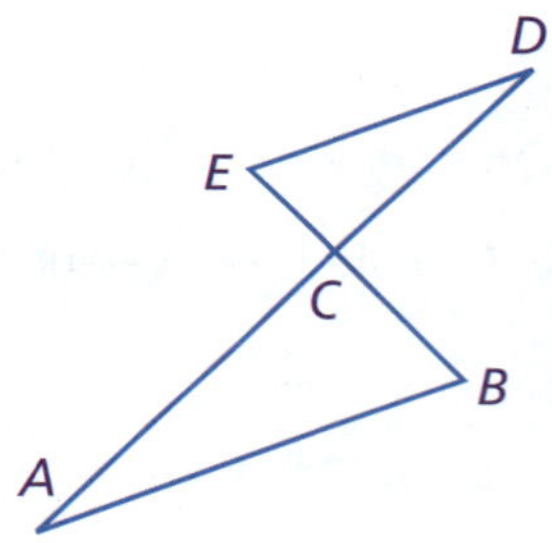

3 Résous le problème.

NRT est un triangle rectangle en *R* tel que $NR = 9$ cm, $AR = 6$ cm, $NT = 10{,}2$ cm et $BT = 1{,}6$ cm.

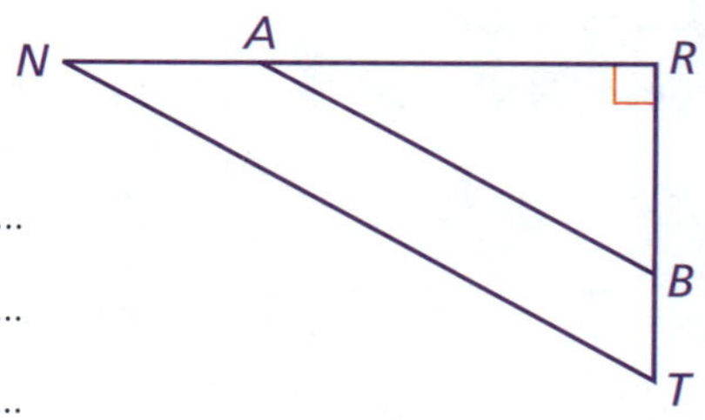

a. Calcule la longueur *RT*.

b. Démontre que les droites (*AB*) et (*NT*) sont parallèles.

Calcule d'abord *RB*.

Corrigés p. 203

28 Points alignés

- Trois **points** ou plus situés sur une même droite sont dits **alignés**.
- Si $\widehat{ABC}$ est plat ou si $AB + BC = AC$, alors A, B et C sont alignés.
- Si deux droites sont parallèles avec un point en commun, alors elles sont confondues.

1 Quelle est la mesure de $\widehat{STR}$?

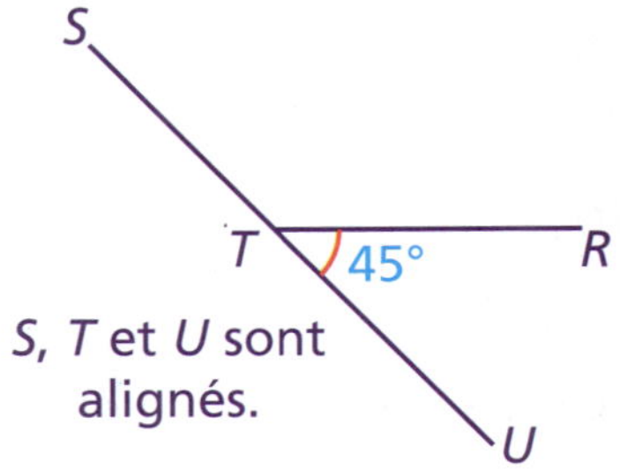

» ....

....

....

....

2 Résous le problème.

MNOP est un parallélogramme, avec *I* le milieu de [*MN*].
R est le symétrique de *O* par rapport à *I*.

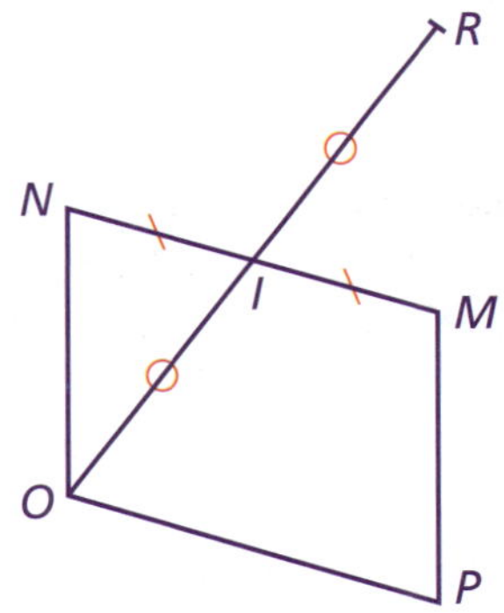

a. Prouve que (*RM*) et (*NO*) sont parallèles.

» ....

....

....

....

b. Justifie que *M*, *P* et *R* sont alignés.

» ....

....

....

....

3 Dans chacun des cas, justifie que les points sont alignés et précise le point situé entre les deux autres.

a. $AB = 5$ cm, $AC = 2$ cm et $BC = 7$ cm. » ....

....

....

b. $DE = \frac{1}{6}$, $EF = \frac{2}{3}$ et $DF = \frac{1}{2}$. » ....

....

....

Utilise des fonctions de même dénominateur.

Corrigés p. 203

29 Raisonnement par l'absurde

On utilise un **raisonnement par l'absurde** pour prouver qu'un résultat est négatif (... n'est pas...).
Pour cela, on suppose vrai le contraire du résultat souhaité.
Avec cette supposition, on raisonne de manière classique jusqu'à aboutir à une contradiction.
On en conclut que la supposition est fausse et donc son contraire vrai.

1 Dans le triangle ABC, on a $AB = 4$, $BC = 5$ et $AC = 6$. Complète la démonstration par l'absurde qui prouve que ABC n'est pas rectangle.

Dans ABC, on a $AC^2 =$ .... et $AB^2 + BC^2 =$ ....

On constate que ....$^2 \neq$ ....^{2} + ...^{2}.

On raisonne par l'absurde en supposant que ABC soit rectangle.

.... le plus grand côté serait ....

D'après le théorème de ...., on aurait $AC^2 = AB^2 + BC^2$, ce qui est faux.

La supposition est ...., donc ....

2 Fais de même pour prouver que (AB) et (MN) ne sont pas parallèles.

AOB est un ...., avec M sur .... et N sur ....

On a $\frac{BO}{MO} =$ .... et $\frac{AO}{NO} =$ ....

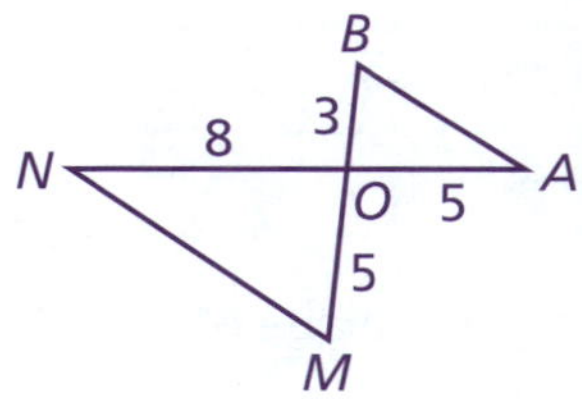

On constate que .... et on raisonne par l'absurde.

On suppose que ....

D'après le théorème de Thalès, on aurait ...., ce qui

est .... Donc ....

3 En raisonnant par l'absurde, prouve que $MNPR$ n'est pas un rectangle.

Raisonne sur la longueur des diagonales.

On suppose que ....

Si .... ,

alors ....

On aurait ....

Donc ....

....

....

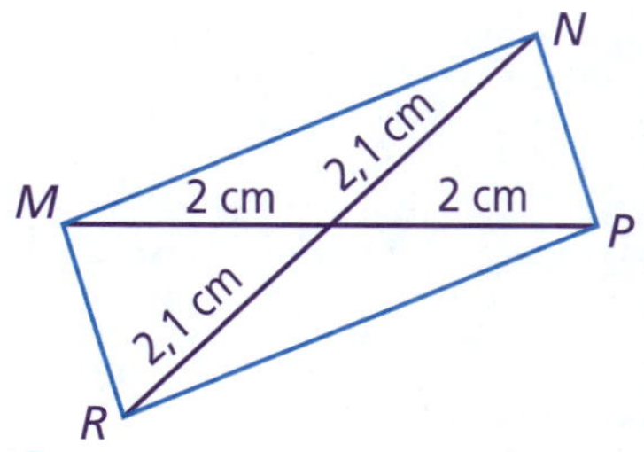

Corrigés p. 203

0 Trigonométrie : calcul de longueurs

Dans un triangle ABC rectangle en A, on a :

$$\cos(\widehat{ABC}) = \frac{\text{côté adjacent à } \widehat{B}}{\text{hypoténuse}} = \frac{AB}{BC},$$

$$\sin(\widehat{ABC}) = \frac{\text{côté opposé à } \widehat{B}}{\text{hypoténuse}} = \frac{AC}{BC},$$

$$\tan(\widehat{ABC}) = \frac{\text{côté opposé à } \widehat{B}}{\text{côté adjacent à } \widehat{B}} = \frac{AC}{AB}.$$

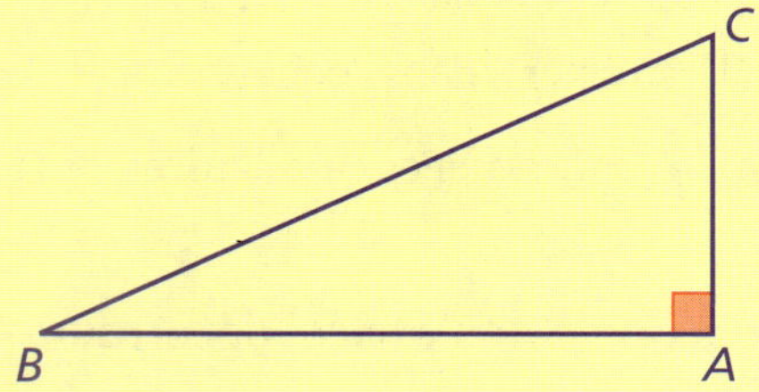

1 Calcule MN à 0,01 cm près.

MNO est un triangle rectangle en N, avec $ON = 5$ cm et $\widehat{NMO} = 40°$.

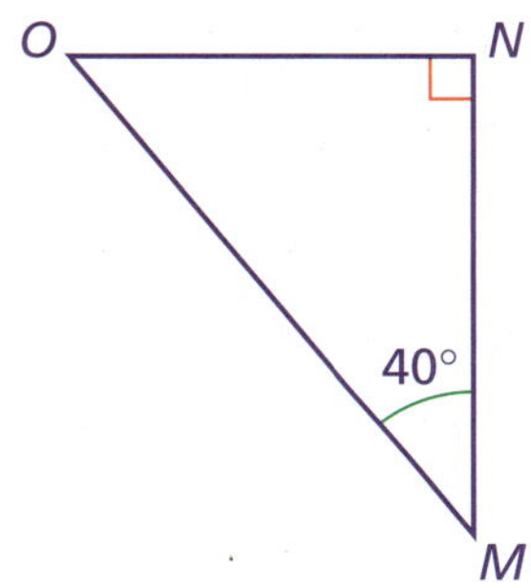

» ....

2 En reprenant la figure ci-dessus, calcule OM à 0,01 cm près.

» ....

3 Calcule la hauteur de la cathédrale schématisée ci-contre.

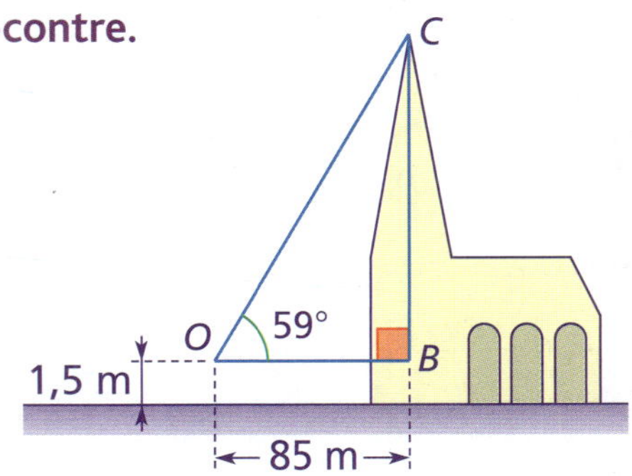

» ....

4 Résous le problème.

Soit ABC un triangle, avec $AB = 5$ cm et $BC = 10$ cm. L'angle en B mesure 35°.
Soit H le pied de la hauteur issue de A. Les résultats seront arrondis à 0,1 près.

a. Calcule AH. » ....

b. Calcule BH. » ....

Corrigés p. 203

31 Trigonométrie : calcul d'angles

- Pour déterminer x dans l'équation cos $(x) = a$, $0 < a < 1$, on fait $x =$ **cos**$^{-1}$ (a).
- Pour déterminer x dans l'équation sin $(x) = a$, $0 < a < 1$, on fait $x =$ **sin**$^{-1}$ (a).
- Pour déterminer x dans l'équation tan $(x) = a$, $0 < a$, on fait $x =$ **tan**$^{-1}$ (a).

Remarque : sur certaines calculatrices, ces fonctions sont notées acs, asn et atn.

1 À l'aide d'une calculatrice, détermine la valeur de x au degré près.

Exemple : cos $(x) = 0{,}4$: on a $x = \cos^{-1} 0{,}4$, soit $x = 66{,}42.....$. $x = 66°$ à 1 degré près.

» cos $(x) = 0{,}6$ ....

» sin $(x) = 0{,}18$..........

» tan $(x) = \frac{2}{3}$ ....

» tan $(x) = 4$..........

Pour arrondir, tiens compte de la première décimale.

2 Résous le problème.

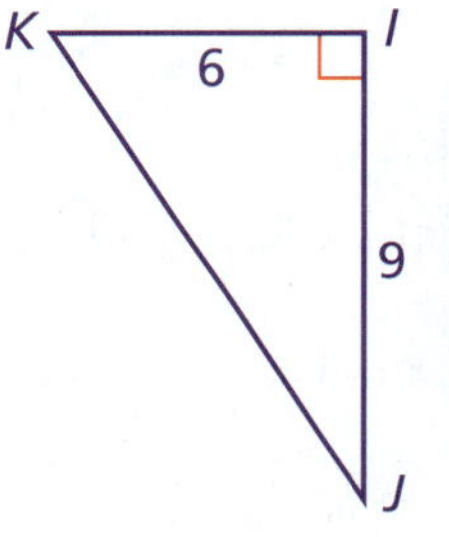

a. Calcule la valeur exacte de tan $(\widehat{IJK})$.

» ....

....

....

b. Déduis-en une valeur approchée de $\widehat{IJK}$ à 1° près.

» ....

....

3 L'extrémité d'une échelle de 3 m est appuyée sur le haut d'un mur de 2 m 80. Quel est l'angle formé entre l'échelle et le sol (à 1° près) ?

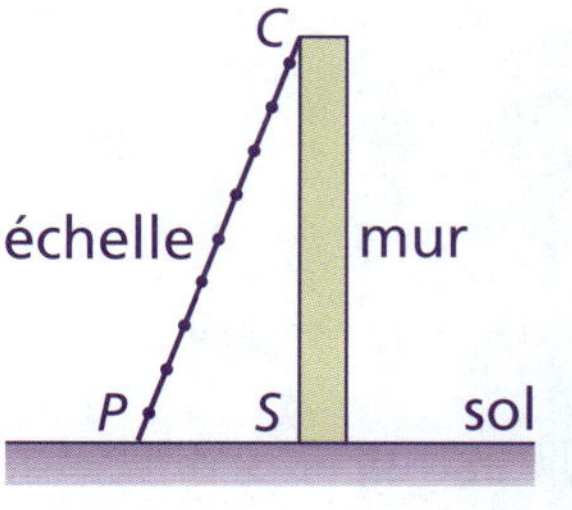

» ....

....

....

....

4 Résous le problème.

ABCDEFGH est un cube de côté 5 cm.

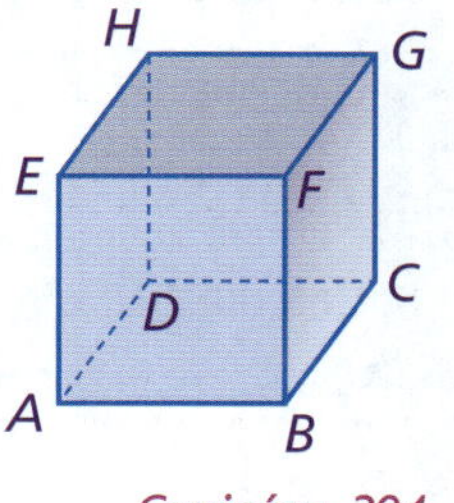

a. Calcule *AC*. » ....

....

b. Calcule à 0,1 près la mesure de $\widehat{CAG}$. » ....

....

Corrigés p. 204

32 Relations trigonométriques

- Pour tout angle aigu $\widehat{a}$, on a $\cos^2(\widehat{a}) + \sin^2(\widehat{a}) = 1$ et $\tan(\widehat{a}) = \dfrac{\sin(\widehat{a})}{\cos(\widehat{a})}$.
- Si deux angles aigus sont complémentaires, alors le sinus de l'un est égal au cosinus de l'autre.

1 Calcule sin (*x*) et tan (*x*) en valeurs décimales sans utiliser les touches *cos*, *sin* et *tan* de la calculatrice.

x est un angle aigu tel que $\cos(x) = 0{,}8$.

» ....

....

....

2 *x* est un angle aigu tel que $\sin(x) = \dfrac{12}{13}$. Calcule, en fraction, les valeurs de cos (*x*) et tan (*x*).

» ....

....

....

3 Démontre que, pour tout angle aigu *x*, on a $[\cos(x) + \sin(x)]^2 - 2\sin(x)\cos(x) = 1$.

» ....

....

....

4 Montre que, pour tout angle aigu *x*, on a : $\tan^2(x) + 1 = \dfrac{1}{\cos^2(x)}$.

» ....

....

....

Développe et simplifie le membre de gauche.

5 Résous le problème.

a. On sait que $\cos(60°) = \dfrac{1}{2}$. Détermine la valeur exacte de sin (60°).

» ....

....

b. Déduis-en les valeurs exactes de sin (30°) et de cos (30°).

» ....

....

Corrigés p. 204

Géométrie

33 Effet d'un déplacement

- Les translations et les rotations sont des **déplacements**.
- Un déplacement **conserve les distances et les angles** :

– un segment et son image par un déplacement ont la même longueur ;
– un angle et son image par un déplacement ont la même mesure.

1 Résous ce problème.

Le triangle *BNQ* est l'image du triangle *AMP* par une translation.

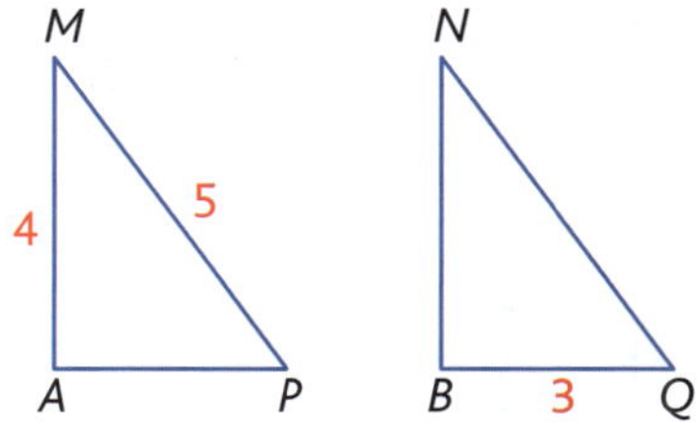

a. Combien vaut la distance *AP* ?

» ....

....

b. Prouve que le triangle *AMP* est rectangle en *M*.

» ....

....

c. Que peut-on en déduire pour le triangle *BNQ* ?

» ....

....

Utilise une propriété des déplacements.

2 Utilise les propriétés d'une rotation pour résoudre ce problème.

OA'B' est l'image de *OAB* par la rotation de centre *O* et d'angle $\widehat{AOB}$.

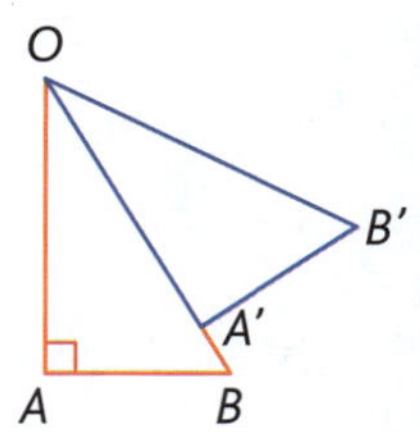

a. Que peut-on dire des mesures des angles $\widehat{AOB}$ et $\widehat{A'OB'}$?

» ....

....

b. Sachant que $\widehat{AOB'}$ mesure 60°, en déduire une mesure de $\widehat{AOB}$.

» ....

....

c. Donne les mesures des trois angles de *A'OB'*.

» ....

....

Corrigés p. 204

34 Polygones réguliers

- Un polygone inscrit dans un cercle de centre O et dont tous les côtés ont la même longueur est un **polygone régulier** ; O s'appelle le centre du polygone.
- Si un polygone est régulier, alors tous ses angles ont la même mesure.
- Chaque angle au centre d'un polygone régulier à n côtés mesure $\frac{360°}{n}$.

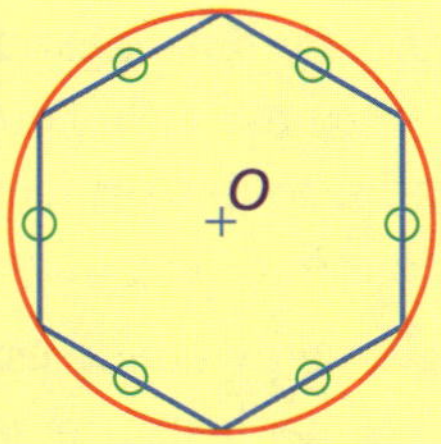

hexagone régulier

1 Précise la mesure de l'angle au centre et construis le carré de centre O dont un sommet est A.

Angle au centre = ...

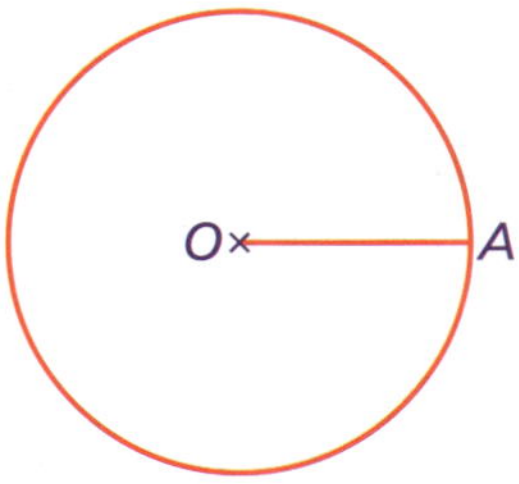

2 Construis le triangle équilatéral de centre O dont un sommet est A.

Angle au centre = ...

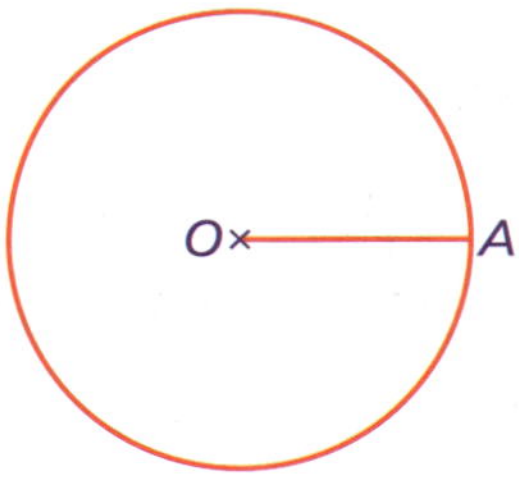

3 Construis le pentagone régulier de centre O dont un sommet est A.

Angle au centre = ...

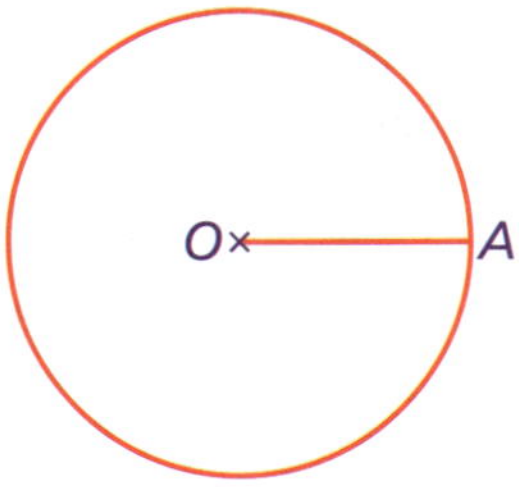

4 Résous le problème.

Soit un polygone régulier de centre O à n côtés dont le cercle circonscrit a pour rayon 2 cm. A, B et C sont trois sommets consécutifs de ce polygone.

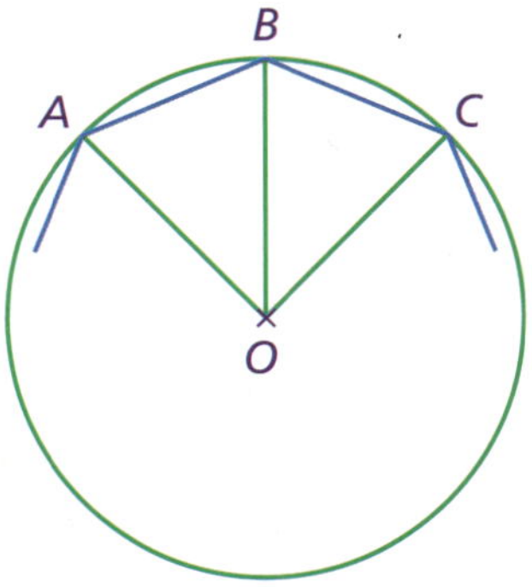

a. Exprime, en fonction de n, les mesures de $\widehat{AOB}$, de $\widehat{ABO}$ et de $\widehat{ABC}$.

» ....

....

....

b. Vérifie que la somme des angles du polygone vaut $(n - 2) \times 180°$.

» ....

....

Corrigés p. 205

Géométrie

35 Pyramides régulières

• Une **pyramide** est dite **régulière** :
– si sa base est un polygone régulier,
– et si toutes ses faces latérales sont des triangles isocèles au sommet de la pyramide.

• Si une pyramide est régulière, alors la hauteur de la pyramide passe par le centre de la base.

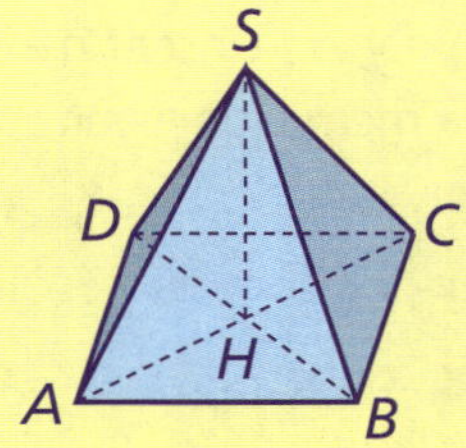

1 Calcule le volume de la pyramide *SABCD*.

SABCD est une pyramide régulière à base carrée, de sommet *S*, de hauteur *SH* avec *SH* = 3 cm et *AD* = 4 cm. ➤ ....

....

2 Résous le problème en utilisant la pyramide *SABCD* de l'exercice 1.

a. Dessine en vraie grandeur le quadrilatère *ABCD*.

b. Calcule *AC* en valeur exacte.

➤ ....

....

....

....

....

c. Dessine en vraie grandeur le triangle *ASH*.

d. Calcule au degré près une mesure de $\widehat{ASH}$.

➤ ....

....

....

....

....

3 Dessine un patron de la pyramide *ABCD*.

ABCD est un tétraèdre régulier (ses quatre faces sont des triangles équilatéraux).
On a *AB* = 2 cm.

Un patron est un dessin en un seul tenant de l'ensemble des faces.

Corrigés p. 205

36 Sections d'un solide

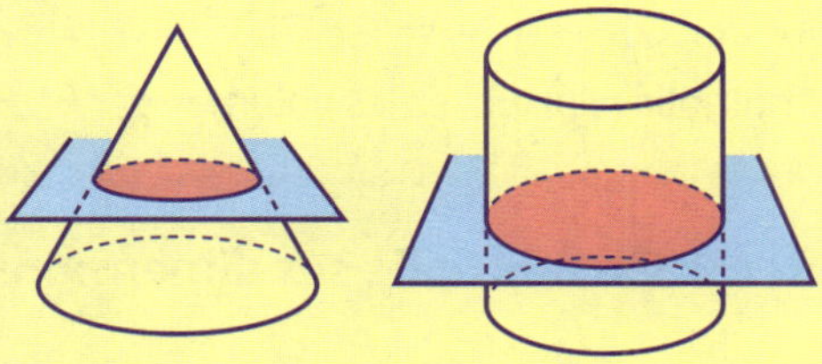

La section du cône ou du cylindre par un plan parallèle à la base est un **disque**.

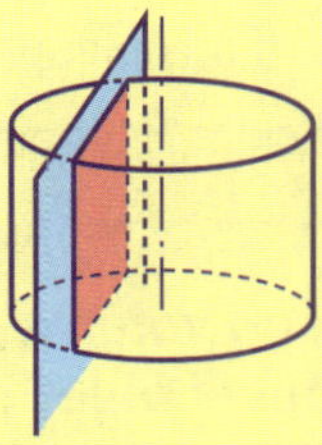

La section du cylindre par un plan parallèle à l'axe du cylindre est un **rectangle**.

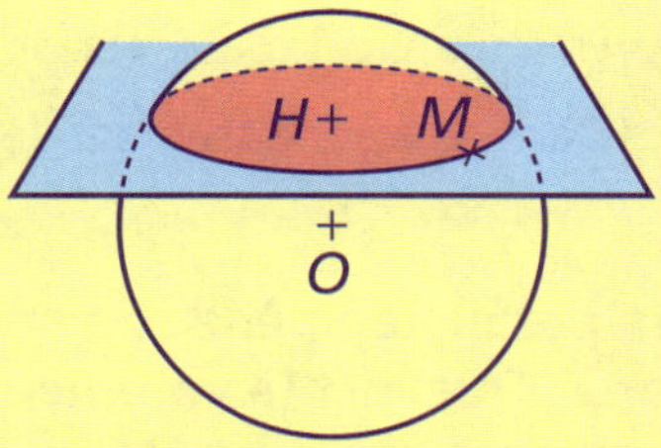

La section d'une boule par un plan est un **disque**. *OHM* est rectangle en *H*.

1 Résous le problème.

Un cylindre de rayon 1 cm et de hauteur 3 cm est coupé par un plan parallèle à son axe. On donne $OA = 0{,}6$ cm.

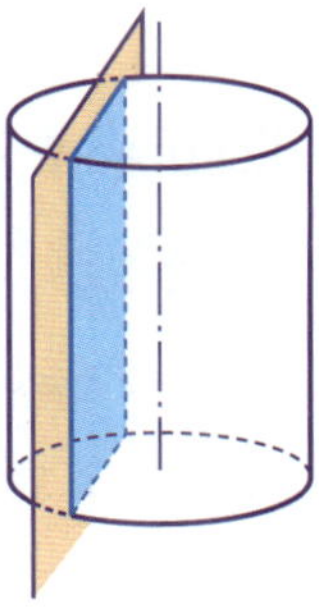

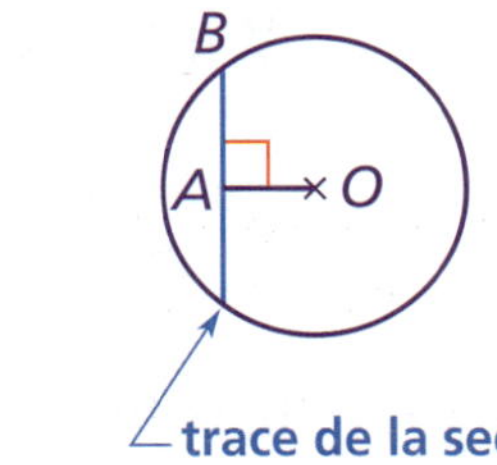

a. Calcule AB.

» ....

....

....

b. Précise la nature de la section du cylindre par le plan, puis calcule son aire.

» ....

....

2 Résous le problème.

Paul, grand amateur de géographie, découvre dans une encyclopédie que la ville de Bordeaux est située sur le 45° parallèle Nord. Ce même ouvrage lui indique également que la Terre est sphérique et de rayon 6 400 km.

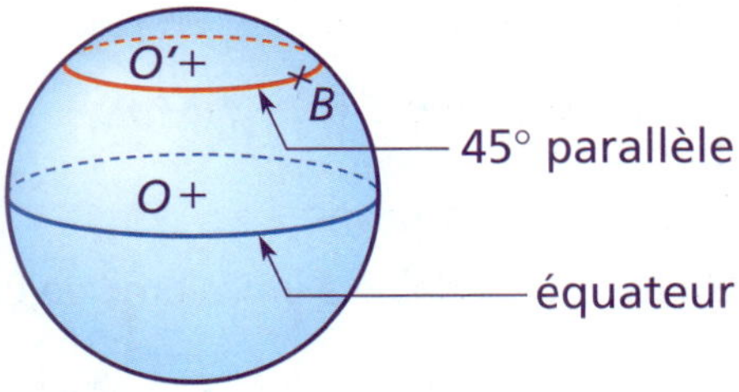

a. Quelle est la nature du 45° parallèle ?

» ....

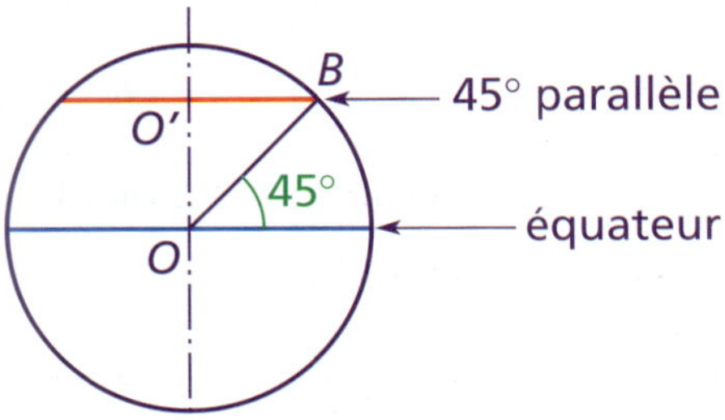

b. Combien mesurent $\widehat{OO'B}$ et $\widehat{BOO'}$?

» ....

....

c. Calcule la distance $O'B$ à 0,1 kilomètre près.

» ....

....

Corrigés p. 205

37 Agrandissements

- En multipliant toutes les longueurs d'un objet par un réel k ($k > 1$), on réalise un **agrandissement**.
- Dans un agrandissement de coefficient k, les aires sont multipliées par k^2 et les volumes par k^3.

1 Un parallélépipède rectangle a un volume de 125 cm³. On multiplie ses dimensions par 2. Quel est le volume du nouvel objet ?

En multipliant les dimensions par 2, on effectue un .... de coefficient ....

Dans un agrandissement de coefficient k, les volumes sont ....

Le volume du parallélépipède est .... par ....^{3}, soit par ....

Le volume du nouvel objet est 125 cm³ × ...., soit ....

2 Le triangle *EDF* est un agrandissement du triangle *ABC*. Calcule son périmètre.

» ....

....

....

....

....

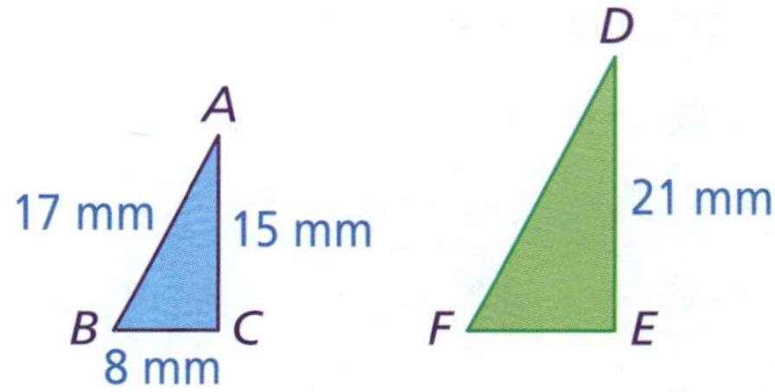

3 Détermine par essais le coefficient de l'agrandissement qui transforme un objet de 4 cm³ en un objet de 13,5 dm³.

» ....

....

....

4 Résous le problème.

Un ballon gonflable a un volume de 288π en cm³.

a. Détermine son rayon et son aire exacte. » ....

....

....

b. Il est gonflé et son aire est multipliée par 4.

- Détermine son nouveau rayon. » ....

....

Cherche d'abord *k*.

- Calcule son volume exact. » ....

....

Corrigés p. 205

38 Réductions

- En multipliant toutes les longueurs d'un objet par un réel k ($k < 1$), on réalise une **réduction**.
- Dans une réduction de coefficient k, les aires sont multipliées par k^2 et les volumes par k^3.
- En sectionnant une pyramide ou un cône par un plan parallèle à sa base, on obtient deux solides dont l'un est une réduction du solide initial.

1 Montre que le triangle *MOT* est une réduction du triangle *LOI*.

Cherche d'abord k.

» ....

....

....

....

....

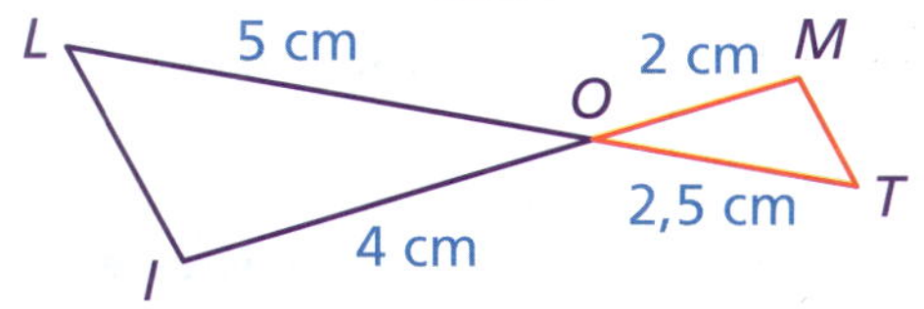

2 Une figure a une aire de 32 m². Que vaut l'aire d'une réduction de cette figure avec un coefficient de 0,25 ?

» ....

....

3 Résous le problème.

ABCDE est une pyramide à base carrée, de sommet *E* et de hauteur [*AE*], avec $AB = 4$ cm et $AE = 6$ cm.

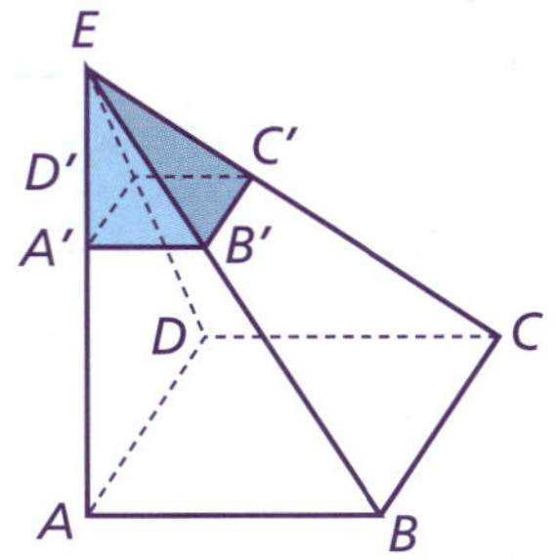

a. Calcule le volume V de la pyramide.

» ....

....

....

b. Cette pyramide est coupée par un plan parallèle à sa base, avec $EA' = 2{,}4$ cm. La section obtenue est $A'B'C'D'$.

- Que représente $A'B'C'D'$ pour *ABCD* ? » ....

....

- Calcule le coefficient de réduction. » ....

....

- Déduis-en le volume V' de la pyramide $A'B'C'D'E$. » ....

....

- Quel est le volume V'' du tronc de pyramide restant ? » ....

....

Corrigés p. 206

39 Grandeurs composées

Une **grandeur composée** est obtenue en faisant le produit ou le quotient de plusieurs grandeurs.

- Par exemple, on a $v = \frac{d}{t}$; la vitesse est le quotient de la distance parcourue par le temps mis.

La vitesse peut s'exprimer en $km.h^{-1}$, noté aussi dans la vie courante km/h.

- Par exemple, l'énergie consommée par un appareil électrique est le produit de la puissance de l'appareil par le temps d'utilisation : $E = P.t$ en kilowattheure, par exemple.

1 Résous le problème.

Dans une ville, les services techniques doivent vider un réservoir d'eau de 348 m^3 en 10 heures.

a. Quelle est, en m^3/h, la vitesse d'écoulement de l'eau ? » ....

....

b. Exprime également cette vitesse en L/min. » ....

....

2 Résous le problème.

Dans une cuisine, on a utilisé durant une journée :
– le réfrigérateur d'une puissance de 60 watts pendant 24 heures ;
– le lave-vaisselle d'une puissance de 1,2 kilowatt pendant 1 heure ;
– le four d'une puissance de 2 000 watts pendant trois quarts d'heure ;
– un éclairage de 75 watts pendant 1 h 30 min.
Calcule la consommation de chaque appareil, ainsi que la consommation totale en kWh.

Convertis les puissances en KW et les durées en heures décimales.

» ....

....

....

3 Résous le problème.

La SNCF décide de mettre en service un train rapide entre les villes de Cherbourg et de Caen, distantes de 132 km. Ce train part de Cherbourg à 6 h 15 min, effectue plusieurs arrêts et arrive à Caen à 7 h 21 min.

a. Quelle est la durée du trajet en fraction d'heure ?

» ....

....

b. Quelle est, en km/h, sa vitesse moyenne, arrêts compris, sur le trajet Cherbourg-Caen ?

» ....

....

....

Corrigés p. 206

40 Sphères – Boules

• On appelle **sphère**, de centre O et de rayon r, l'ensemble des points M de l'espace tels que $OM = r$.

• On appelle **boule**, de centre O et de rayon r, l'ensemble des points M de l'espace tels que $OM \leqslant r$.

• L'aire d'une sphère de rayon r est $4 \times \pi \times r^2$.

• Le volume d'une boule de rayon r est $\frac{4\pi r^3}{3}$.

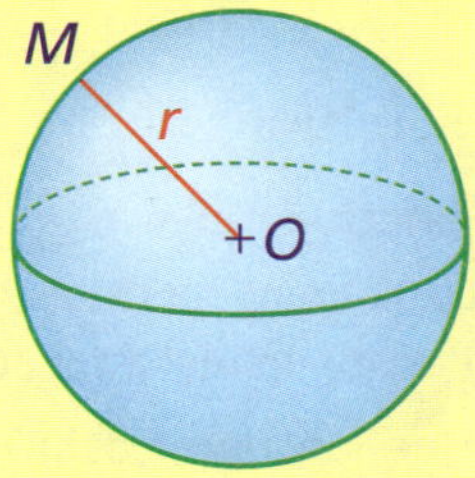

1 Calcule les volumes des deux boules.

a. Le rayon de la première boule mesure 5 cm. Arrondis le résultat à 0,1 cm³ près.

» ....

b. Le diamètre de la seconde mesure 6 dm. Donne le résultat exact sous la forme $a\pi$.

» ....

2 Quelle est, en dm² à 0,01 près, l'aire d'une sphère de rayon 12 cm ?

» ....

3 Une boule a pour volume 121,5π cm³. Calcule son rayon.

» ....

....

....

Pose une équation et fais des essais pour trouver le rayon.

4 Résous le problème.

La Terre est assimilée à une sphère de rayon 6 370 km.
On considère le plan perpendiculaire à la ligne des pôles (NS) et équidistant des deux pôles. L'intersection de ce plan avec la Terre s'appelle l'équateur.

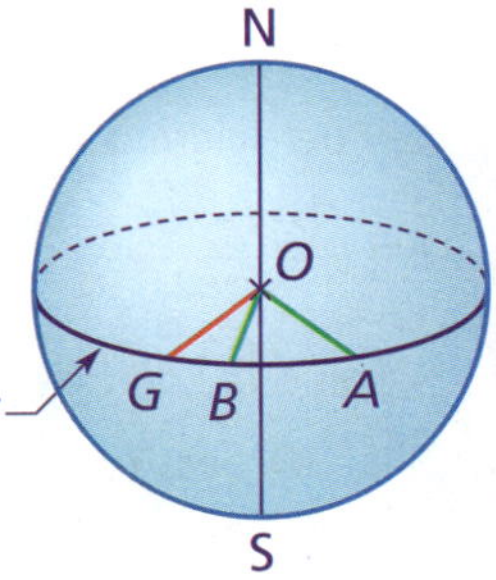

a. Calcule la longueur de l'équateur. » ....

....

b. On note O le centre de la Terre et G un point de l'équateur. On considère deux villes d'Afrique A et B situées sur l'équateur. Ces villes sont disposées comme sur le dessin ci-dessus, avec $\widehat{GOA} = 42°$ et $\widehat{GOB} = 9°$. Calcule la longueur de la portion de l'équateur située entre A et B.

» ....

....

....

Corrigés p. 206

Mémento de mathématiques

FONCTIONS, ORGANISATION ET GESTION DE DONNÉES

Fonctions

• Fonction linéaire

– Deux grandeurs x et y sont **proportionnelles** s'il existe un réel a tel que $y = ax$.

– Une fonction f définie par $f(x) = ax$ est une **fonction linéaire**.

– La représentation graphique d'une fonction linéaire est une droite passant par l'origine du repère.

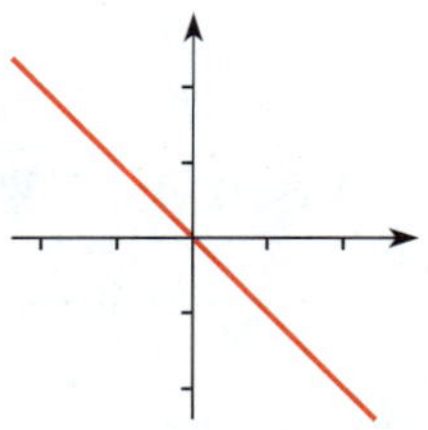

• Fonction affine

– Une fonction f telle que $f(x) = ax + b$ est une **fonction affine**.

– La représentation graphique d'une fonction affine est une droite sécante à l'axe des ordonnées, d'équation $y = ax + b$.

– a est le coefficient directeur et b est l'ordonnée à l'origine.

• Coefficient *a* d'une fonction affine

– Soit f une fonction affine, x_1 et x_2 deux réels.

Le coefficient a de f est donné par :

$$a = \frac{f(x_2) - f(x_1)}{x_2 - x_1}.$$

– Soit a le coefficient d'une fonction affine f.

Si $a > 0$, f est **croissante**.

Si $a = 0$, f est **constante**.

Si $a < 0$, f est **décroissante**.

Statistiques

– Dans une série statistique, la **fréquence** d'une valeur est l'effectif de cette valeur divisé par l'effectif total.

– Dans une série statistique, on appelle **effectif cumulé croissant** d'une valeur la somme de l'effectif de cette valeur et des effectifs des valeurs plus petites.

– On appelle **fréquence cumulée croissante** d'une valeur, le quotient de son effectif cumulé croissant par l'effectif total de la série.

– La **moyenne** d'une série de valeurs est le quotient de la somme des valeurs par l'effectif total.

Autres résultats

• Grandeurs composées

Une **grandeur composée** est obtenue en faisant le produit ou le quotient de plusieurs grandeurs.

– Par exemple, on a $v = \frac{d}{t}$; la vitesse est le quotient de la distance parcourue par le temps mis.

La vitesse s'exprime, par exemple, en $km.h^{-1}$ (noté aussi dans la vie courante km/h).

– Par exemple, l'énergie consommée par un appareil électrique est le produit de la puissance de l'appareil par le temps d'utilisation : $E = P \cdot t$ (en kilowattheure, par exemple).

• Variations en %

– **Augmenter de *a* %** un nombre, c'est le multiplier par $\left(1 + \frac{a}{100}\right)$.

– **Diminuer de *a* %** un nombre, c'est le multiplier par $\left(1 - \frac{a}{100}\right)$.

➤ *Faire varier de a % un nombre, c'est lui appliquer une fonction linéaire.*

Physique-Chimie Technologie

Rappels et conseils

Le programme de sciences de la classe de troisième est exigeant. Il fait appel à vos connaissances des classes précédentes et utilise aussi des notions de mathématiques. Cette année, vous allez approfondir vos connaissances de la matière et de l'énergie, développer votre pratique expérimentale afin de mener une démarche de recherche.
Voici quelques rappels et conseils qui pourront vous aider.

Mesures, grandeurs et unités

Pour mesurer une grandeur, vous devez utiliser des outils et exprimer votre résultat avec l'unité appropriée. Il sera peut-être nécessaire d'effectuer une conversion.

Grandeur	Appareil de mesure	Unité
Masse (*m*)	Balance	Kilogramme (kg)
Volume (*V*)	Verrerie graduée	Litre (L)
Temps (*t*)	Chronomètre	Seconde (s)
Température (*T*)	Thermomètre	Degré Celsius (°C)
Tension électrique (*U*)	Voltmètre	Volt (V)
Intensité électrique (*I*)	Ampèremètre	Ampère (A)
Résistance électrique (*R*)	Ohmmètre	Ohm (W)

Rédiger une réponse

Face à un exercice ou à une question, vous devez être capable de rédiger votre réponse. Si la réponse vous amène à faire un calcul, vous devez le faire apparaître. Pour vous aider, vous pouvez faire un schéma et indiquer les données du problème. N'oubliez pas de préciser les unités dans votre phrase de réponse. Si le résultat est un nombre très grand ou très petit, vous pouvez utiliser les puissances de dix.

Voici un exemple de méthode :

1. Réalisez un schéma (croquis).

2. Sur ce schéma, ajoutez les données connues.

3. Indiquez ce que vous recherchez.

4. Énoncez la loi que vous allez utiliser en justifiant votre choix.

5. Écrivez la relation mathématique entre les différentes données du problème.

6. Calculez en faisant apparaître les étapes de votre calcul.

7. Concluez en construisant une phrase complète.

Les puissances de 10

Pour simplifier les écritures, vous pouvez utiliser une puissance de 10 ou son symbole. Cette écriture sera privilégiée quand les nombres seront très grands ou très petits.

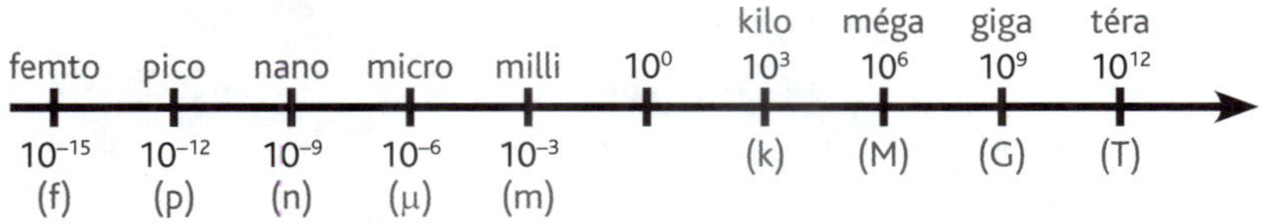

Schématiser et modéliser

Dans un compte-rendu de TP, vous devez être capable de schématiser une expérience, un circuit électrique... Utilisez les symboles normalisés des dipôles lorsque vous schématisez un circuit électrique, schématisez la verrerie en utilisant une règle.

Vous devez aussi être capable de différencier atomes et molécules. Une molécule est composée à partir d'atomes. Elle est représentée par une formule chimique qui indique le symbole et le nombre d'atomes constituant la molécule.

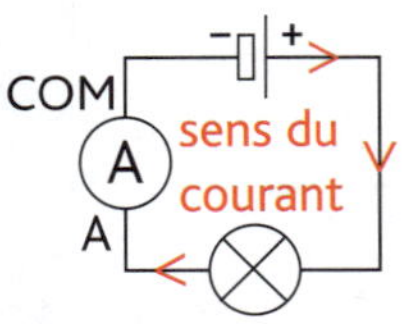

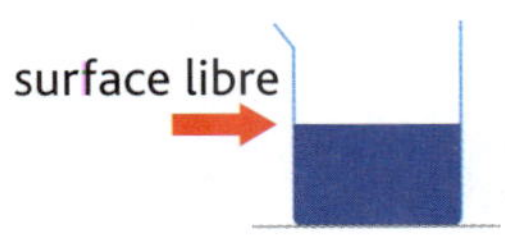

La molécule d'eau contient 1 atome d'oxygène et deux atomes d'hydrogène.

La sécurité en chimie

Lors des séances d'expérimentation, vous allez utiliser des produits chimiques. Avant toute utilisation, vous devez prendre connaissance du pictogramme de danger du produit et des consignes de sécurité figurant sur le produit.

Et le Brevet ?

▶ Pendant l'année

Pour vous préparer efficacement, vous devez apprendre régulièrement vos leçons. Vous pouvez aussi réaliser des fiches de résumés pour chaque leçon et les relire régulièrement. Pour réaliser les calculs, vous devez bien maîtriser l'usage de votre calculatrice.

▶ Entraînez-vous

Pour préparer l'épreuve, choisissez un sujet d'annales, et lisez-le entièrement. Identifiez les connaissances dont vous allez avoir besoin, puis traitez-le complètement en 1 heure comme le jour de l'examen.

1 Les constituants de l'atome

Modèle de l'atome

• Un **atome** est composé d'un **noyau** (chargé positivement) et d'un **nuage d'électrons** (chargé négativement). Les électrons sont en mouvement autour du noyau. Un atome est électriquement neutre car il contient autant de charges positives (protons) dans son noyau que de charges négatives (électrons) dans son nuage.

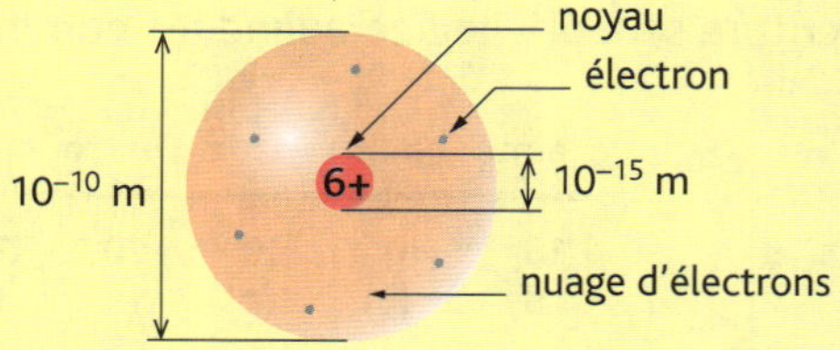

• Le diamètre d'un atome est de l'ordre du dixième de **nanomètre**, soit 10^{-10} m. Son noyau est 100 000 fois plus petit, soit 10^{-15} m.

• Le noyau est constitué de **protons** (chargés positivement) et de **neutrons** (neutres). Ils constituent les **nucléons**.

Élément chimique

• Un élément chimique est identifié par son symbole et par son numéro atomique Z (nombre de protons que contient un atome).

• Sur Terre, il existe 112 éléments chimiques stables. Dans la classification périodique (voir p. 76), les éléments sont classés par numéro atomique Z croissant.

1 Vrai ou faux ? Coche la bonne réponse.

	V	F
a. Un atome est électriquement neutre.	[x]	[ ]
b. Le noyau d'un atome est 10 fois plus petit que l'atome.	[ ]	[x]
c. L'électron est chargé positivement.	[ ]	[x]
d. Le proton est chargé positivement.	[x]	[ ]
e. Proton et neutron constituent les nucléons.	[x]	[ ]
f. Le nombre de nucléons d'un élément est appelé numéro atomique.	[ ]	[x]

2 L'atome

a. Représente dans le cadre ci-contre un atome d'oxygène en indiquant le nom, le nombre de ses constituants ainsi que leur charge électrique.

b. Pourquoi peut-on dire qu'un atome d'oxygène est électriquement neutre ?

» car il a autam de charge + que -

c. L'atome d'aluminium a un rayon de $1,2 \times 10^{-10}$ m. Calcule le diamètre *d* de cet atome ainsi que celui de son noyau.

» $d = 2,4 \times 10^{-10}$ = atome

$d = 2,4 \times 10^{-15}$ = noyau

Le noyau d'un atome est 100 000 fois plus petit que l'atome.

Corrigés p. 207

2 Transformations physique et chimique

Transformation physique

Lors d'une **transformation physique** (changement d'état, dissolution...), les molécules ne sont pas modifiées. Seule leur disposition les unes par rapport aux autres est changée.

Transformation chimique

Une **transformation chimique** (combustion, réactions acides-métaux, synthèse d'un arôme...) est une transformation de la matière au cours de laquelle les atomes qui constituent les molécules des **réactifs** se réarrangent pour former de nouvelles molécules : les **produits**. Lors de la transformation, il y a conservation des atomes : la masse des réactifs est égale à la masse des produits.

Équation de réaction

Pour décrire une transformation chimique, on écrit une **équation de réaction**. Son écriture fait intervenir les formules chimiques des réactifs et des produits, ainsi que des coefficients assurant la conservation des éléments et des charges électriques.

Coefficients d'ajustement

$$\underbrace{CH_4 + 2O_2}_{\textit{Réactifs}} \longrightarrow \underbrace{CO_2 + 2H_2O}_{\textit{Produits}}$$

1 Complète les phrases ci-dessous.

a. Lors d'une transformation chimique, il y a conservation des atomes.

b. Lors d'une transformation physique, il y a conservation des molecule.

c. La solidification est une transformation physique.

d. La combustion d'une allumette est une transformation chymique.

2 Lis le texte, puis réponds aux questions.

Le nitrobenzène de formule chimique $C_6H_5NO_2$ est utilisé dans la chimie des colorants. Pour l'obtenir, on fait réagir de l'acide nitrique (HNO_3) avec du benzène (C_6H_6). Il se forme du nitrobenzène et de l'eau (H_2O).

a. Nomme les réactifs utilisés et les produits formés.

» l'acide nitrique (HNO_3) du benzème (C_6H_6) et de l'eau (H_2O)

b. Écris l'équation de la réaction chimique.

» $HNO_3 + C_6H_6 + H_2O \longrightarrow$

c. Lors de cette expérience, 63 g d'acide nitrique et 78 g de benzène sont utilisés. La réaction est totale : après réaction tous les réactifs ont disparu. Il s'est formé 18 g d'eau. Quelle masse de nitrobenzène a-t-on obtenue ?

» ....

....

Lors d'une transformation chimique, la masse totale des réactifs égale la masse des produits formés.

Corrigés p. 207

3 La masse volumique

Masse et volume

La **masse** d'un corps se mesure à l'aide d'une balance. Elle peut s'exprimer en kilogramme (kg), en gramme (g)... Le **volume** d'un liquide se mesure avec une éprouvette graduée. Il peut s'exprimer en litre (L), en millilitre (mL), en centimètre cube (cm^3)...

1 kg = 1 000 g   1 m^3 = 1 000 L   1 cm^3 = 1 mL

Calcul de la masse volumique

- La masse volumique ρ (lettre grecque qui se prononce « rho ») d'un corps correspond au quotient de sa masse (*m*) par son volume (*V*). Elle permet d'identifier un corps.

masse volumique (g/cm^3) — $\rho = \frac{m}{V}$ — masse (g) / volume (cm^3)

Exemples : liège → ρ = 0,24 g/cm^3
or → ρ = 19,3 g/cm^3
aluminium → ρ = 2,7 g/cm^3

- La masse volumique peut aussi s'exprimer en kilogramme par mètre cube (kg/m^3).

1 Mesure de la masse volumique

Lors de la séance de travaux pratiques, Karim réalise les expériences suivantes avec un échantillon de roche.

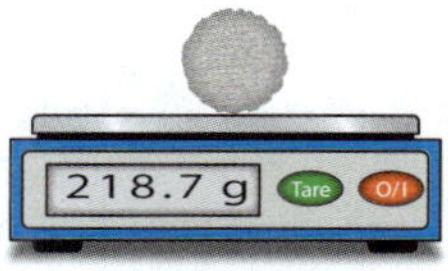

Expérience 1

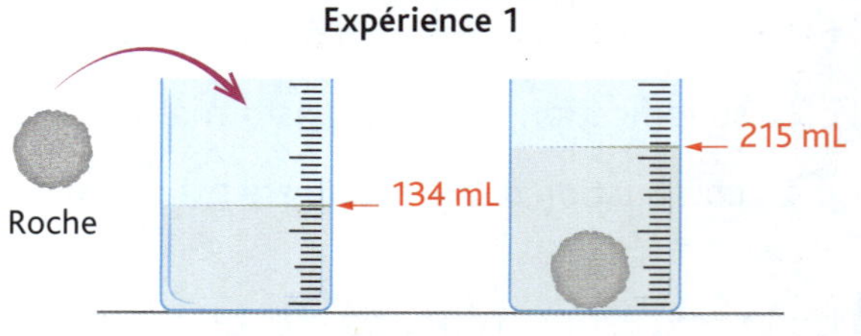

Expérience 2

a. Pour chaque expérience, nomme l'appareil de mesure et indique la grandeur mesurée.

» ρ = m/V = 218,7 g / 215 − 134 mL

218,7 g / cm³ 81

b. Calcule, en g/cm^3, la masse volumique de l'échantillon afin de l'identifier.

» ....

2 Mesure d'un volume

Antoine veut acheter 3 m^3 de sable dans un magasin de matériaux. La remorque d'Antoine peut supporter une charge maximale de 800 kg. La masse volumique du sable sec est de 1 600 kg/m^3. Celle du sable mouillé est de 2 000 kg/m^3.

a. Calcule, en m^3, puis en litre, le volume maximum de sable sec que peut contenir la remorque d'Antoine.

» ~~8000 m3/kg~~ 1600 m3/kg = 160000 L

b. Détermine le nombre de voyages que doit effectuer Antoine pour rapporter les 3 m^3 de sable.

» 2 voyage

Corrigés p. 207

4 Le pH des solutions

Le pH de solutions aqueuses

- Une **solution aqueuse** est un liquide contenant de l'eau et une substance dissoute.
- Le **pH** est un nombre sans unité, compris entre 0 et 14 permettant de classer les solutions aqueuses en trois groupes.
- La mesure du pH d'une solution aqueuse s'effectue avec du papier pH ou à l'aide d'un pH-mètre.

ACIDE — NEUTRE — BASIQUE

0 — 7 — 14

← de plus en plus acide | de plus en plus basique →

Ions et pH

L'**ion H^+** (ion hydrogène) est responsable de l'acidité. L'**ion HO^-** (ion hydroxyde) est responsable de la basicité.

– Une **solution acide** contient plus d'ions H^+ que d'ions HO^-.
– Une **solution neutre** contient autant d'ions H^+ que d'ions HO^-.
– Une **solution basique** contient plus d'ions HO^- que d'ions H^+.

pH et dilution

Diluer une solution aqueuse, c'est ajouter de l'eau à cette solution. Il faut toujours verser l'acide dans l'eau et non l'inverse, afin d'éviter tout risque de projection. Lorsqu'on dilue une solution acide, son pH augmente et tend vers 7.

1 Complète le tableau en indiquant la nature de chaque solution.

Jus de citron	Acide chlorhydrique	Soude	Eau	Vinaigre	Soda
pH = 2,3	pH = 1,5	pH = 13	pH = 7	pH = 2,9	pH = 2,5
Acide	Acide	de plus en + basique	neutre	acide	acide

2 Cite deux méthodes permettant de mesurer le pH d'une solution aqueuse.

» ajouté de l'eau a sa solution

3 Les solutions

On dispose de trois solutions d'acide chlorhydrique.

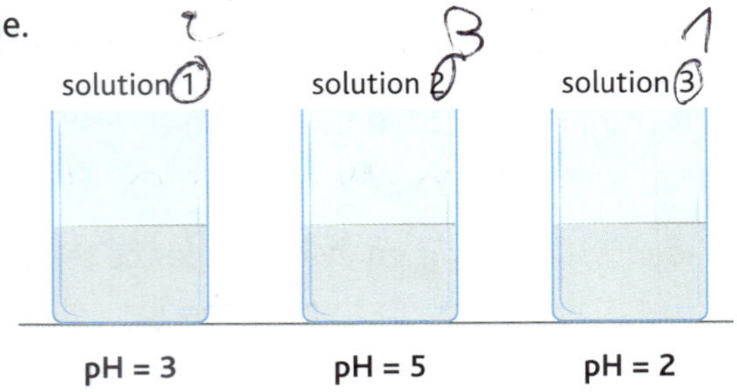

a. Quels sont le nom et le symbole chimique de l'ion majoritaire dans ces solutions ? Justifie ta réponse.

» H^+

b. Classe ces solutions par acidité croissante.

»

Corrigés p. 207

5 Formation et identification des ions

La formation des ions

Un **ion** provient d'un atome (ou d'un groupe d'atomes) ayant gagné (ou perdu) un (ou plusieurs) électrons. Un ion est donc électriquement chargé. On distingue les ions positifs (**cations**) et les ions négatifs (**anions**).

Ions positifs		Ions négatifs
ion sodium Na^{+} ion hydrogène H^{+}	ion cuivre II Cu^{2+} ion fer II Fe^{2+} ion fer III Fe^{3+}	ion chlorure Cl^{-} ion hydroxyde HO^{-} ion nitrate NO_3^{-}

Modélisation

L'atome de cuivre a pour numéro atomique 29. L'ion cuivre provient d'un atome de cuivre ayant perdu 2 électrons. Il forme donc un ion positif (cation) : l'ion cuivre II de formule chimique Cu^{2+}.

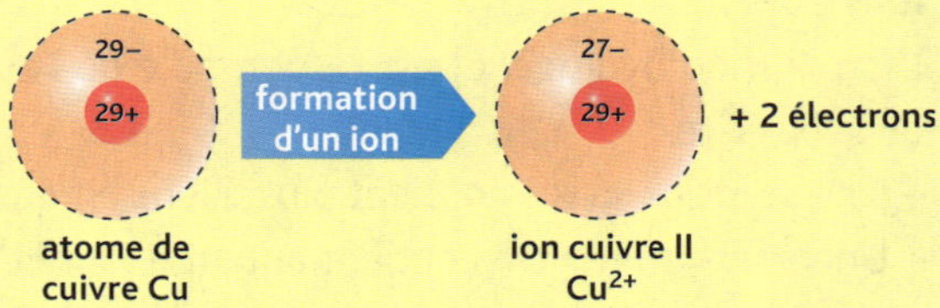

Mise en évidence des ions

On identifie un ion dans une solution en réalisant une **réaction de précipitation**. L'ajout de quelques gouttes d'un **réactif** permet de former un **précipité** (solide) **coloré** caractéristique de l'ion.

Ions	Cu^{2+} ion cuivre II	Fe^{2+} ion fer II	Fe^{3+} ion fer III	Al^{3+} ion aluminium	Cl^{-} ion chlorure
Réactif	soude	soude	soude	soude	solution de nitrate d'argent
Couleur du précipité	bleue	verte	rouille	blanche	blanche

1 Mise en évidence d'un ion

On verse quelques gouttes de soude dans un tube à essais contenant une solution ionique inconnue.

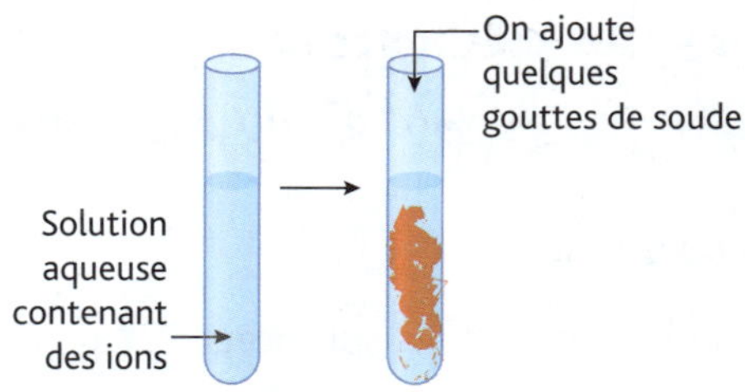

a. Nomme cette expérience. Qu'observe-t-on dans le tube après réaction ?

» on peut observer qu'il y a un ion Fe3+ (rouille)

b. Nomme le réactif utilisé lors de ce test.

» ion de fer III

c. Identifie l'ion mis en évidence par ce test en donnant son nom et sa formule chimique.

» l'ion fer

d. L'ion formé provient-il d'un atome ayant gagné ou perdu des électrons ? Justifie ta réponse.

» perdu car 3+
il en a donc perdu 3

Corrigés p. 207

6 Réaction entre l'acide chlorhydrique et les métaux

L'acide chlorhydrique

L'**acide chlorhydrique** est une solution corrosive de pH inférieur à 7. Elle contient des ions hydrogène (H^+) et des ions chlorure (Cl^-). Elle a pour formule chimique (H^+, Cl^-).

Réaction avec quelques métaux usuels

L'acide chlorhydrique réagit avec le fer (Fe), le zinc (Zn) et l'aluminium (Al), mais ne réagit pas avec le cuivre (Cu).

Action de l'acide chlorhydrique sur le zinc

Lors de cette transformation chimique, les ions H^+ de l'acide chlorhydrique et le zinc sont consommés. Il se forme alors un gaz : du dihydrogène. Ce gaz produit une détonation en présence d'une flamme. Il se forme aussi des ions Zinc. Le bilan de cette transformation est :

Acide chlorhydrique + zinc	→	Dihydrogène + chlorure de zinc
Réactifs		Produits

Dilution de l'acide chlorhydrique

Pour diluer un acide, il faut toujours verser l'acide dans l'eau, et non l'inverse, afin d'éviter tout risque de projection. Le pH de la solution acide augmente et tend vers 7 lorsqu'on la dilue.

1 Identifier un métal

On fait réagir un métal avec l'acide chlorhydrique. Il y a formation d'un gaz qui produit une détonation en présence d'une flamme. Après réaction, le métal a totalement disparu. Un test d'identification à la soude fait apparaître un précipité vert.

a. Utilise le test d'identification pour identifier le métal utilisé (reporte-toi à la leçon 5).

» ....

b. Quel est le nom et la formule chimique du gaz formé lors de cette transformation chimique ?

» ....

2 La transformation chimique

a. Annote le schéma de l'expérience ci-dessous, puis complète le bilan de la transformation chimique.

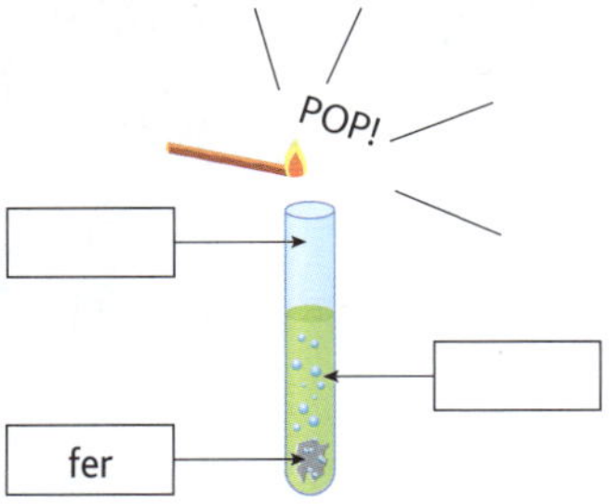

Acide chlorhydrique + [ ] → [ ] + chlorure de [ ]

Réactifs [ ]

b. Après réaction, le métal a totalement disparu. Sous quelle forme se trouve-t-il dans le tube à essais ? Comment peut-on le mettre en évidence ?

» ....

....

Corrigés p. 208

7 L'énergie sous toutes ses formes

Sources et formes d'énergies

Une **source d'énergie** est un phénomène ou une matière première pouvant être exploités afin d'obtenir une forme d'énergie utilisable par l'homme.

Exemples : le Soleil, la gravité terrestre, le vent, l'eau en mouvement, la géothermie, l'atome…

L'énergie existe sous différentes formes : l'énergie électrique, chimique, thermique, lumineuse, nucléaire, mécanique (cinétique et potentielle).

Conservation de l'énergie

L'énergie ne se crée pas et ne se perd pas. Elle se conserve. L'énergie peut être convertie d'une forme à une autre grâce à un convertisseur.

Exemple : l'alternateur de bicyclette convertit l'énergie mécanique en énergie électrique.

L'énergie mécanique d'un corps

- Au voisinage de la Terre, un objet possède une **énergie potentielle** E_p (liée à son altitude). Cette énergie dépend de sa position et de la masse du corps.
- En mouvement, un objet possède une **énergie cinétique** E_c. Lorsqu'il tombe, la diminution de son énergie potentielle s'accompagne d'une augmentation de son énergie cinétique.
- L'**énergie mécanique** E_M d'un objet est égale à $E_M = E_p + E_c$.

1 L'énergie d'un ventilateur

a. Quelle transformation d'énergie a lieu lorsqu'on utilise un ventilateur électrique ?

» ....

b. Lorsque le ventilateur fonctionne, le moteur chauffe. Comment peut-on nommer cette perte d'énergie ?

» ....

c. Complète le diagramme d'énergie du ventilateur.

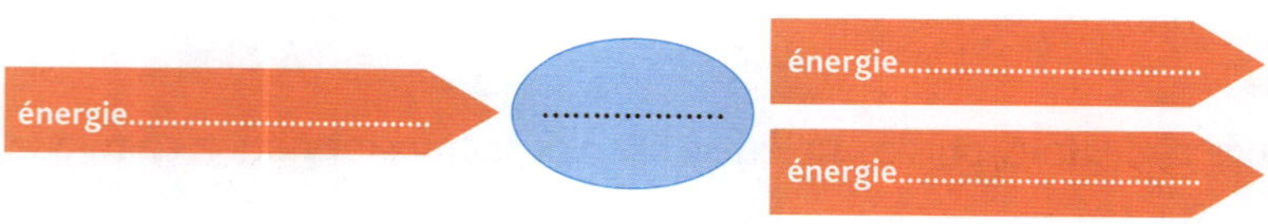

Pour réaliser le bilan énergétique d'un objet, on construit un diagramme d'énergie. Le convertisseur est représenté par un cercle et les transferts d'énergies par des flèches.

2 L'énergie lors d'un saut à l'élastique

a. Immobile sur un pont, une personne se prépare à sauter. Quelle forme d'énergie possède-t-elle ?

» ....

b. Lorsque cette personne se lance dans le vide, quelle forme d'énergie acquiert-elle ?

» ....

c. Explique comment évoluent les énergies lors d'un saut à l'élastique.

» ....

Corrigés p. 208

8 Vitesse et énergie cinétique

La vitesse d'un objet

La **vitesse moyenne v** d'un objet est le quotient de la distance parcourue d par la durée Δt du parcours. Dans le système international des unités, la vitesse s'exprime en mètre par seconde. La vitesse peut aussi s'exprimer en kilomètre par heure (km/h).

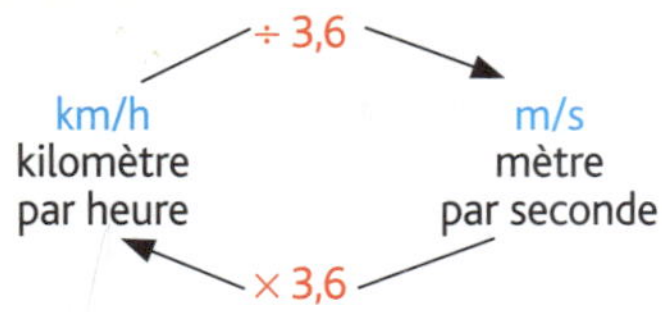

$$v = \frac{d}{\Delta t}$$

vitesse (m/s) ; distance (m) ; durée (s)

Cette relation peut aussi s'écrire : $\Delta t = \frac{d}{v}$ $\quad d = v \times \Delta t$

L'énergie cinétique

Lorsqu'un corps est en mouvement, il possède de l'énergie. Cette énergie, appelée **énergie cinétique**, de symbole E_c, dépend de la vitesse du corps et de sa masse. Elle s'obtient par la formule :

$$E_c = \frac{1}{2} m \cdot v^2$$

J ; kg ; m/s

L'unité légale de l'énergie est le **joule**, de symbole J.
Il est possible d'utiliser le kilojoule (kJ).
1 kJ = 1 000 J = 10^3 J

1 Calcul d'une vitesse

a. Au volant de sa voiture, Grégoire a parcouru 270 kilomètres en 3 heures. Calcule sa vitesse moyenne en km/h.

» ....

....

b. Convertis cette vitesse en mètre par seconde.

» ....

c. Quelle distance va parcourir Grégoire s'il roule à 110 km/h pendant 45 minutes ?

» ....

....

> **1.** Pense à convertir la durée en heure.
> **2.** Utilise la formule permettant de calculer une distance, connaissant la vitesse et la durée du parcours.

2 Calcul d'une énergie

a. Calcule l'énergie cinétique d'un véhicule de 900 kg roulant à 54 km/h.

» ....

....

b. Convertis l'énergie obtenue en kilojoule.

» ....

> **1.** Écris la formule permettant de calculer l'énergie cinétique.
> **2.** Vérifie si les données sont dans les unités appropriées et convertis-les si besoin.

Corrigés p. 208

9 Actions mécaniques et forces

Les effets d'une action mécanique

Une **action mécanique** exercée par un objet sur un autre objet peut mettre l'objet en mouvement, modifier sa trajectoire ou sa vitesse. Elle peut aussi le déformer. Ces effets peuvent se cumuler.

Les différents types d'actions mécaniques

On distingue deux types d'actions mécaniques :
– **les actions de contact** : l'action s'exerce par contact entre l'acteur et le receveur. Ce contact peut être localisé ou réparti sur toute une surface.
– **les actions à distance** : l'action s'exerce sans contact entre l'acteur et le receveur. Elle est répartie sur tout l'objet. Une action à distance peut être d'origine magnétique, électrique ou liée à l'attraction de la Terre.

Modéliser une action mécanique

Une **action mécanique** peut être modélisée par une **force** (notée *F*) qui se caractérise par quatre paramètres : son point d'application, sa direction, son sens et sa valeur. La valeur d'une force s'exprime en newton (N) ou en kilonewton (1 kN = 1 000 N) et se mesure avec un dynamomètre. Sur un schéma, une force peut être représentée par un segment fléché. La longueur du segment fléché est proportionnelle à la valeur de la force.

1 Classe les actions dans le tableau.

A : action d'un aimant sur une bille de fer.
B : action du pied sur le ballon.
C : action de la Terre sur un corps.
D : action du vent sur une voile de bateau.
E : action d'un peigne qui attire des cheveux.
F : action de la Terre sur une boussole.
G : action du pied sur la pédale d'un vélo.

Action de contact	Action à distance

2 QCM : choisis la (ou les) bonne(s) réponse(s).

a. La planche à voile se déplace grâce au vent. Il s'agit d'une action :

☒ à distance. ☒ de contact. ☐ localisée. ☐ répartie.

b. L'action du vent sur la voile modifie :

☒ la trajectoire de la planche. ☒ la vitesse de la planche. ☐ la masse de la planche.

3 La force d'une fusée

Au décollage, une fusée reçoit une force de 12 000 kN. Cette poussée permet à la fusée de s'élever à la verticale.

a. Convertis cette valeur en newton. » 12000000

b. Détermine les quatre caractéristiques de cette force.

» point d'application, sens, valeu
et direction

Corrigés p. 208

0 Poids et masse d'un corps

Masse d'un objet

La **masse d'un objet** correspond à la **quantité de matière** qui compose cet objet. La masse se mesure avec une balance et s'exprime en kilogramme (kg). La masse est **invariable** : elle ne dépend pas du lieu de la mesure.

Poids d'un objet

- La Terre exerce une **action attractive**, à distance, sur tous les corps placés dans son voisinage. Cette force est appelée le **poids** du corps. Le poids varie selon le lieu de la mesure. Il se calcule par la formule :

$$P = m \cdot g$$

P en N ; m en kg ; g en N/kg

g : intensité de la pesanteur en newton par kilogramme (N/kg).
Sur Terre, g = 9,8 N/kg
Sur la Lune, g = 1,6 N/kg

- Sur un schéma, le poids peut être représenté par un segment fléché. Il a pour point d'application : le centre de gravité de l'objet ; pour direction : la verticale du lieu ; pour sens : dirigé vers le bas. Sa longueur est proportionnelle à la valeur du poids.

1 Poids et masse d'un astronaute

Un astronaute pèse 81 kg. Sa combinaison spatiale pèse 69 kg.

a. Calcule la masse totale de l'astronaute avec son équipement.

» ....

....

b. Écris la relation entre le poids et la masse de l'astronaute avec son équipement en indiquant les unités utilisées.

» ....

c. Calcule le poids de l'astronaute avec son équipement sur la Terre.

» ....

....

d. Calcule le poids de l'astronaute avec son équipement sur la Lune, sachant que g_{Lune} = 1,6 N/kg.

» ....

....

e. Compare le poids de l'astronaute sur la Terre et sur la Lune.

» ....

f. Représente, le poids de l'astronaute sur la Lune par un segment fléché. On prendra *A* comme point d'application. (Échelle 1 cm ⇔ 100 N)

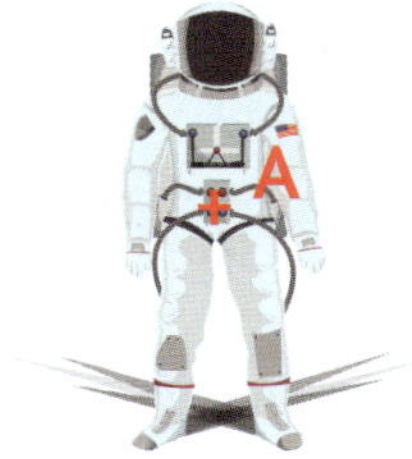

Corrigés p. 208

11 La résistance électrique

Rôle du conducteur ohmique

Un **conducteur ohmique** est un dipôle qui permet de diminuer l'intensité du courant dans un circuit série. Il est caractérisé par sa **résistance électrique *R***. L'unité de la résistance est le **ohm** (Ω). La résistance peut aussi s'exprimer en kilo-ohm : 1 k Ω = 1 000 Ω.

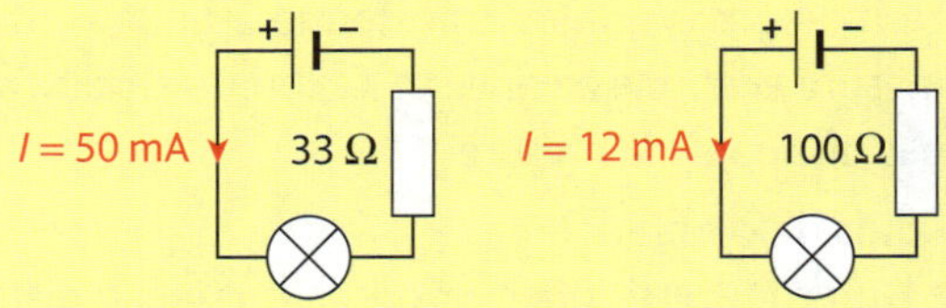

Dans le circuit série ci-dessus, l'intensité diminue quand la résistance du conducteur ohmique augmente. La résistance électrique *R* se mesure avec un ohmmètre, branché aux bornes du conducteur ohmique. Cette mesure s'effectue en dehors du circuit.

La loi d'ohm

- La tension *U* aux bornes d'un conducteur ohmique est égale au produit de sa résistance *R* par l'intensité du courant *I* qui le traverse.

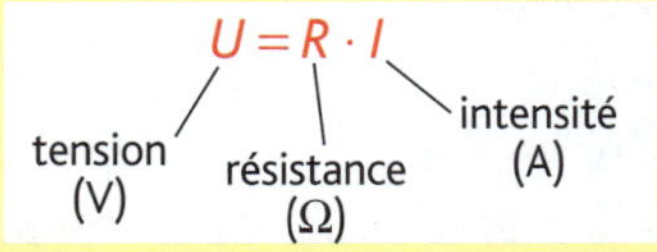

- La caractéristique (graphique qui représente l'intensité du courant traversant un dipôle en fonction de la tension à ses bornes) d'un conducteur ohmique, est une droite passant par l'origine.

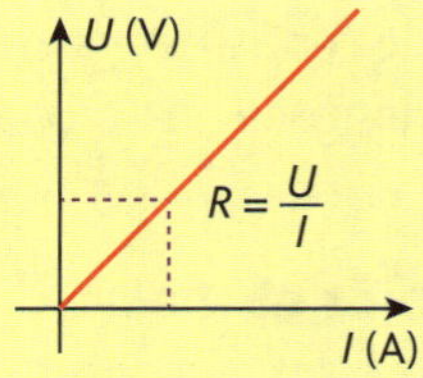

1 Comparer des circuits

Les deux circuits contiennent la même lampe et la même pile. Dans quel circuit l'intensité est-elle la plus faible ? Justifie ta réponse.

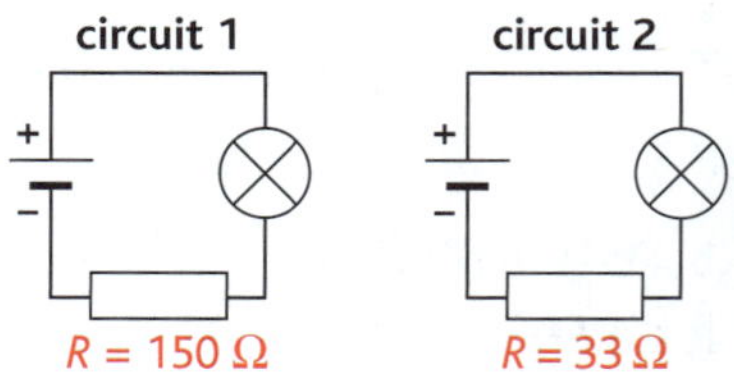

» ....

2 Un conducteur ohmique de résistance $R = 220\ \Omega$ est parcouru par un courant d'intensité 0,04 A. Calcule la tension aux bornes de ce dipôle.

» ....

3 La tension aux bornes d'un conducteur ohmique de résistance $R = 560\ \Omega$ est de 11,2 volts. Calcule l'intensité du courant qui le traverse.

» ....

4 Utilise cette caractéristique graphique pour identifier le dipôle et déterminer sa résistance électrique.

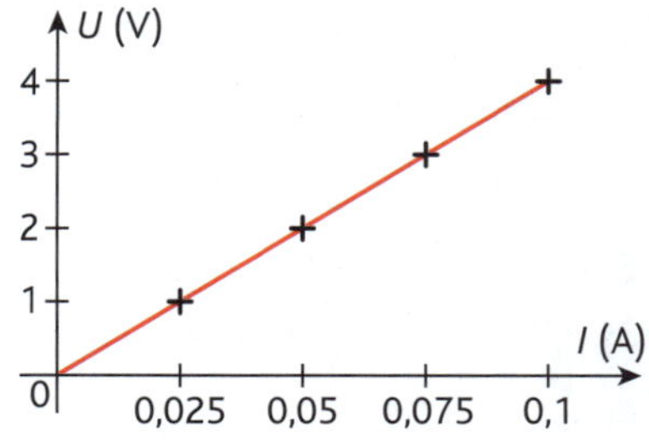

» ....

....

....

Corrigés p. 209

2 La puissance électrique

Puissance nominale d'un appareil

Sur un appareil électrique, figurent ses caractéristiques nominales. La **puissance nominale** d'un appareil est la puissance qu'il reçoit lorsqu'il est soumis à sa **tension nominale**. La puissance électrique s'exprime en watt (W) ou en kilowatt (kW). 1 kW = 1 000 W.

Calcul de la puissance électrique

- **La puissance reçue par un appareil est égale au produit de la tension qu'il reçoit** par l'intensité du courant qui le traverse. Cette relation est toujours valable en courant continu. En courant alternatif, elle n'est valable que pour les appareils se comportant comme des dipôles ohmiques.

$$P = U \cdot I$$

puissance (W) — tension (V) — intensité (A)

- La puissance reçue par une installation électrique est égale à la somme des puissances des appareils fonctionnant simultanément.

Protection d'une installation

Un fusible permet de protéger un appareil ou une installation contre la surintensité. Son rôle est d'ouvrir le circuit (en fondant) lorsque l'intensité du courant dépasse sa valeur. Par exemple, un fusible de 10 A va fondre si l'intensité qui le traverse dépasse 10 ampères.

1 Calcul de la puissance électrique

Un radiateur est branché sur une prise électrique de tension 230 volts. Il est parcouru par un courant de 7 ampères. Calcule la puissance électrique de cet appareil. Convertis cette valeur en kilowatt.

» ....

2 Calcul d'une intensité

Calcule l'intensité du courant qui traverse un four de puissance 2 500 watts alimenté par une prise électrique de 230 volts. Arrondis le résultat au dixième.

» ....

3 Calcul d'une puissance

Un ordinateur de puissance 400 W, un écran de puissance 150 W, une imprimante de puissance 50 W, et une lampe de bureau de 60 W sont branchés sur une multiprise. La multiprise est reliée à une prise secteur délivrant 230 V.

a. Calcule la puissance totale utilisée par ces quatre appareils.

» ....

b. Convertis la puissance en kW.

» ....

c. La multiprise est protégée par un fusible de 5 A. Peut-on faire fonctionner ces quatre appareils simultanément avec cette multiprise ?

» ....

Corrigés p. 209

13 L'énergie électrique

Calcul de l'énergie électrique

• L'énergie électrique transférée à un appareil électrique est égale au produit de sa puissance P par la durée de fonctionnement Δt.
Si la durée est exprimée en seconde, alors l'énergie s'exprimera en **joule**.
Si la durée est exprimée en heure, alors l'énergie s'exprimera en **wattheure**.

$E = P \cdot \Delta t$ (E en J, P en W, Δt en s)

$E = P \cdot \Delta t$ (E en Wh, P en W, Δt en h)

• L'unité légale d'énergie est le **joule**.
L'unité utilisée pour facturer l'énergie électrique est le **wattheure**.
1 wattheure = 3 600 wattsecondes = 3 600 joules.

La facture d'électricité

La facture électrique est établie à partir des relevés du compteur électrique. Le montant de la consommation est égal au produit de l'énergie consommée par le prix du kWh. À ce montant, il faudra ajouter le prix de l'abonnement, les taxes locales et la TVA.

FACTURE D'ÉLECTRICITÉ

Relevé en kWh

Ancien	Nouveau	Consommation	Prix kWh (€)
23 002	23 607	605	0,15

Total HT .... €

Total TTC .... €

Puissance : 6 kW

- Valeurs relevées sur le compteur électrique (Ancien, Nouveau)
- Tarif du kWh (Prix kWh)
- Montant hors taxes (Total HT)
- Montant avec taxes (toutes taxes comprises) (Total TTC)
- Puissance maximale que peut fournir l'installation (Puissance)

1 Calcul d'une énergie

Une machine à laver de puissance 3 000 W fonctionne pendant 1 h 30 min. Calcule, en wattheure, l'énergie consommée par la machine. Convertis l'énergie en joule.

» ....

....

2 Calcul d'une énergie

Pour se sécher les cheveux, Fanny utilise son sèche-cheveux de puissance 1 000 W pendant 4 minutes. Calcule, en joule, l'énergie consommée par le sèche-cheveux.

» ....

....

Commence par convertir la durée de fonctionnement en secondes, puis utilise la formule $E = P \times t$.

3 Calcule l'énergie consommée par ce client, ainsi que le montant de sa facture.

» ....

....

FACTURE D'ÉLECTRICITÉ — prix kWh en euros 0,15 €

relevé en kWh

Ancien	Nouveau	Consommation
18 750	19 322	?

Puissance 9 kW

Total HT

Total TTC

Corrigés p. 209

4 Signaux lumineux et sonores

Signaux sonores

Un son a besoin d'un milieu matériel pour se propager. Il ne peut donc pas se propager dans le vide. Dans l'air, le son se propage à 340 m/s (à 20 °C). Dans l'eau, le son se propage à 1 500 m/s. L'utilisation du son (ou de la lumière) permet d'émettre et de transporter un signal, donc une information.

Visualisation d'un signal sonore

Un oscilloscope permet de visualiser un signal. L'oscillogramme obtenu permet de déterminer la période et de calculer la fréquence du signal. On appelle **fréquence sonore** le nombre de vibrations à la seconde. La fréquence s'exprime en **hertz** (Hz). Elle se calcule par la formule $f = 1/T$ (avec T en seconde). L'oreille humaine est sensible aux sons compris entre 15 Hz et 20 000 Hz.

Signaux lumineux

Dans le vide, la lumière se propage en ligne droite à la vitesse (célérité) de 300 000 km/s. Pour écrire cette vitesse, on peut utiliser les puissances de dix : $c = 3 \times 10^8$ m/s. La lumière est utilisée pour mesurer des distances dans l'Univers. L'**année de lumière** (a.l.) est l'unité de longueur utilisée pour mesurer ces distances. Elle correspond à la distance parcourue par la lumière en une année, soit 9 500 milliards de kilomètres. 1 a.l. $\approx 9{,}5 \times 10^{12}$ km.

1 Visualisation d'un signal sonore

Un son a une période T = 0,004 s.

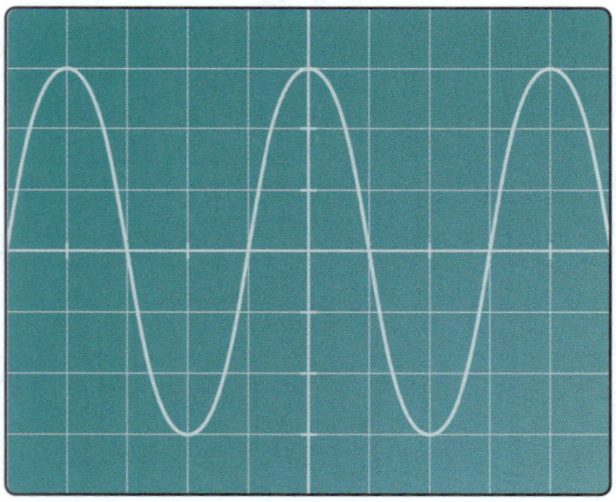

Échelle horizontale 1 div ⇔ 0,001 s

a. Représente le motif de ce signal, puis détermine sa période.

b. Calcule ensuite la fréquence de ce son.

» ....

c. Ce son est-il audible ? Justifie ta réponse.

» ....

....

d. Cite deux milieux dans lesquels ce son pourrait se propager.

» ....

2 Calculer une distance en année-lumière

Dans la constellation de la Lyre, on peut observer une étoile très brillante : Véga. Elle se trouve à une distance de $2{,}37 \times 10^{14}$ km de la Terre.

a. Calcule, en année-lumière, la distance entre la Terre et Véga.

» ....

b. En quelle année a été émise la lumière de cette étoile si on l'observe en 2023 ?

» ....

Corrigés p. 210

15 Matériaux et objet technique

Un **objet technique** est un objet fabriqué par l'homme pour répondre à un besoin. Il est obtenu à partir d'un ou plusieurs matériaux et répond à des fonctions d'usage, d'estime et technique.

Les familles de matériaux

Un **matériau** est une matière (naturelle ou artificielle) que l'homme utilise pour fabriquer des objets. Plusieurs familles de matériaux existent : **les métaux** (fer, cuivre, plomb, aluminium), **les minéraux** (verre, roches, quartz, céramiques), **les matières organiques** d'origine végétale (bois, liège, papier) et d'origine animale (cuir, laine), **les plastiques** (polystyrène, PVC, nylon), **les composites** (alliages, fibre de carbone).

Propriétés des matériaux

Le choix des matériaux est important dans la fabrication d'un objet technique. Un matériau se caractérise par différentes propriétés comme sa masse volumique, sa résistance à la corrosion, sa dureté, son élasticité, sa conductibilité électrique (passage du courant électrique), sa conductibilité thermique (passage de la chaleur)…

Fonctions d'usage, d'estime et technique d'un objet

Un objet créé par l'homme répond à un besoin : c'est sa **fonction d'usage**. La **fonction d'estime** d'un objet est l'ensemble des caractéristiques de l'objet (prix, couleur, forme, esthétisme…) qui dépendent du goût de l'utilisateur. La **fonction technique** correspond à l'ensemble des moyens mis en œuvre pour assurer la fonction d'usage de l'objet (propulsion, guidage, freinage…).

1 Étudier un objet technique : un scooter

a. La scelle d'un scooter est en PVC, le moteur est en aluminium et les phares en verre. À quelles familles correspondent ces matériaux ?

» ……………………………………………………………………………

b. Quelle est la fonction d'usage de cet objet technique ?

» ……………………………………………………………………………

c. Quelles sont les fonctions d'estime de cet objet technique ?

» ……………………………………………………………………………

d. Quelles sont les fonctions techniques de cet objet technique ?

» ……………………………………………………………………………

Pour déterminer la fonction d'usage, on se pose la question : à quoi sert l'objet ?

Pour déterminer la fonction d'estime, on se pose la question : l'objet me plaît-il ? Pourquoi ?

Pour déterminer la fonction technique, on se pose la question : quelles actions doit remplir l'objet ?

2 Qu'ont en commun ces trois objets techniques ?

☐ une fonction d'usage ☐ une fonction d'estime ☐ une fonction technique

Corrigés p. 210

6 Sources et formes d'énergie

Pour mettre en mouvement un objet, obtenir de l'électricité, de la lumière ou de la chaleur, il faut utiliser de l'énergie. Pour l'obtenir, on utilise une **source d'énergie** : c'est un phénomène ou une matière première pouvant être exploités afin d'obtenir une forme d'énergie utilisable par l'homme.

Les sources d'énergies

Une énergie est dite renouvelable si son utilisation n'entraîne pas la diminution de sa réserve. Le soleil, le vent, l'eau, la chaleur du sol (géothermie), la biomasse, et le bois sont des **sources d'énergies renouvelables**. Le charbon, le gaz naturel, le pétrole et l'uranium (utilisé dans les centrales nucléaires) sont des **énergies non renouvelables**.

Les formes d'énergies

L'énergie existe sous différentes formes : électrique, thermique, mécanique, chimique, nucléaire et lumineuse. L'énergie peut être convertie d'une forme à une autre grâce à un convertisseur.

Utilisation du tableur

Le tableur est un logiciel qui permet de réaliser des calculs complexes et de réaliser des graphiques. La feuille de calcul est composée de cellules rangées en lignes et en colonnes.

1 La production d'électricité en France

a. Quelle est l'origine principale de l'électricité en France ? S'agit-il d'une énergie renouvelable ? Justifie ta réponse.

» ....

....

b. Quelle cellule indique le pourcentage d'énergie produite par l'éolien ?

» ....

c. Quelle information donne la cellule B3 ?

» ....

....

C4 | fx =B4*100/B11

	A	B	C
1	forme d'énergie	énergie produite en Twh	pourcentage
2	nucléaire	404,9	74,8
3	hydraulique	63,8	11,8
4	gaz	23,2	4,3
5	charbon	18,1	3,3
6	éolien	14,9	2,8
7	fioul	6,6	1,2
8	autres En R	5,9	1,1
9	Solaire	4	0,7
10			
11	Total	541,4	100

d. Quelle source d'énergie est utilisée dans une centrale hydraulique ? Quelle forme d'énergie est obtenue ? D'un point de vue énergétique, comment peut-on nommer une centrale hydraulique ?

» ....

....

e. La cellule B11 est obtenue en effectuant la somme des cellules de B2 à B9. Détermine la (ou les) formule(s) correspondant à ce calcul.

☐ =B2+B3+B4+B5+B6+B7+B8+B9

☐ =SOMME(B2;B9)

☐ =SOMME(B2:B9)

Dans une formule, le « ; » sépare deux valeurs. Le « : » détermine l'ensemble des valeurs comprises entres les deux cellules.

Corrigés p. 210

Classification périodique des éléments

légende

numéro atomique → 4 — masse molaire atomique en g.mol^{-1} (1) → 9,0

symbole (2) → Be

nom → Béryllium

notes : (1) basé sur le ^{12}C
(2) état physique du corps pur simple à 25C et 1,013 bar :
noir = solide (sauf Br et Hg : liquide) ; vert = gaz ; bleu = préparé par synthèse

période																		
I	1 1,0 H Hydrogène																	2 4,0 He Hélium
II	3 6,9 Li Lithium	4 9,0 Be Béryllium											5 10,8 B Bore	6 12,0 C Carbone	7 14,0 N Azote	8 16,0 O Oxygène	9 19,0 F Fluor	10 20,2 Ne Néon
III	11 23,0 Na Sodium	12 24,3 Mg Magnésium											13 27,0 Al Aluminium	14 28,1 Si Silcium	15 31,0 P Phosphore	16 32,1 S Soufre	17 35,5 Cl Chlore	18 39,9 Ar Argon
IV	19 39,1 K Potassium	20 40,1 Ca Calcium	21 45,0 Sc Scandium	22 47,9 Ti Titane	23 50,9 V Vanadium	24 52,0 Cr Chrome	25 54,9 Mn Manganèse	26 55,8 Fe Fer	27 58,9 Co Cobalt	28 58,7 Ni Nickel	29 63,5 Cu Cuivre	30 65,4 Zn Zinc	31 69,7 Ga Gallium	32 72,6 Ge Germanium	33 74,9 As Arsenic	34 79,0 Se Sélénium	35 79,9 Br Brome	36 83,8 Kr Krypton
V	37 85,5 Rb Rubidium	38 87,6 Sr Strontium	39 88,9 Y Yttrium	40 91,2 Zr Zirconium	41 92,9 Nb Niobium	42 95,9 Mo Molybdène	43 99 Tc Technétium	44 101,1 Ru Ruthénium	45 102,9 Rh Rhodium	46 106,4 Pd Palladium	47 107,9 Ag Argent	48 112,4 Cd Cadmium	49 114,8 In Indium	50 118,7 Sn Étain	51 121,8 Sb Antimoine	52 127,6 Te Tellure	53 126,9 I Iode	54 131,3 Xe Xénon
VI	55 132,9 Cs Césium	56 137,3 Ba Baryum	57 138,9 La Lanthane	72 178,5 Hf Hafnium	73 180,9 Ta Tantale	74 183,9 W Tungstène	75 186,2 Re Rhénium	76 190,2 Os Osmium	77 192,2 Ir Iridium	78 195,1 Pt Platine	79 197,0 Au Or	80 200,6 Hg Mercure	81 204,4 Tl Thallium	82 207,2 Pb Plomb	83 209,0 Bi Bismuth	84 210 Po Polonium	85 210 At Astate	86 222 Rn Radon
VII	87 223 Fr Francium	88 226 Ra Radium	89 227 Ac Actinium															

VI	58 140,1 Ce Cérium	59 140,9 Pr Praséodyme	60 144,2 Nd Néodyme	61 145 Pm Prométhium	62 150,4 Sm Samarium	63 152,0 Eu Europium	64 157,3 Gd Gadolinium	65 158,9 Tb Terbium	66 162,5 Dy Dysprosium	67 164,9 Ho Holmium	68 167,3 Er Erbium	69 168,9 Tm Thulium	70 173,0 Yb Ytterbium	71 175,0 Lu Lutétium
VII	90 232,0 Th Thorium	91 231,0 Pa Protactinium	92 238,0 U Uranium	93 237,0 Np Neptunium	94 242 Pu Plutonium	95 243 Am Américium	96 247 Cm Curium	97 247 Bk Berkélium	98 251 Cf Californium	99 254 Es Einsteinium	100 253 Fm Fermium	101 256 Md Mendélévium	102 254 No Nobélium	103 257 Lr Lawrencium

Sciences de la vie et de la Terre

Rappels et conseils

Le programme de sciences de la vie et de la Terre s'organise autour de trois grands thèmes : la planète Terre, l'environnement et l'action humaine ; le vivant et son évolution ; le corps humain et la santé.

Ce programme, en lien avec la physique-chimie et la technologie, va vous permettre d'aiguiser votre curiosité, votre esprit critique, mais aussi de développer vos capacités d'observation, d'expérimentation...

La physique-chimie, les sciences de la vie et de la Terre et la technologie sont désormais évaluées lors d'une épreuve terminale d'une heure. Chaque année, seulement deux disciplines sur les trois enseignées constituent l'épreuve. Le choix des disciplines est signifié un à deux mois avant l'examen. Chaque discipline est composée d'un ou deux exercices d'une durée totale de 30 minutes.

Quelques points de méthode

L'argumentation en SVT s'appuie le plus souvent sur l'exploitation de documents variés (graphiques, résultats d'expériences...). Voici quelques rappels pour vous aider à construire votre argumentation.

▶ Analyser la courbe d'un graphique

La phrase qui décrit la courbe d'un graphique doit être construite de la manière suivante :

1. Le sujet correspond à la légende de l'axe vertical.

2. Le verbe est au choix : « augmenter », « diminuer » ou « rester stable ».

3. N'oubliez pas de donner des valeurs chiffrées.

Exemple : Le poids augmente de 4 kg à la naissance à 12 kg à 30 mois.

▶ Exploiter des résultats expérimentaux

1. Commencez par bien comprendre le but et le contenu de l'expérience.

2. Étudiez bien le protocole, c'est-à-dire l'ensemble des conditions et des étapes qui caractérisent l'expérience.

3. Exploitez avec beaucoup de rigueur les résultats (étudiez d'abord l'expérience-témoin qui sert de référence, puis comparez les résultats de l'expérience à ceux de l'expérience-témoin).

4. Interprétez les résultats.

5. Concluez (en validant ou non l'hypothèse de départ).

▶ Rédiger une phrase réponse

Toute réponse doit être formulée sous la forme d'une phrase construite en reprenant les mots utilisés dans la question. Attention : une phrase ne commence pas par « car », « parce que », « oui » ou « non », « il y a »...

▶ Comparer des données

Quand il s'agit de comparer des données, réalisez une phrase construite avec les expressions « plus... que », « moins... que », « autant... que » en donnant des valeurs en exemple.

Exemple : La température est plus élevée au soleil (25 °C) qu'à l'ombre (16 °C).

Quelques conseils pour progresser

La réussite en SVT nécessite une attitude constructive qui passe par :

– **une participation active en classe**. Participer vous aide à développer votre réflexion et vous oblige à exprimer clairement votre pensée. Être actif permet d'apprendre mieux et plus vite ;

– **une prise en notes du cours complète et soignée**. Un cours aéré et agréable à lire s'apprend plus facilement. Bien présenter une page de cours permet de structurer visuellement les connaissances ;

– **l'apprentissage régulier du cours** pour assurer une mémorisation durable des notions importantes. Néanmoins, les exemples servant de support aux cours de SVT sont au libre choix des professeurs. Il convient donc de ne pas tout apprendre par cœur (sauf les bilans et le vocabulaire spécifique). Mais vous pouvez refaire les activités pour acquérir les outils et méthodes qui vous permettront de réussir au Brevet, et plus tard au lycée.

Et le Brevet ?

▶ Pendant l'année

Réalisez des fiches de vos leçons, qui reprennent les idées ou le vocabulaire à retenir.

Placez-vous dans les conditions réelles de l'épreuve : pour cela, mettez-vous au calme et traitez complètement la partie II du sujet 3 p. 178, en 30 minutes.

▶ Le jour de l'épreuve

Il est important de :

• **prévoir votre matériel.** Si le papier est fourni, il vous faut, en revanche, apporter crayons (de différentes couleurs), gomme et règle.

• **gérer votre temps.** Après une première lecture de l'ensemble du sujet, étudiez de manière approfondie la consigne (n'hésitez pas à surligner les termes importants) et les différents documents (en sélectionnant les données en rapport avec la consigne). Mettez ensuite en relation ces différentes informations.

• **soigner votre rédaction et votre présentation.** N'oubliez pas ensuite d'effectuer une relecture finale attentive de votre copie.

1 Support et maintien de l'information héréditaire d'un individu

- Chaque individu présente les caractères de son espèce et des caractères individuels.
- Les caractères transmis au fil des générations sont des **caractères héréditaires**. Certains caractères acquis en cours de vie, sous l'influence de l'environnement, ne sont pas transmissibles.
- Dans une même espèce, tous les individus possèdent le même nombre de **chromosomes** dans leurs cellules (23 paires pour l'espèce humaine, soit 46). Les chromosomes, supports de l'information héréditaire, sont constitués d'**ADN** : une molécule capable de se pelotonner au début de la multiplication cellulaire (ou **mitose**), prenant alors la forme d'un chromosome visible au microscope.
- Les cellules de l'organisme possèdent la même information héréditaire que la cellule-œuf dont elles proviennent par mitoses successives : la mitose est préparée par la copie de l'ADN de chacun des chromosomes d'une cellule (ils deviennent doubles), les copies se séparent ensuite à l'identique dans les deux cellules formées. La mitose permet donc de maintenir la quantité (nombre de chromosomes) et la qualité de l'information héréditaire.

1 Rédige une phrase à partir des mots proposés.

a. cellules – information héréditaire – (possède) identique – cellule-œuf – mitoses successives

» des cellules possède la même information héréditaire que la cellule-oeuf dont elle proviennent par mitose succesive.

b. copie – mitose – préparation – chromosomes

» une mitosse copie la preparation de chromosomes

2 Étudier un graphe

Le bronzage disparaît après l'été, du fait des multiplications des cellules cutanées.
On peut cultiver des cellules de peau sur un milieu nutritif qui permet leur multiplication. L'évolution de la quantité d'ADN dans une cellule de cette culture donne la courbe ci-contre.

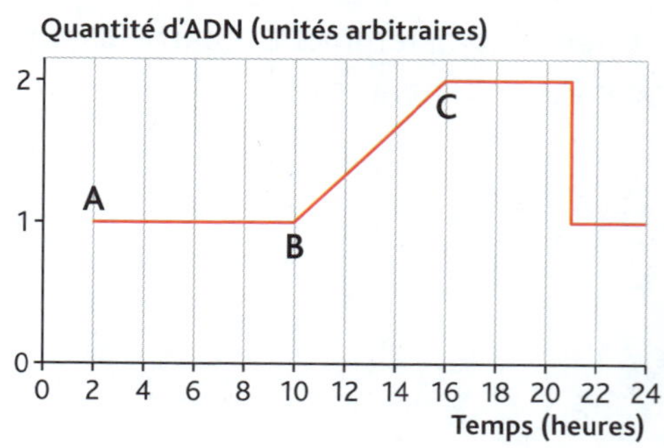

a. Choisis le titre qui convient au graphe ci-contre.

- ☐ La perte du bronzage au cours du temps
- ☐ La multiplication cellulaire
- ☑ Évolution de la quantité d'ADN dans une cellule en fonction du temps

b. À partir du graphe, on peut dire que la mitose se produit :

- ☐ après 22 h.
- ☑ entre 20 h et 22 h.
- ☐ entre 16 h et 20 h.
- ☑ entre 10 h et 16 h.

c. La cellule schématisée ci-contre contient une paire de chromosomes doubles. Où la placerais-tu sur le graphe ?

☑ au niveau du A. ☐ au niveau du B. ☐ au niveau du C.

Corrigés p. 211

2 La diversité génétique des individus

• Chaque chromosome contient plusieurs **gènes**. Un gène est une portion d'ADN qui porte une **information génétique**. Un gène détermine un **caractère héréditaire** en dirigeant la synthèse d'une molécule (protéine) dans l'organisme. Il est présent au même emplacement sur les deux chromosomes d'une paire.

• Les chromosomes des individus d'une même espèce portent les mêmes gènes. La diversité des individus au sein d'une population donnée est liée à l'information portée par ces gènes. Il peut donc exister plusieurs versions d'un même gène ; chaque version d'un gène est un **allèle**.

• Les **mutations**, modifications ponctuelles de la molécule d'ADN, sont à l'origine de la formation des nouveaux allèles.

• L'ensemble des allèles d'un individu constitue son **génotype**, et l'expression du génotype entraîne la mise en place des différents caractères d'un individu : son **phénotype**.

1 La localisation des gènes sur les chromosomes

Soit une paire de chromosomes portant les gènes A, B et C. Ces trois gènes possèdent des allèles : A_1A_2 pour le gène A, B_1B_2 pour le gène B et C_1C_2 pour le gène C.

Coche la (ou les) bonne(s) réponse(s).

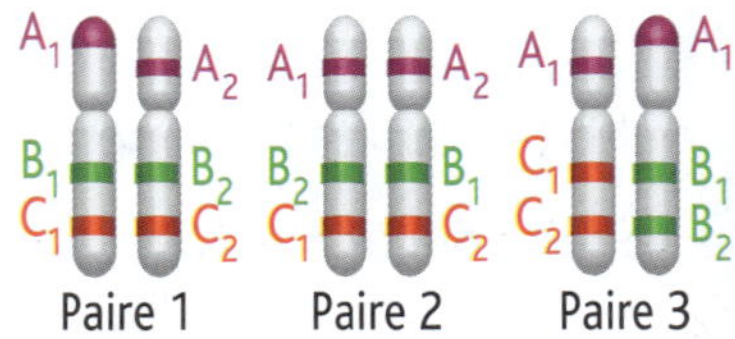

☐ **a.** La bonne représentation est la paire 1, car les gènes sont placés dans le même ordre sur les deux chromosomes de la paire.

☐ **b.** La bonne représentation est la paire 2, car les gènes sont placés dans le même ordre et au même emplacement sur les deux chromosomes de la paire.

☐ **c.** La paire 3 ne peut pas être la bonne représentation, car les gènes B et C, en double exemplaire sur un chromosome, ne sont pas présents sur l'autre et le gène A n'est pas à la même place sur les deux chromosomes.

2 Les groupes sanguins

Chaque individu appartient à l'un des quatre groupes sanguins du système ABO : A, B, AB ou O, selon la présence ou à l'absence de marqueurs A ou B sur la membrane des globules rouges.

	Groupe A	Groupe B	Groupe AB	Groupe O
Hématies		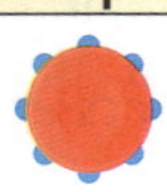		

Dans la population, il existe trois allèles du gène « groupe sanguin ». Chaque individu en possède deux : un sur chaque chromosome 9. L'allèle A dirige la synthèse du marqueur A, l'allèle B dirige celle du marqueur B, l'allèle O ne permet aucune synthèse.

Pour chaque groupe sanguin, indique quels sont les allèles possibles sur la paire de chromosomes 9.

» ....

....

Les allèles portés par les deux chromosomes peuvent être identiques ou différents. Suivant le groupe, il peut y avoir plusieurs possibilités.

Corrigés p. 211

3 La reproduction sexuée, source de diversité chez les êtres vivants

- La reproduction sexuée est un mécanisme associé à deux phénomènes (la **méiose** et la **fécondation**) permettant de perpétuer l'espèce et de maintenir le nombre de chromosomes caractéristiques de celle-ci.
- La **méiose** est un processus se produisant dans les organes reproducteurs permettant de former des **gamètes** (cellules reproductrices) avec un seul chromosome de chaque paire. Au cours de la méiose, la séparation des chromosomes de chaque paire est aléatoire pour former au hasard une grande diversité de gamètes, contenant chacun une information héréditaire unique.
- Au cours de la **fécondation**, le hasard intervient également pour réunir deux gamètes (mâle et femelle). Dans la cellule-œuf, le nombre de chromosomes de l'espèce est rétabli avec une combinaison unique d'allèles à l'origine d'un être unique.
- La reproduction sexuée permet donc, grâce à un double brassage (lors de le méiose, puis de la fécondation), une grande diversité des individus.

1 Coche la (ou les) bonne(s) réponse(s).

a. La reproduction sexuée :

☑ permet d'obtenir des individus génétiquement identiques.

☒ est source de diversité génétique au sein des populations.

☐ met en jeu successivement la fécondation, puis la méiose.

b. À quel(s) moment(s) de la reproduction sexuée, le hasard joue t-il un rôle important ?

☑ Seulement lors de la formation des gamètes (méiose) dans les organes reproducteurs.

☑ Au moment de la rencontre aléatoire des gamètes mâle et femelle (fécondation).

☑ Au moment de la méiose, puis de la fécondation.

2 Le poulet d'Andalousie

Chez le poulet d'Andalousie, la couleur du plumage est gouvernée par un seul couple d'allèles. L'allèle B, quand il s'exprime, est responsable d'un plumage blanc et l'allèle N d'un plumage noir.

Résultats de croisements chez le poulet d'Andalousie

a. Quels allèles possèdent les parents : coqs blancs et poules noires ?

» B N

b. En conséquence, quels allèles ont forcément transmis les deux parents à leur descendance ? » B N

c. Pourquoi, dans le cas présent, peut-on affirmer que, si les deux allèles sont présents chez un individu, ils s'expriment tous les deux ?

» Non

d. Cet exemple montre comment la reproduction sexuée peut être source de diversité. Pourquoi ?

» car on peut avoir B ou N

Corrigés p. 211

4 Parenté des êtres vivants et évolution

• Certaines ressemblances entre les êtres vivants, le fait qu'ils soient formés de cellules et que l'ADN est chez tous le support de l'information génétique, sont autant d'arguments en faveur d'une origine commune.

• La comparaison des espèces actuelles ou disparues permet de reconstituer les liens de parenté entre elles. Cette parenté, fondée sur le partage de caractères communs, est représentée sous forme de **groupes emboîtés** ou d'un **arbre évolutif**.

• Les différents groupes d'êtres vivants possèdent des **innovations évolutives**, c'est-à-dire des caractères héréditaires nouveaux apparus au cours de l'évolution en commun. Deux individus sont proches parents s'ils possèdent en commun un grand nombre d'innovations évolutives.

• L'Homme résulte, comme les autres espèces, d'une série d'innovations au cours de l'évolution. C'est un primate, faisant partie du groupe des grands singes avec qui il partage des innovations communes. L'Homme et le chimpanzé possèdent un ancêtre commun qui leur est propre.

1 Observe les documents et coche les affirmations vraies.

Le cœlacanthe existe depuis plus de 350 millions d'années.

Doc. 1. Comparaison des membres de trois animaux

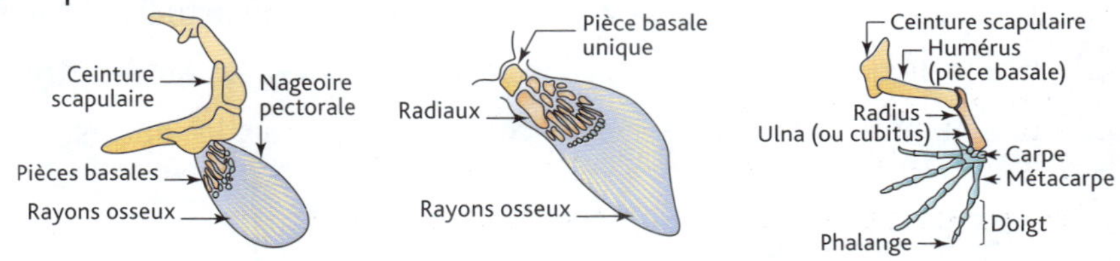

nageoire de la sardine — **nageoire du cœlacanthe** — **patte de la grenouille**

Doc. 2. Arbre évolutif

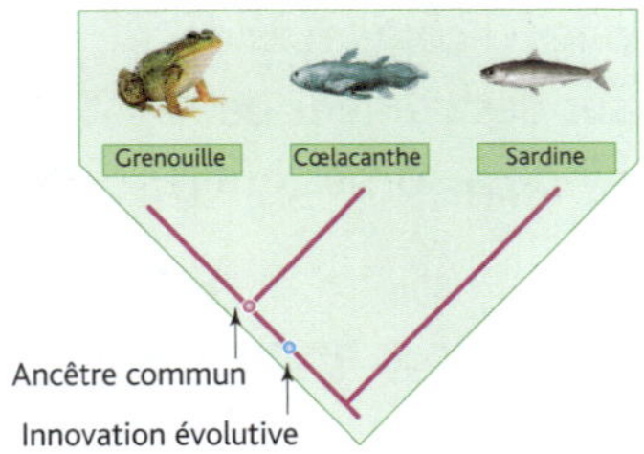

a. La comparaison des membres des trois animaux montre que :

☐ la sardine et le cœlacanthe ont des rayons osseux.

☐ la grenouille et le cœlacanthe ont une pièce basale unique.

☐ la sardine et le cœlacanthe ont une pièce basale unique.

b. L'innovation génétique du document 2 correspond :

☐ à l'apparition des rayons osseux.

☐ à l'apparition des pièces basales.

☐ à l'apparition d'une pièce basale unique.

c. Cet arbre évolutif montre que :

☐ la sardine est l'ancêtre du cœlacanthe et de la grenouille.

☐ la grenouille et le cœlacanthe ont un ancêtre commun qu'ils ne partagent pas avec la sardine.

☐ la grenouille et le cœlacanthe sont plus proches parents que le cœlacanthe et la sardine.

Corrigés p. 211

5 Les mécanismes de l'évolution

• Des caractères héréditaires nouveaux apparaissent suite à des modifications au hasard de l'information génétique. Ces modifications appelées **mutations**, sont à l'origine de nouveaux allèles.
• Au sein d'une population (ensemble d'individus d'une espèce donnée habitant dans une même zone), il existe un ensemble d'allèles dont les fréquences peuvent varier :
– au hasard, du fait de la transmission aléatoire des allèles des parents à leur descendance ;
– sous l'effet de l'environnement et des contraintes du milieu.
• Dans un milieu donné, des allèles avantageux peuvent favoriser la survie de l'individu et sa capacité à se reproduire. Leur fréquence va alors augmenter dans la population. Au contraire, la fréquence des allèles désavantageux qui ne favorisent pas la survie de l'individu va diminuer : c'est la **sélection naturelle**, c'est-à-dire la variation non aléatoire des fréquences des allèles au sein d'une population, sous l'effet des caractéristiques du milieu de vie.

1 Choisis la (ou les) bonne(s) réponse(s).

L'espèce humaine :

☐ représente la forme la plus évoluée des êtres vivants actuels.

☐ partage de nombreuses innovations évolutives avec les autres êtres vivants.

☐ a une parenté plus étroite avec le chimpanzé qu'avec les autres espèces actuelles.

2 Les souris à abajoues (Arizona)

Des populations de souris se distinguent par la couleur de leur pelage. Elles vivent dans le milieu A (vastes zones recouvertes de roches claires) et le milieu B (zones étroites, sur des coulées de lave sombres). Elles sont les proies du grand hibou à cornes qui les distingue même la nuit.

Souris à abajoues des deux milieux A et B

La coloration du pelage des souris est contrôlée par un gène pour lequel existent 2 allèles : D et d.
• L'allèle d conduit à la formation d'un pelage clair.
• L'allèle D, issu de l'allèle d, conduit à la formation d'un pelage foncé.

	Fréquence allèle D	Fréquence allèle d
Population du milieu B	90,00 %	10,00 %
Population du milieu A	12,00 %	88,00 %

a. Compare les fréquences des allèles D et d en fonction du milieu de vie des souris à abajoues.

» ....

b. Le milieu A est essentiellement peuplé par des souris au pelage clair et le milieu B par des souris au pelage sombre. Quel facteur de l'environnement a pu influencer les variations de fréquences des allèles selon le type de sol et entraîner cette répartition des souris ?

» ....

c. Comment nomme-t-on le phénomène ici illustré ?

» ....

Corrigés p. 211

6 La nutrition à l'échelle cellulaire

- Dans l'organisme, la **digestion** consiste en une **simplification moléculaire** des glucides, protéines et lipides des aliments, qui sont transformés en **nutriments solubles** (glucose, acides aminés et acides gras), grâce à des **enzymes** contenues dans les sucs digestifs.
- Apportés aux cellules par le sang et la lymphe, ces nutriments leur permettent de produire de l'énergie.

Dioxygène + Glucose $\xrightarrow[\text{chimiques}]{\text{Réactions}}$ Énergie utilisable + chaleur + déchets (dioxyde de carbone, urée, acide urique)

- Les cellules utilisent l'énergie pour produire de nouvelles molécules (nouveaux glucides, lipides et protéines) à partir des nutriments. La production de ces molécules est nommée **assimilation**.
- La production de protéines est différente d'une cellule à l'autre ; elle est dirigée par le programme génétique de l'individu.
- Ces nouvelles molécules permettent le fonctionnement et le renouvellement des cellules, ainsi que la construction de l'organisme.

1 Écris une phrase avec les mots ou groupes de mots proposés.

a. nutriments – assimilation – cellules – nouvelles molécules

» ....

b. nutriments – énergie – cellules – dioxygène

» ....

2 Protéines et acides aminés

En laboratoire, on nourrit des rats avec, au cours d'un seul repas, des acides animés rendus radioactifs. Quelques heures après, on prélève des cellules de foie et on mesure la radioactivité des protéines du foie.

a. Décris l'évolution de la radioactivité des protéines au cours du temps.

» ....

....

....

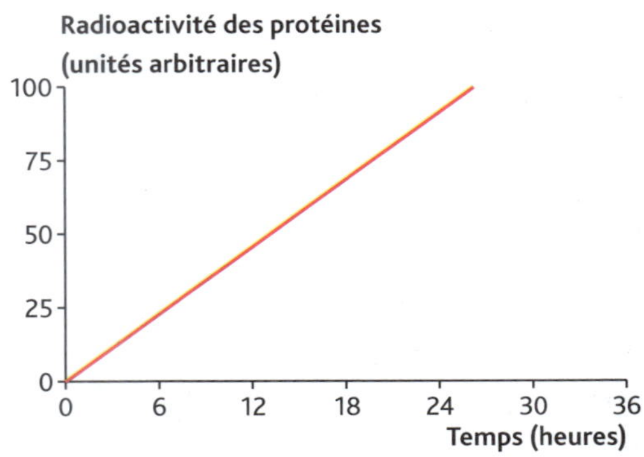

Évolution de la radioactivité des protéines du foie au cours du temps

b. Que deviennent les acides aminés dans l'organisme ?

» ....

....

....

Les acides aminés sont des nutriments obtenus normalement par digestion des protéines.

Corrigés p. 211

7 La nutrition en association avec les micro-organismes

• Pour se développer, les êtres vivants réalisent des échanges avec leur environnement. Par exemple, les végétaux chlorophylliens prélèvent dans leur milieu (sol/air) de la matière minérale qu'ils transforment en matière organique, en présence d'énergie lumineuse. Les autres êtres vivants prélèvent de la matière organique pour fabriquer leur propre matière organique.
• Des associations à bénéfices réciproques (**symbioses**) entre les êtres vivants et des micro-organismes permettent de faciliter les échanges de matières et favorisent la croissance des différents partenaires de l'association.
• Ainsi, notre intestin héberge un nombre impressionnant de bactéries : le **microbiote intestinal** considéré comme un « organe » à part entière. Il permet, entre autres, la digestion des fibres solubles alimentaires car les cellules humaines ne possèdent pas les enzymes nécessaires à leur dégradation.
• De même, la très grande majorité des végétaux présente des systèmes racinaires associés à des champignons du sol. Dans ces associations appelées **mycorhizes**, le champignon bénéficie des matières organiques élaborées par la plante et celle-ci voit ses capacités d'absorption de l'eau et des sels minéraux accrues par le mycélium (filaments du champignon).

1 À partir du document, montre l'importance des mycorhizes pour les plants de Basilic.

» ....

....

....

....

....

....

....

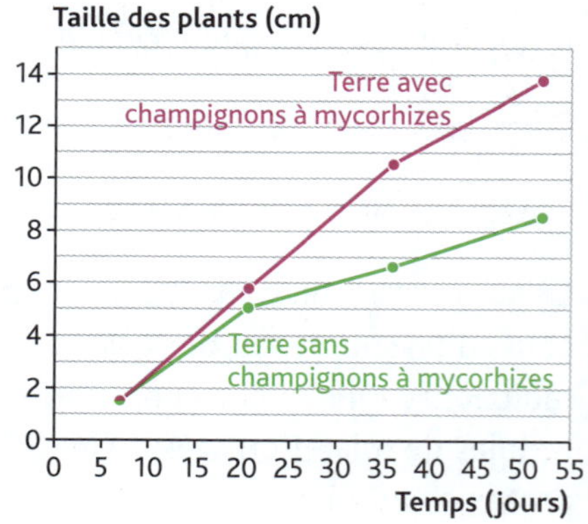

2 Le lichen : deux organismes en un

Il existe entre 13 000 et 20 000 espèces de lichens à travers le monde. Les lichens résultent de l'association de deux organismes vivants – une algue (végétal chlorophyllien) et un champignon microscopique – et vivent fixés sur de nombreux supports.

À partir du schéma, explique pourquoi l'association algue/champignon formant le lichen est une symbiose.

» ....

....

....

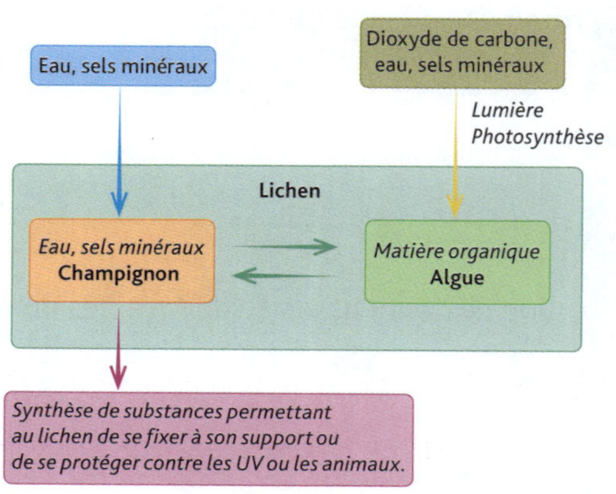

Les échanges au sein d'un lichen

Corrigés p. 212

8 Ubiquité du monde bactérien et mesures préventives

- L'Homme est en permanence confronté à de nombreux **micro-organismes**, dont les bactéries unicellulaires, omniprésentes dans l'environnement (air, eau, sol, aliments, objets...) et dans l'organisme lui-même.
- Si la plupart des bactéries sont inoffensives, voire utiles (dans l'intestin de l'Homme : 10^{14} bactéries favorisent la digestion), certaines sont **pathogènes** (elles peuvent entraîner des maladies).
- Si des barrières naturelles (peau, muqueuses) protègent notre organisme d'une éventuelle contamination, celle-ci est néanmoins possible.
- Pour limiter les risques de contamination et d'infection, des mesures préventives peuvent être prises : des gestes quotidiens simples (lavage régulier des mains, utilisation de mouchoirs en papier à usage unique...) ou des pratiques en milieu hospitalier (stérilisation des objets en salle d'opération...). Toutes ces mesures constituent l'**asepsie**.

1 Lis le texte et réponds à la question.

En 1847, le jeune médecin viennois Ignace Semmelweis fait un constat : davantage de femmes meurent lorsqu'elles sont accouchées par des étudiants médecins, plutôt que par des sages-femmes.
C'est alors qu'il observe que les étudiants se déplacent des salles de dissection cadavériques vers les salles d'accouchements, sans précaution particulière. Il met alors en cause un agent invisible, transporté entre les salles. À partir de 1847, il oblige les étudiants à se laver les mains, ce qui entraîne immédiatement une baisse significative des taux de mortalité qui passe de 12 % à 3 %.

Quel pouvait être « l'agent invisible » évoqué par Semmelweis et quelle pratique maintenant systématique a t-il instaurée en milieu hospitalier ?

» ....

2 L'efficacité du lavage des mains

On trouve, dans le commerce, des lames de surface pour microscopes, recouvertes d'un milieu nutritif. Celles-ci sont stériles avant utilisation.
On applique un doigt sur une lame de surface stérile dans quatre situations différentes et on observe le résultat après quelques jours de culture à 37 °C.

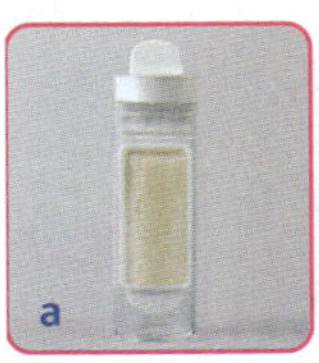
a Lame stérile

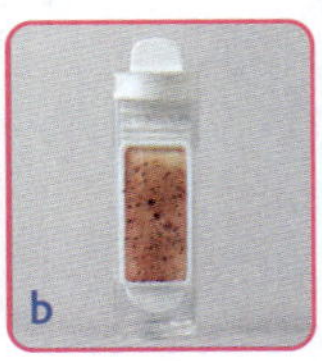
b Mains non lavées

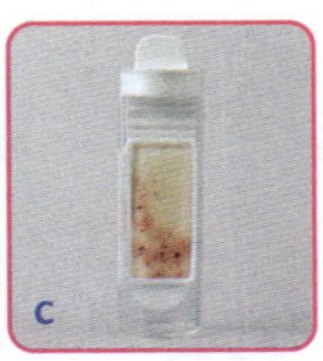
c Mains lavées au savon

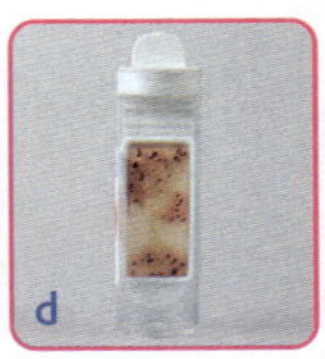
d Mains lavées au savon et essuyées avec un torchon

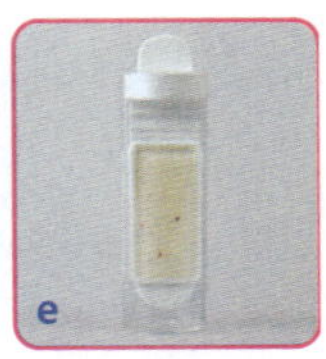
e Mains lavées avec un produit antiseptique

Chaque tâche sur la lame est une colonie bactérienne.

À partir des résultats obtenus, montre l'importance du lavage des mains et indique ce qu'il faut privilégier ou, au contraire, éviter pour rendre le lavage le plus efficace possible.

» ....

....

Corrigés p. 212

9 Les réactions immunitaires

• Les micro-organismes portent ou produisent des molécules : les **antigènes**. L'organisme reconnaît ces molécules comme étrangères, car elles sont différentes des siennes.
• Dès que des antigènes franchissent les barrières naturelles lors d'une contamination, les **réactions immunitaires** (défenses naturelles de l'organisme) se mettent en place :
– la **phagocytose**, réalisée par des phagocytes (qui englobent et digèrent les micro-organismes pathogènes) est immédiate, non spécifique, et suffit souvent à stopper l'infection.
Des réactions plus lentes mettent en jeu les **lymphocytes**. Elles nécessitent la reconnaissance de l'antigène :
– les **lymphocytes B** sécrètent des anticorps, molécules capables de neutraliser spécifiquement des antigènes. La personne qui possède des anticorps spécifiques d'un antigène dans son sang est dite séropositive ;
– les **lymphocytes T**, ou cellules tueuses, détruisent par simple contact des cellules infectées par des virus.
• Phagocytes, lymphocytes B et T, constituent différents **leucocytes** ou **globules blancs**.

1 Voici une liste de mots et d'expressions. Place-les au bon endroit, selon ce à quoi ils se rapportent.

destruction des cellules infectées – sécrétion d'anticorps – phagocyte – réaction non spécifique – réaction spécifique – reconnaissance de l'antigène – digestion des micro-organismes pathogènes

a. la phagocytose » ....

b. la défense par les lymphocytes B » ....

c. la défense par les lymphocytes T » ....

2 La propriété des anticorps

Bactéries pathogènes porteuses d'antigène	Bactérie A 	Bactérie B 	Bactérie C 
Anticorps sécrétés dans le sang pour neutraliser les bactéries	Anticorps contre la bactérie A 	Anticorps contre les bactéries B 	Anticorps contre la bactérie C 

Les croquis d'anticorps sont inachevés. Complète-les pour les rendre capables de neutraliser les différentes bactéries. Quelle propriété des anticorps est ici mise en évidence ?

» ....

....

Corrigés p. 212

10 La vaccination : une stimulation du système immunitaire

• Grâce à la **vaccination**, des millions de vies ont pu être sauvées. Elle a permis de faire reculer certaines maladies infectieuses mortelles (tétanos, poliomyélite...), voire les faire disparaître à l'échelle mondiale (comme la variole).

• La vaccination consiste à injecter à une personne saine des antigènes (micro-organismes, fragments de micro-organismes, toxines) qui ne sont plus pathogènes (n'entraînant plus de maladies), mais qui déclenchent la production de lymphocytes mémoire spécifiques des antigènes injectés.

• Cette **mémoire immunitaire**, entretenue par les piqûres de rappel, rend le système immunitaire plus rapide et efficace lors d'un nouveau contact avec l'antigène. L'individu est immunisé.

• La vaccination, obligatoire pour certaines maladies infectieuses, protège durablement l'individu et les populations vaccinées.

1 Coche la (ou les) bonne(s) réponse(s).

Un vaccin :

- [x] immunise l'organisme, car il contient des anticorps.
- [x] déclenche la fabrication d'anticorps et de lymphocytes mémoire.
- [ ] reste efficace à vie s'il est injecté dès la petite enfance.

2 La vaccination

Les courbes indiquent les taux d'anticorps produits en fonction du temps chez une personne non vaccinée contre le tétanos et chez une personne vaccinée contre le tétanos.

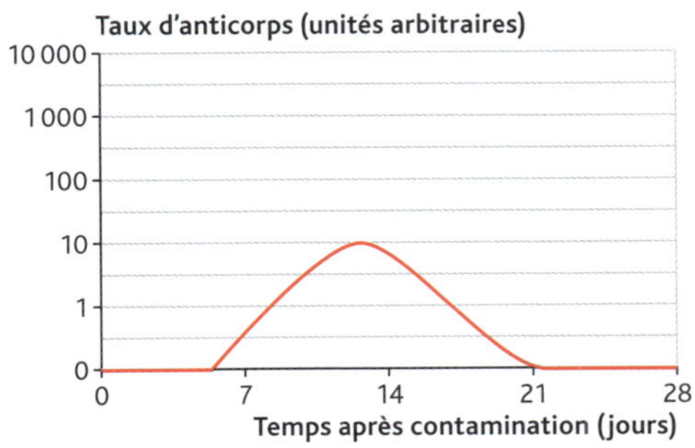

Doc 1. Personne non vaccinée contre le tétanos et contaminée par la bactérie du tétanos.

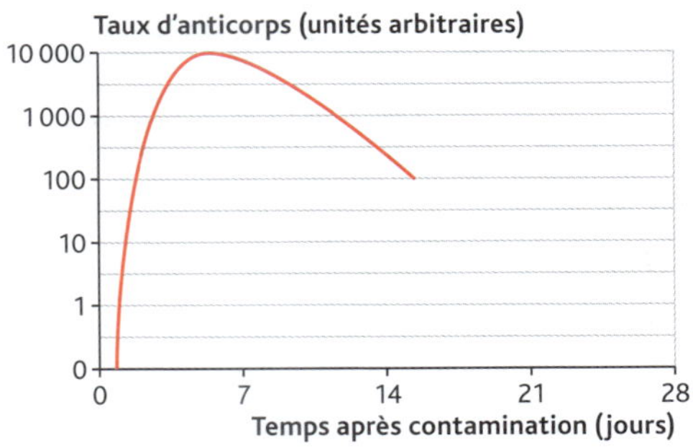

Doc 2. Personne vaccinée contre le tétanos et contaminée par la bactérie du tétanos.

a. Compare la qualité de la réponse immunitaire de ces deux personnes.

» il n'on pas la même cantité d'anticorp

b. Le tétanos est une maladie mortelle dont les symptômes n'apparaissent que chez un individu non vacciné, 7 à 8 jours après la contamination. Explique pourquoi.

» car il faut que il est eu le temp de sé infiltré dans le corp.

Compare la quantité d'anticorps produite et le délai de production.

Corrigés p. 212

11 Antiseptiques et antibiotiques

- Pour empêcher l'infection (multiplication des microbes dans l'organisme), l'Homme utilise des produits **antiseptiques** qui détruisent localement les micro-organismes au niveau de la zone contaminée (une plaie par exemple).
- L'Homme a également facilement recours à des **antibiotiques** (substances produites par des champignons, des bactéries ou synthétisées en laboratoire). Ils ont la propriété d'empêcher la prolifération des bactéries ou de les détruire. Mais les antibiotiques sont inefficaces contre les virus.
- À force d'utiliser des antibiotiques, parfois à tort, les souches de bactéries mutantes et résistantes deviennent de plus en plus nombreuses. Le problème se pose par exemple en milieu hospitalier où des souches bactériennes autrefois facilement détruites, résistent maintenant aux différents antibiotiques.

1 Utiliser ou non des antibiotiques

Les médecins disposent actuellement d'un test de diagnostic rapide de l'angine. Ce test, pratiqué sur un prélèvement au niveau de la gorge, permet de savoir immédiatement si l'angine est d'origine virale ou bactérienne.

Pourquoi est-il nécessaire de pratiquer ce test ?

» ....

....

....

....

Pense aux limites d'efficacité des antibiotiques.

2 La résistance bactérienne aux antibiotiques

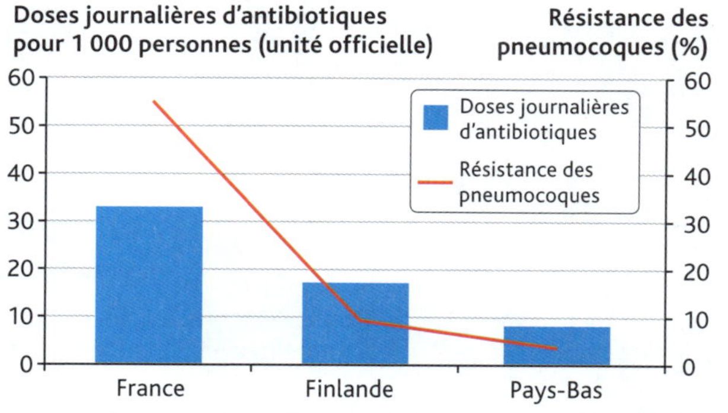

À l'aide du document, montre qu'un usage important d'antibiotiques favorise la formation de bactéries résistantes.

» ....

....

....

....

Corrigés p. 212

2 Crises biologiques et découpage des temps géologiques

- L'histoire de la Terre commence il y a 4,6 milliards d'années. Pour se repérer, l'Homme a divisé ces 4,6 milliards d'années en **ères** et **périodes**, constituant ainsi une échelle des temps géologiques.
- Au cours du temps, des espèces apparaissent et disparaissent. Si des extinctions se sont produites au cours de l'histoire de la vie, les extinctions massives et simultanées de nombreuses espèces, voire de groupes entiers, sont plus rares et sont qualifiées de **crises biologiques**.
- Ces crises de la biodiversité semblent liées à des événements géologiques exceptionnels (volcanisme intensif, météorites) ayant profondément transformés l'environnement et les milieux de vie à l'échelle de la planète.
- Les grandes crises biologiques, associées à des événements géologiques majeurs, sont utilisées pour subdiviser les temps géologiques en ères et périodes de durées variables.

1 Coche la (ou les) bonne(s) réponse(s).

a. Les crises biologiques :

☐ sont régulières dans le temps.
☐ concernent seulement le milieu marin.
☐ peuvent être liées à l'activité volcanique.
☐ peuvent être liées à la chute de météorites.

b. Les temps géologiques ont été découpés :

☐ à partir d'événements biologiques majeurs ayant affecté la surface de la Terre.
☐ en plusieurs ères de même durées.
☐ en ères constituées de plusieurs périodes.

2 Étudier les grandes crises biologiques

On considère qu'au cours des temps géologiques, il y a eu cinq grandes crises biologiques.
À partir du graphique, retrouve ces cinq crises et date-les.

» ....

....

....

....

....

Une crise est marquée par des extinctions massives, suivies d'explosions évolutives.

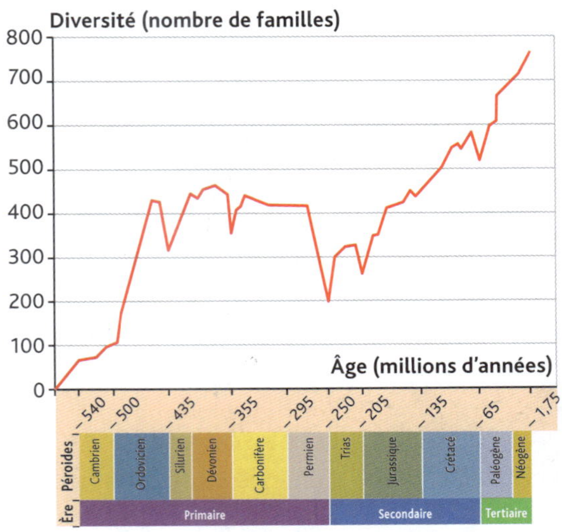

Évolution du nombre de familles d'êtres vivants au cours des temps géologiques

Corrigés p. 212

13 Des crises récentes liées au climat

• Des modifications récentes du climat (à l'échelle des temps géologiques) peuvent expliquer des crises d'extinctions de nombreuses espèces vivantes.

• Sur les 800 000 dernières années, on a constaté des variations cycliques du climat (un cycle correspond à un réchauffement et un refroidissement sur 110 000 ans environ). Ces variations sont d'origine naturelle : l'effet de serre (piégeage des rayonnements infra-rouges par des gaz à effet de serre : CO_2, CH_4, vapeur d'eau). Il y a 10 000 ans, un réchauffement climatique a été amorcé ; il a provoqué la disparition d'espèces de mammifères de grande taille (par exemple en Europe : le mammouth laineux).

• Depuis la révolution industrielle (fin du XVIIIe siècle) et l'utilisation massive des combustibles fossiles, le réchauffement climatique a été amplifié par un forçage de l'effet de serre. On assiste actuellement à un réchauffement climatique d'origine anthropique (humaine) entraînant une nouvelle crise majeure de la biodiversité (certains scientifiques parlent de « 6e crise biologique »).

1 Coche la (ou les) réponse(s) possible(s).

a. Les variations de température dans les 800 000 dernières années :

- ☐ sont la conséquence de l'action de l'Homme.
- ☐ se répètent avec une périodicité d'environ 110 000 ans.
- ☐ sont liées à l'effet de serre.

b. La combustion des énergies fossiles entraîne :

- ☐ la libération de dioxygène dans l'atmosphère.
- ☐ la libération de dioxyde de carbone.
- ☐ accentue l'effet de serre.s

2 À partir des documents, montre que le réchauffement climatique actuel peut être imputé aux activités humaines.

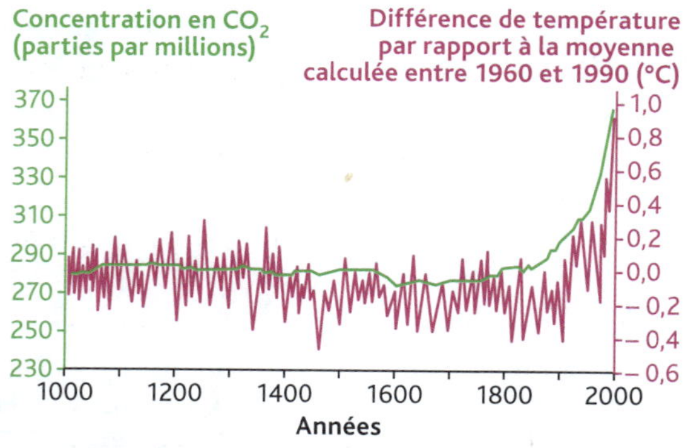

Pour la courbe de température, exploite la tendance globale des variations.

Doc. 1 Évolution de la teneur atmosphérique en dioxyde de carbone et de la température depuis 1 000 ans

Au XIXe siècle, on est passé d'une société agricole à une société industrielle grâce à une nouvelle source d'énergie : les combustibles fossiles.

Doc. 2 La révolution industrielle

» ....

....

Corrigés p. 212

4 L'influence des activités humaines sur les écosystèmes et la biodiversité

• Un **écosystème** comprend un milieu (le **biotope**), les êtres vivants qui le peuplent (la **biocénose**) et toutes les relations qui peuvent exister et se développer à l'intérieur de ce système.

• Par ses activités, l'Homme perturbe l'équilibre de nombreux écosystèmes, entraînant directement ou indirectement une perte de la biodiversité au sein de ceux-ci. Plusieurs causes majeures ont été identifiées : la fragmentation et la destruction des milieux naturels, l'exploitation non durable d'espèces sauvages (surpêche, déforestation...), les pollutions, l'introduction d'espèces exotiques envahissantes, ainsi que le réchauffement climatique (voir leçon précédente).

• Conscient de son impact sur les écosystèmes, l'Homme recherche des solutions de préservation, ou de restauration de l'environnement compatibles avec la poursuite de ses activités tout en respectant davantage les équilibres naturels (transports non polluants, énergies renouvelables...).

1 Coche la (ou les) bonne(s) réponse(s).

a. Un écosystème est :

☐ un environnement sans trace humaine.

☐ un ensemble constitué par un milieu, des êtres vivants et leurs relations.

☐ la diversité naturelle des êtres vivants peuplant la Terre.

b. Le maintien de la biodiversité :

☐ ne dépend pas des activités humaines.

☐ est menacé par la pêche industrielle et l'agriculture intensive.

☐ est essentiel à l'équilibre des écosystèmes.

2 Les coraux

Le corail résulte de l'association entre un animal et une algue unicellulaire capable d'effectuer la photosynthèse. Depuis plusieurs années, on assiste à un **blanchiment des coraux suite à l'expulsion de leurs algues**. Le corail, affaibli, finit alors par mourir.

L'une des causes est attribuée au réchauffement global des océans, lié au rejet de CO_2 par les activités humaines, qui augmente l'effet de serre. De plus, une partie du CO_2 rejeté dans l'atmosphère se dissout dans les océans entraînant leur acidification et, là encore, le blanchiment des coraux, ainsi que leur incapacité à former leur squelette calcaire.

La disparition des récifs représente aussi une énorme perte de biodiversité, puisqu'ils abritent environ le tiers des espèces marines répertoriées aujourd'hui à la surface du globe.

a. Relève dans le texte la cause du réchauffement et de l'acidification de l'eau des océans.

» ....

b. Quelle est la conséquence de ces modifications sur les récifs coralliens et la biodiversité ?

» ....

....

Corrigés p. 213

Français

Rappels et conseils

La classe de troisième est l'aboutissement du collège. Le programme de français reprend et approfondit les notions et les méthodes étudiées durant les années antérieures. On vous demande de savoir lire et écrire un texte et d'être capable de vous exprimer à l'oral. En fin de troisième, on attend notamment de vous que vous sachiez construire une argumentation et défendre une opinion en maîtrisant les outils grammaticaux et le lexique.

Les outils

▶ Conjugaison

Pour écrire de façon correcte, il est nécessaire de bien conjuguer les verbes, avec les bonnes terminaisons. Vous allez revoir les différents temps et les différents modes en vous attachant plus particulièrement aux verbes qui présentent des difficultés.

Pour comprendre les textes mais aussi pour exprimer vos sentiments et vos opinions, il faut cerner les différentes valeurs des modes et des temps.

▶ Grammaire

Vous revoyez les différentes classes grammaticales (natures) et fonctions abordées dans les premières années du collège.

Les liens logiques à l'intérieur de la phrase sont approfondis. Vous analysez les différentes propositions qui composent la phrase pour comprendre, de façon précise, ce que l'auteur a voulu dire.

L'« énonciation » est une notion importante car elle est au cœur de la communication. Vous en étudiez les manifestations (les indices) et les enjeux.

▶ Orthographe

Pour être aisément compris(e) à l'écrit, vous devez respecter les codes orthographiques.

Vous reprenez et poursuivez l'étude des homophones grammaticaux.

Vous êtes sensibilisé(e) aux différents accords : adjectif/nom, verbe/sujet, participe passé, etc.

Lecture et écriture

▶ Les techniques à connaître

Pour lire un texte mais aussi pour en rédiger un, vous apprenez différentes techniques : la narration, l'insertion de la description et du dialogue, etc.

L'accent est mis sur l'argumentation, l'organisation et la rédaction d'une pensée justifiée.

Pour toucher son lecteur, celui qui écrit a aussi recours à des procédés de style. Vous devez savoir les reconnaître et les employer à bon escient.

▶ La pratique

Bien sûr, tous ces outils et toutes ces méthodes n'ont d'intérêt que mis en pratique : il vous faut lire et écrire des textes variés (récit, lettre, dialogue, article de journal, etc.).

Quelques conseils pour progresser

On attend de vous une maîtrise convenable de l'écrit et de l'oral. Si vous avez des lacunes, il vous faut revoir les bases.

Rédigez soigneusement vos réponses et vos devoirs en veillant à être précis(e). Détaillez vos rédactions en variant le vocabulaire. Pour améliorer vos connaissances lexicales, vous pouvez noter, sur un carnet, les mots que vous rencontrez au cours de vos lectures. Pensez, ensuite, à les réutiliser !

La lecture permet également de progresser. Abonnez-vous à une revue, fréquentez la bibliothèque. Il est important de commencer à se constituer une culture littéraire qui servira au lycée. Lisez des romans, des pièces de théâtre... Pensez à rédiger une petite fiche-bilan (résumé, personnages, thèmes, auteur...) qui vous sera toujours utile. Allez au cinéma, visitez des expositions et tenez-vous au courant de l'actualité : vous développerez ainsi votre réflexion et votre esprit critique.

Entraînez-vous à rédiger en tenant votre journal intime ou un journal de voyage, en écrivant des nouvelles, des articles pour le journal de votre collège, etc. N'hésitez pas à imiter les textes qui vous ont plu : c'est une bonne manière d'acquérir un vocabulaire et une syntaxe plus riches.

Et le Brevet ?

▶ Pendant l'année

Travaillez régulièrement en apprenant le cours et en revoyant les notions abordées les années précédentes.

Préparez des fiches sur les notions essentielles (les valeurs des modes et des temps, par exemple) et sur les méthodes.

Lisez attentivement les indications portées par le professeur sur vos copies pour tenir compte des conseils donnés. N'hésitez pas à aller lui parler si vous avez l'impression de ne pas comprendre ce qu'on attend de vous.

▶ Le jour de l'épreuve

Il est important de :

- **prévoir votre matériel** (des stylos, un effaceur et une règle) ; pensez à apporter un dictionnaire de langue pour la seconde partie de l'épreuve ;
- **lire attentivement le texte** en vous demandant ce que l'auteur a voulu exprimer (sentiments, opinion...) ;
- **bien justifier vos réponses** en citant le texte ;
- **gérer votre temps** pour les questions comme pour la rédaction ;
- **soigner la rédaction de vos réponses** (syntaxe, orthographe) comme celle du devoir d'expression écrite.

1 Le présent et le futur de l'indicatif

• Au présent de l'indicatif, les terminaisons des verbes du 1er groupe (verbes en -er sauf « aller ») sont : -e, -es, -e, -ons, -ez, -ent.
Les verbes du 2e groupe (verbes en -ir, se conjuguant en « issons » à la 1re personne du pluriel du présent de l'indicatif) ont toujours les mêmes terminaisons : -is, -is, -it, -issons, -issez, -issent.
Les autres verbes (verbes du 3e groupe) présentent quatre modèles de conjugaison :

Type venir	Type prendre	Type vouloir	Type offrir
je viens	je prends	je veux	j'offre
tu viens	tu prends	tu veux	tu offres
il vient	il prend	il veut	il offre
nous venons	nous prenons	nous voulons	nous offrons
vous venez	vous prenez	vous voulez	vous offrez
ils viennent	ils prennent	ils veulent	ils offrent
	→ Les verbes en -dre sauf ceux en -indre et -soudre.	→ Les verbes pouvoir, vouloir et valoir.	

• Au futur de l'indicatif, les terminaisons sont : -ai, -as, -a, -ons, -ez, -ont.

Au présent, les verbes en *-indre* et *-soudre* ont les mêmes terminaisons que *venir* : *je peins, je crains...*

1 Conjugue ces verbes à la 1re personne du singulier du présent de l'indicatif.

noircir » ....

négocier » .... plaindre » ....

2 Conjugue ces verbes à la 3e personne du singulier du présent de l'indicatif.

atteindre » .... distraire » ....

répondre » .... rejeter » ....

3 Écris ces phrases au présent de l'indicatif.

a. Le bûcheron scia le vieux chêne. » ....

b. Tu éteindras la lumière. » ....

c. Ce travail vaudrait une récompense. » ....

4 Entoure l'intrus et justifie ta réponse.

il verra, il partira, il dira, il prépara, il saura, il louera, il vivra, il montrera, il peindra

» ....

5 Conjugue ces verbes à la 1re personne du singulier du futur de l'indicatif.

secouer » .... plaire » ....

coudre » .... nourrir » ....

Corrigés p. 214

2 L'imparfait et le passé simple de l'indicatif

• Les terminaisons à l'**imparfait** de l'indicatif sont toujours : **-ais**, **-ais**, **-ait**, **-ions**, **-iez**, **-aient**.

• Les terminaisons du **passé simple** varient selon les verbes :
– verbe **avoir** : j'eus, tu eus, il eut, nous eûmes, vous eûtes, ils eurent ;
– verbe **être** : je fus, tu fus, il fut, nous fûmes, vous fûtes, ils furent ;
– les terminaisons des autres verbes suivent quatre modèles :

Type en -a	Type en -i	Type en -u	Type en -in
je chant**ai**	je grand**is**	je cr**us**	je v**ins**
tu chant**as**	tu grand**is**	tu cr**us**	tu v**ins**
il chant**a**	il grand**it**	il cr**ut**	il v**int**
nous chant**âmes**	nous grand**îmes**	nous cr**ûmes**	nous v**înmes**
vous chant**âtes**	vous grand**îtes**	vous cr**ûtes**	vous v**întes**
ils chant**èrent**	ils grand**irent**	ils cr**urent**	ils v**inrent**
→ Les verbes du 1er groupe (en -er).	→ Les verbes du 2e groupe et certains verbes du 3e groupe.	→ Certains verbes du 3e groupe.	→ Tenir, venir et leurs composés.

1 Entoure les verbes à l'imparfait.

il connaît, nous vérifions, il allait, vous auriez, ils couraient, je donnai, je proposerais, je savais, nous dessinions, je rentrai

Distingue l'imparfait *(je parlais)* du conditionnel présent *(je parlerais)*.

2 Entoure les verbes au passé simple.

nous entendîmes, il tînt, je prie, il proposa, il mit, il nettoyât, je pris, nous eussions, vous tapiez

3 Mets ces phrases à l'imparfait.

À l'imparfait :
crier → nous cri**ions**
appuyer → nous appuy**ions**

a. Nous leur envoyons chaque année des fleurs.

» ....

b. Vous maniez l'épée avec adresse. » ....

....

c. Nous voyons le château au bout de la rue. » ....

....

4 Conjugue ces verbes au passé simple.

aller » J' ....
revenir » Nous ....
s'asseoir » Je ....
mettre » Tu ....
tendre » Il ....

nourrir » Tu ....
s'ennuyer » Je ....
vouloir » Vous ....
autoriser » J' ....
plaindre » Nous ....

Corrigés p. 214

Conjugaison

3 Les temps composés de l'indicatif

Les **quatre temps composés de l'indicatif** se forment à partir des quatre temps simples.
L'auxiliaire du temps composé se met au temps simple correspondant :
– présent → **passé composé** : auxiliaire au présent + participe passé ;
elle a réfléchi ; elle est venue
– futur → **futur antérieur** : auxiliaire au futur + participe passé ;
elle aura réfléchi ; elle sera venue
– imparfait → **plus-que-parfait** : auxiliaire à l'imparfait + participe passé ;
elle avait réfléchi ; elle était venue
– passé simple → **passé antérieur** : auxiliaire au passé simple + participe passé.
elle eut réfléchi ; elle fut venue

1 Conjugue ces verbes aux temps composés correspondants.

elle partira » ....

ils entendirent » ....

nous dansions » ....

ils craignent » ....

tu vécus » ....

elles parvenaient » ....

2 Indique le temps des verbes suivants. Attention : un verbe est à la voix passive !

ils furent nés » ....

ils ont demandé » ....

ils seront modifiés » ....

ils sont repartis » ....

ils étaient intervenus » ....

Ne confonds pas un verbe conjugué avec *être (elle est venue)* à un temps composé avec un verbe à la voix passive *(elle est suivie)*.
Voir page 105.

3 Conjugue ces verbes à la 1re personne du pluriel du plus-que-parfait.

abattre » ....

embellir » ....

revenir » ....

mourir » ....

avoir » ....

être » ....

4 Écris ces phrases au passé composé.

a. Nous entrons dans la maison hantée et découvrons un étrange mobilier.

» ....

b. Nous craignons et désirons à la fois l'apparition du fantôme.

» ....

c. Nous avançons prudemment et nous arrivons au pied de l'escalier.

» ....

Corrigés p. 214

4 L'emploi des temps de l'indicatif

• À la base, le **présent** exprime le **moment où l'on parle** : c'est le présent de l'**énonciation** (ou de l'actualité). Mais il peut avoir d'autres valeurs :
– le présent de **narration** rend plus proche du lecteur une action passée ;
– le présent de **vérité générale** exprime un fait toujours vrai ;
– le présent peut aussi exprimer une action qui va se produire (**futur proche** : J'arrive !) ou qui vient de se passer (**passé imminent** : Il sort à l'instant !).

• Le **futur** exprime une **action à venir** ; il peut aussi avoir une valeur **impérative** (**ordre** : Tu seras là à l'heure demain matin !).

• L'**imparfait** exprime une **action passée non limitée dans le temps**. Il sert à **décrire** (imparfait de **description**), à évoquer une **habitude** ou une **action secondaire**.

• Le **passé simple** est un temps du **récit** ; il exprime une **action limitée dans le temps** ; il convient particulièrement pour les actions qui s'enchaînent.

1 Indique la valeur du présent des verbes en gras.

a. Dépêche-toi ! Nous **partons** dans cinq minutes ! » ....

b. Dans les tranchées, les poilus **se préparent** à une nouvelle offensive. » ....

c. Passer le cap Horn **est** un défi pour les navigateurs. » ....

2 Écris ces phrases au passé en choisissant l'imparfait ou le passé simple.

a. Charles se prépare à partir quand son ami l'appelle.

» ....

b. Éva enfile son blouson et prend sa raquette. Tous les jeudis, elle joue au tennis.

» ....

3 Quelles sont les valeurs de l'imparfait dans les phrases de l'exercice 2 ?

» ....

....

....

Dans le récit, passé simple et imparfait sont souvent associés. Ce sont deux temps complémentaires.

4 Donne le temps des verbes en gras et précise leur valeur.

a. Chaque matin, il **courait** pendant vingt minutes. » ....

b. Je **courrai** demain si le temps le permet. » ....

c. Vous me **rendrez** mon livre ce soir sans faute. » ....

d. Les montagnes **se découpaient** dans le ciel bleu. » ....

e. Quand nous **quittons** le collège l'hiver, il **fait** nuit. » ....

Corrigés p. 214

Conjugaison

5 Le conditionnel et l'impératif

Le conditionnel

• Comme le futur de l'indicatif, le **conditionnel présent** se construit à partir de l'infinitif du verbe. On ajoute les terminaisons de l'imparfait : **-ais**, **-ais**, **-ait**, **-ions**, **-iez**, **-aient**.

je partir**ais**, tu partir**ais**, il partir**ait**, nous partir**ions**, vous partir**iez**, ils partir**aient**

• Le **conditionnel passé** se forme avec l'auxiliaire au conditionnel présent et le participe passé du verbe.

j'aurais fini ; je serais parti(e)

L'impératif

• L'impératif ne se conjugue qu'à **trois personnes** et **sans pronom** de conjugaison.

• Dans la plupart des cas, le présent de l'impératif se forme sur le même radical que le présent de l'indicatif. Mais certains verbes sont irréguliers :

avoir : aie, ayons, ayez — **aller :** va, allons, allez

être : sois, soyons, soyez — **savoir :** sache, sachons, sachez

• Les terminaisons sont : **-e**, **-ons**, **-ez** pour les verbes du **1er groupe** et ceux du **3e groupe** ayant leur présent de l'indicatif en **-e**. Les **autres** verbes ont un présent de l'impératif qui reprend les formes du présent de l'indicatif.

chant**e**, chant**ons**, chant**ez** — cueill**e**, cueill**ons**, cueill**ez** — fin**is**, fin**issons**, fin**issez**

1 Entoure les verbes au conditionnel présent.

il courait, il savait, il prendrait, il mourrait, il préparait,
il verrait, il acquérait, il vivrait

J'avais lu : plus-que-parfait.
J'aurai lu : futur antérieur.
J'aurais lu : conditionnel passé.

2 Entoure les verbes au conditionnel passé.

il avait entendu, il aurait vu, il aura montré,
il serait allé, il donnerait, il était pris, il aurait dit

3 Mets les verbes à la 1re personne du singulier de l'imparfait de l'indicatif et du conditionnel présent.

rire » .... oublier » ....

croire » .... employer » ....

4 Relève l'intrus dans la liste. À quel temps est-il conjugué ?

nous dirions, nous croirions, nous nourririons, nous plierons, nous penserions, nous verrions

» ....

5 Entoure les formes verbales qui peuvent être à l'impératif.

apportes, viens, chantes, saches, finis, cours, offres, nages,
fais, aies, lis, sois, donnes, mets, prends, éteins

Attention ! Pas de *s* après le e à l'impératif.

Corrigés p. 214

6 Le subjonctif

- Le **présent du subjonctif** :
– Verbe **être** : que je sois, que tu sois, qu'il soit, que nous soyons, que vous soyez, qu'ils soient.
– Verbe **avoir** : que j'aie, que tu aies, qu'il ait, que nous ayons, que vous ayez, qu'ils aient.
– Pour les autres verbes, les terminaisons sont toujours : **-e**, **-es**, **-e**, **-ions**, **-iez**, **-ent**.
- L'**imparfait du subjonctif** se construit à partir du verbe au passé simple à la 3e personne du singulier auquel on ajoute les terminaisons : **-sse**, **-sses**, **-^t**, **-ssions**, **-ssiez**, **-ssent**.

que je parla**sse**, que tu parla**sses**, qu'il parlâ**t**,
que nous parla**ssions**, que vous parla**ssiez**, qu'ils parla**ssent**

- Le **passé du subjonctif** se forme avec l'auxiliaire au présent du subjonctif.

Il fallait **que j'aie fini**. Il fallait **que nous soyons partis**.

- Le **plus-que-parfait du subjonctif** se forme avec l'auxiliaire à l'imparfait du subjonctif.

que **j'eusse parlé**, que **je fusse venu(e)**

1 Entoure les verbes qui sont ou peuvent être au présent du subjonctif.

tu donnes, il vient, nous prenions, il oublie,
nous fassions, vous mettiez, nous crions, je vende,
il sait, tu entendes, ils finissent, nous voyions,
je sache, il prenne, il court, il coure

Pour trouver le radical du verbe au présent du subjonctif, il faut mettre « Il faut que » :
Il faut que je sache.

2 Entoure les verbes à l'imparfait du subjonctif.

il vit, il vît, vous tîntes, je fisse, il rendît, nous crûmes, ils apportassent, il pâlit, il pâlît, vous tinssiez

3 Entoure les verbes au passé du subjonctif.

il aurait pensé, il ait fini, j'aie vu, il eut fait, il sera allé, nous avons tenté, il fut parti, il soit venu

4 Conjugue ces verbes à la 1re personne du pluriel du présent de l'indicatif et du subjonctif.

louer » ....
payer » ....
oublier » ....
finir » ....
rire » ....
voir » ....

5 Conjugue ces verbes à la 1re personne du pluriel du passé du subjonctif.

conquérir » ....
se promener » ....
voir » ....
soustraire » ....
naître » ....
retenir » ....
partir » ....
aller » ....

Corrigés p. 214

7 L'emploi des modes indicatif, conditionnel, subjonctif, impératif

- L'**indicatif** est le mode de la **certitude**.
- Le **conditionnel** peut avoir une valeur temporelle de **futur dans le passé** ; il peut également exprimer l'**incertitude** ou l'**atténuation** (valeur modale).

  Je voudrais deux baguettes. → **atténuation de politesse**
- Le **subjonctif** s'emploie en **proposition indépendante** pour exprimer un souhait ou un ordre.

  Qu'il soit là demain à huit heures.

  Il s'emploie surtout en **proposition subordonnée** lorsque le verbe de la principale exprime un sentiment, un ordre, un souhait, une obligation.

  Je voudrais que tu viennes avec moi. → **La principale exprime un souhait.**
- L'**impératif** exprime un **ordre**, une **interdiction**, un **conseil**, un **souhait**.

  Venez donc dîner demain soir. → **souhait**
- Les **temps simples** expriment un **aspect inaccompli**, c'est-à-dire une action en voie d'accomplissement. Les **temps composés** expriment au contraire un **aspect accompli**.

  Nous déjeunions. → **inaccompli** Nous avions déjeuné. → **accompli**

1 Conjugue ces verbes au mode demandé, à la 1re personne du pluriel du présent.

aller *(conditionnel)* » ....
donner *(impératif)* » ....
finir *(subjonctif)* » ....
vérifier *(subjonctif)* » ....
jeter *(indicatif)* » ....
savoir *(conditionnel)* » ....

2 Indique les modes des verbes en gras.

a. Il faut que je **sache** la vérité. » ....
c. Il se peut qu'il **ait été retardé**. » ....
b. J'**aurais voulu** être là. » ....
d. Qu'il nous **dise** la vérité ! » ....

3 Indique les modes des verbes en gras et précise leur valeur.

a. J'**aimerais** avoir un chien chez moi. » ....

b. Vivement qu'ils **viennent** ! » ....

c. Ne **touchez** pas à mes plantations. » ....

4 Indique le temps des verbes en gras et précise s'il exprime un aspect accompli ou inaccompli.

a. Elle **aura décidé** de ne pas nous attendre. » ....

b. Elle nous **retrouvera** plus tard. » ....

c. Nous **avions pensé** nous rendre à la patinoire. » ....

d. Emma **s'avança** d'un pas décidé. » ....

Corrigés p. 214

3 La voix passive

• À la **voix active**, le **sujet agit** : il fait l'action exprimée par le verbe.

Le renard invite la cigogne.

• À la **voix passive**, le **sujet subit l'action** exprimée par le verbe.

La cigogne est invitée par le renard.

• On appelle **transformation passive** le fait de réécrire une phrase active à la voix passive. Seuls les verbes qui se construisent avec un **COD** peuvent être mis à la voix passive. Au cours de la transformation, le sujet devient **complément d'agent** et le COD devient **sujet**.

• Pour conjuguer un verbe à la voix passive, on utilise l'auxiliaire *être*. Le temps du verbe est celui de l'auxiliaire *être*.

Elle invite. → Elle est invitée. **(L'auxiliaire est au présent, le verbe est au présent passif.)**

Elle avait invité. → Elle avait été invitée. **(Le verbe est au plus-que-parfait passif.)**

1 Entoure les formes verbales à la voix passive.

il a pris, il a été vu, il est allé, il est traduit,

il fut rassuré, il eut proposé, il fut parti,

il sera rendu, il avait écrit, il aura été remercié

Ne confonds pas un verbe à la voix passive *(Elle est suivie)* et un verbe conjugué avec *être* à la voix active *(Elle est partie)*.

2 Écris ces verbes à la voix passive en conservant les temps.

il a entendu » elle .... il attendra » elle ....

il avait reçu » elle .... il eut suivi » elle ....

il comprit » elle .... il écoute » elle ....

3 Écris ces verbes à la voix active en conservant les temps.

elle a été remarquée » on .... elle fut appréciée » on ....

elle sera considérée » on .... elle est interrogée » on ....

4 Parmi ces verbes, lequel ne peut pas se mettre à la voix passive ? Pourquoi ?

prêter, conseiller, faire, dire, finir, regarder, écrire, survivre, montrer, saisir, mériter

» ....

5 Indique à quels temps de l'indicatif sont conjugués ces verbes. Attention ! Certains verbes sont à la voix active.

elle sera tombée » .... elle fut allée » ....

vous étiez dépassés » .... ils sont revenus » ....

il fut renversé » .... ils étaient appréciés » ....

Corrigés p. 215

9 Quelques verbes difficiles

• Les verbes du 1er groupe en -ier ou -uer se conjuguent de manière régulière, mais il faut veiller à quelques particularités :
– le *e* muet : je crie, je loue ; je crierai, je louerai ; je crierais, je louerais ;
– les deux *i* : nous criions (imparfait), que nous criions (présent du subjonctif).

• Le y des verbes en -yer se transforme en i devant un e muet : j'envoie, mais vous envoyez. Seuls les verbes en -ayer ont deux possibilités : j'essaye ou j'essaie ; j'essaierai ou j'essayerai.

• Les verbes appeler et jeter redoublent le l ou le t après un e qui se prononce [ɛ] (« è »).
j'appelle, je jette ; nous appelons, nous jetons ; j'appellerai, je jetterais...

• Certains verbes *(courir, mourir, voir, envoyer, pouvoir, acquérir)* doublent le r au futur et au présent du conditionnel. il courra ; il verrait

1 Complète le tableau.

Infinitif	Présent de l'indicatif	Imparfait de l'indicatif	Futur de l'indicatif	Présent du conditionnel
pouvoir	je...............................	nous	il	tu ....
modifier	nous	nous	tu	ils ....
s'ennuyer	tu	vous	ils	nous ....
lier	il	nous	je	je ....
lire	il	nous	je	je ....

2 Entoure les formes qui sont communes, pour un même verbe, au présent et au passé simple.

je partis, je rougis, je voulus, je saisis, je pris, je crus,
je vins, j'éteins, je fuis, je définis, je descendis, je lus

Pour identifier le temps d'un verbe, il est utile de regarder le contexte.

3 Indique les modes et les temps de ces formes verbales.

je voie » ....
tu vois » ....
vous priez » ....
vous priiez » ....
je cours » ....
il courre » ....

4 Distingue ces formes verbales en précisant leurs modes et leurs temps.

je courrais » ....
je narrai » ....
je courais » ....
je narrais » ....
je courrai » ....
je narrerai » ....

Corrigés p. 215

0 Les classes grammaticales (natures)

- La classe grammaticale (nature) d'un mot ne varie pas d'une phrase à l'autre.
- Les cinq classes de mots variables sont : les noms, les verbes, les pronoms, les adjectifs, les déterminants.
- Les cinq classes de mots invariables sont :
  - les adverbes : *jamais, toujours, trop, assez, beaucoup, loin, rapidement, donc**... ;
  - les conjonctions de coordination : *mais, ou, et, or, ni, car* ;
  - les conjonctions de subordination : *que, quand, lorsque, dès que, afin que, même si, étant donné que, afin que, puisque*... Elles introduisent une proposition subordonnée conjonctive ;
  - les prépositions : *à, dans, par, pour, en, vers, avec, de, sans, sous, sur, chez, malgré, contre, devant, derrière, depuis, afin de, sous prétexte de, à cause de*... ;
  - les interjections : *Ah !, Oh !*...

* La terminologie grammaticale parue en 2021 classe ce mot dans les adverbes.

1 Entoure les conjonctions de coordination.

ni, en, dans, sur, puisque, car, où, mais, si, dont, ou, lui, or, et, avec, assez

2 Entoure les prépositions.

mais, dans, chaque, pour, vers, même, afin que, sous, contre, car, chez, ce, ceux, malgré

3 Entoure les adverbes.

chaque, pauvre, véritablement, hier, pour, devant, mieux, étant donné, jamais, savant, peut-être, plus, tandis que, naturellement, négligent, tout à fait

Lorsqu'un outil grammatical est composé de plusieurs mots, on parle de « locution » : locutions **adverbiales** (*sans doute*...), locutions **conjonctives** (*afin que*...), locutions **prépositionnelles** (*en raison de*...).

4 Entoure les déterminants.

a. Ce soldat du Premier Empire est un vaillant colonel ; le connaissez-vous ?

b. Certaines personnes ont intérêt à ce que ce colonel reste mort aux yeux de la société.

c. Balzac est un romancier réaliste qui représente la société de son temps.

5 Entoure les pronoms.

a. As-tu lu ce roman ? Je te le prête.

b. Ma session est bloquée, mais la tienne fonctionne. Je leur ai demandé leur aide.

6 Dans cet extrait du *Colonel Chabert* de Balzac, donne la classe grammaticale des mots en gras.

Vers une heure du matin, le **prétendu** Colonel Chabert vint frapper à la porte **de** maître Derville.

Vers » .... prétendu » .... de » ....

Corrigés p. 215

Grammaire

11 Les fonctions

- La **fonction** d'un mot correspond à son **rôle dans la phrase** ; elle varie d'une phrase à l'autre.
- Les mots qui occupent une **fonction essentielle** ne peuvent être déplacés ou supprimés :
– le **sujet** détermine la terminaison du verbe ;
– on distingue trois compléments du verbe : le **COD** (complément d'objet direct), le **COI** (complément d'objet indirect) ;

Je regarde <u>ton petit frère</u> (COD) ; il ressemble <u>à ta mère</u> (COI). Je donne <u>un conseil</u> (COD) <u>à ton frère</u> (COI).

– l'**attribut du sujet** et l'**attribut du COD** ne peuvent pas non plus être supprimés.
- Les **compléments circonstanciels** (lieu, temps, manière, moyen, cause, conséquence, but, accompagnement, opposition, comparaison) peuvent être déplacés ou supprimés.
- Certaines fonctions se définissent par rapport à un **verbe** (sujet, complément du verbe, complément d'agent) ; d'autres se définissent par rapport à un **groupe nominal** ou à un **pronom** (attribut du sujet, épithète du nom, complément du nom…) ; quelques fonctions peuvent se rattacher à un **adjectif** (complément de l'adjectif) ou à une **phrase** (complément circonstanciel).

1 Indique si la fonction des mots ou des expressions en gras se définit par rapport à un verbe, un nom ou un adjectif.

a. Jules Verne a écrit **de nombreux romans.** » ……………………

b. Nemo est **le capitaine du *Nautilus*.** » ……………………

c. C'est un sous-marin **extraordinaire.** » ……………………

d. Une pieuvre **géante** attaque **les marins.** » ……………………

e. Les passagers **du *Nautilus*** sont émerveillés. » ……………………

f. Le capitaine Nemo est fier **de son sous-marin.** » ……………………

2 Souligne l'attribut du sujet.

a. Il appelle le médecin. / Il sera médecin.

b. Il reste fatigué. / Il reste à la maison.

c. Il écoute son délégué. / Il est élu délégué.

Pour repérer un attribut du sujet, regarde si tu peux mettre le signe = entre le sujet et son attribut.

3 Donne la fonction des mots ou des expressions soulignés.

a. Cette expédition <u>en ballon</u> est très <u>périlleuse</u>.

en ballon » …………………… périlleuse » ……………………

b. Le ballon traverse <u>l'Afrique</u> <u>jusqu'aux sources du Nil</u>.

l'Afrique » …………………… jusqu'aux sources du Nil » ……………………

c. Les personnages <u>de Jules Verne</u> sont prêts <u>à prendre des risques</u>.

de Jules Verne » …………………… à prendre des risques » ……………………

Corrigés p. 215

12 Le groupe nominal minimal et les reprises pronominales

• Le **groupe nominal** (**GN**) est centré sur un nom (le **noyau**). Le GN minimal est composé d'un nom et de son déterminant.

• Le **nom** est en général accompagné d'un **déterminant**. On rencontre principalement quatre catégories de **déterminants** : les **déterminants possessifs** *(mon, ton, son…)*, les **déterminants démonstratifs** *(ce, cet, ces…)*, les **déterminants indéfinis** *(chaque, tout…)* et les **articles** (indéfinis, définis, partitifs).

• Un **pronom** est souvent un **remplaçant** qui peut **se substituer à un nom** ; il peut avoir toutes les fonctions du mot ou de l'expression qu'il remplace. Il existe différentes catégories de pronoms : les **pronoms possessifs** *(le mien, le tien, le sien…)*, les **pronoms démonstratifs** *(celui, celle, ceux…)*, les **pronoms indéfinis** *(chacun, tous…)*, les **pronoms relatifs** *(qui, que…)*, les **pronoms interrogatifs** *(qui, que…)*, les **pronoms personnels** *(je, tu, nous… ; me, te, se… ; le, la, les, l', lui, eux, en, y)*.

• On appelle **reprise pronominale** le fait de remplacer un nom par un pronom. À l'exception des pronoms personnels de l'énonciation *(je, tu, nous, vous)*, pour lesquels il n'y a pas d'ambiguïté, le nom (ou le groupe) que remplace les pronoms de 3e personne doit être clairement identifié.

1 Entoure en rouge les pronoms et en bleu les déterminants.

a. Connais-tu la maison dont nous apercevons le toit ?

b. Cette maison est si mystérieuse que je la surveille.

c. Jules m'a rendu mon stylo.

d. Ce film est très bon, Théo me le conseille.

e. Il a lu ce livre et en parle souvent.

> N'oublie pas que le déterminant accompagne un nom, alors que le pronom est un remplaçant.

2 Donne la fonction des pronoms relevés dans l'exercice 1.

a. » ………………………………………………

b. » ………………………………………………

c. » ………………………………………………

d. » ………………………………………………

e. » ………………………………………………

3 Relève les déterminants et précise leur classe grammaticale.

Au bout d'une semaine de ce régime, les nouveaux furent capables d'affronter l'épreuve du parachute.

Joseph Kessel, *Le Bataillon du ciel*.

» ………………………………………………

………………………………………………

Corrigés p. 215

Grammaire

13 Le groupe nominal enrichi

- Le **groupe nominal (GN) enrichi** comprend des constituants qui peuvent être supprimés : ce sont des **expansions du nom**.
- Le **complément du nom (CdN)** est en général relié au nom par une **préposition**.

L'œuvre **de Balzac** évoque la société **de son temps**.

- La **subordonnée relative** vient préciser également le sens d'un nom ; ce nom est l'**antécédent** du pronom relatif et la subordonnée a pour fonction « **épithète (ou complément) de l'antécédent** ».
- Quand il fait partie du GN, l'adjectif est **épithète** du nom :

Balzac doit rembourser des dettes **importantes**.

- En dehors du GN, l'adjectif peut être :

– **apposé** au nom ;

Dépensier, Balzac a du mal à rembourser ses créanciers.

– il peut aussi être **attribut du sujet**.

Balzac est **dépensier**.

1 Entoure les adjectifs.

a. Le réalisme balzacien est une nouveauté.

b. Ambitieuse, la fresque romanesque dépeint la société de la Restauration.

c. Ce court roman est vraiment passionnant.

Ne confonds pas le CdN avec le COI qui est un complément du verbe.

2 Indique la fonction des groupes de mots en gras.

a. Balzac a écrit plusieurs lettres **à Madame Hanska.** » ....

b. Il s'est épuisé **à écrire** de si nombreux romans. » ....

c. Les machines **à écrire** n'existaient pas **à cette époque.** » ....

3 Relève les éléments qui viennent caractériser les noms en gras et précise leur fonction.

a. Avant d'écrire les **romans** qui l'ont rendu célèbre, Balzac a rédigé des **romans** à quatre sous.

» ....

....

b. Les grands **romans** du XIXe siècle nous intéressent toujours aujourd'hui.

» ....

....

Corrigés p. 215

4 L'énonciation

- L'**énonciation** est le fait de parler. Le message que l'on produit est un **énoncé** ; il peut être oral ou écrit.
- Le **locuteur** est la personne qui envoie le message (parlé ou écrit), le **destinataire** est la personne qui le reçoit.
- La **situation d'énonciation** est constituée du locuteur, du destinataire, du moment et du lieu de l'énonciation.
- Certains énoncés sont **ancrés dans la situation d'énonciation** : on peut relever des mots qui désignent le locuteur, le destinataire, l'endroit et le moment où a été prononcée la parole. Les **indices de l'énonciation** sont : les pronoms personnels des 1re et 2e personnes, les pronoms possessifs des 1re et 2e personnes, les déterminants possessifs des 1re et 2e personnes, les démonstratifs, certains indicateurs de temps et de lieu.

Ici, je profite de mes vacances et je t'envoie cette carte postale.

- Certains énoncés sont **coupés de la situation d'énonciation** : on ne peut relever aucun mot se rapportant à des éléments de l'énonciation.

La prise de la Bastille eut lieu le 14 juillet 1789.

1 Souligne les énoncés coupés de la situation d'énonciation.

a. Je préfère le bord de mer. / Il préfère le bord de mer.

b. Ils partirent deux mois. / Ils partiront dans deux mois.

c. Il arriva le lendemain. / Il arrive demain.

d. Il viendra le mois prochain. / Il était venu en hiver.

L'énoncé coupé de la situation d'énonciation n'est pas situé par rapport au moment où l'on parle.

2 Souligne les énoncés qui sont ancrés dans la situation d'énonciation.

a. Ils sont déjà venus avant-hier.

b. L'année prochaine, ils iront au Portugal.

c. Lisbonne est une grande ville.

d. Il habite ici depuis trois ans.

e. Certaines régions sont très sauvages.

f. Le collège ferme à 18 heures.

3 Relève les indices de l'énonciation dans les phrases de l'exercice 1.

» ....

4 Classe ces indices de l'énonciation :

cette année, ton frère, ma maison, hier, votre idée, maintenant, ce soir, je viens, la vôtre, ici, l'année prochaine, tu pars, le mois dernier, ta voiture, moi

Indices du locuteur » ....

Indices du destinataire » ....

Temps de l'énonciation » ....

Lieu de l'énonciation » ....

Corrigés p. 215

Grammaire

15 Les types de phrases

• La **phrase déclarative** se termine par un **point**, un **point d'exclamation** ou des points de suspension. Elle délivre une **information**.

Le directeur viendra ce matin. Je suis si heureux !

• La **phrase impérative** se termine par un **point**, un **point d'exclamation** ou des points de suspension. Elle exprime un **ordre**, une **interdiction** ou un **conseil**. Elle est souvent à l'impératif, parfois au futur ou au subjonctif.

Dépêche-toi ! Tu te dépêcheras ! Qu'il se dépêche !

• La **phrase interrogative** se termine par un **point d'interrogation**. Elle exprime une **question**. On distingue l'**interrogation totale**, qui admet deux réponses possibles (*oui* ou *non*), de l'**interrogation partielle**, qui admet une infinité de réponses.

Est-il là ce matin ? *(Oui ou non ?)* → **interrogation totale**

• **Remarque :** chaque type de phrase peut être mis à la forme négative et/ou à la forme exclamative.

Pourquoi **ne** réponds-tu **pas ?** → **phrase interrogative négative**
Cours **!** → **phrase impérative exclamative**
Tu **ne** ranges **rien !** → **phrase déclarative négative et exclamative**

1 Indique le type et éventuellement la forme de ces phrases.

a. Ne pas parler la bouche pleine. » ....

b. Je me demande ce qu'il fait. » ....

c. C'est toi qui a pris ma trousse ? » ....

d. Vivement la fin de la semaine ! » ....

2 Souligne les interrogations totales.

a. Quand te décideras-tu à travailler ?

b. Es-tu prêt ? As-tu rangé tes affaires de sport ?

Niveaux de langue :
– courant : *Est-ce que tu es là ?*
– soutenu : *Es-tu là ?*
– familier : *Tu es là ?*

3 Écris en style soutenu ces interrogations familières.

a. Il vend son vélo ? » ....

b. Tu pars ? » ....

c. Il joue ? » ....

d. Pourquoi tu dis ça ? » ....

4 Écris ces phrases à la forme négative.

a. Tout est interdit ici. » ....

b. Pourquoi se lève-t-il tôt ? » ....

c. Quelqu'un a sonné. » ....

d. Marcher sur les dalles rouges. » ....

e. Entrez sans sonner. » ....

Corrigés p. 216

Grammaire

16 La phrase complexe

• La proposition est un groupe de mots centré sur **un verbe conjugué**.

• Il existe trois grandes catégories de propositions : la **proposition indépendante**, qui se suffit à elle-même, la **proposition principale** et la **proposition subordonnée**, qui sont liées l'une à l'autre.

[Tu viendras] [et je te montrerai mon chien]. → **deux propositions indépendantes**

[Si tu veux voir mon chien,] [viens à la maison].
proposition subordonnée — proposition principale

• La proposition subordonnée commence toujours par un **mot subordonnant**.
La classe grammaticale du mot subordonnant détermine la nature de la subordonnée :
– la **subordonnée relative** est introduite par un **pronom relatif** ;
– la **subordonnée interrogative** est introduite par un **pronom interrogatif** ou un **adverbe interrogatif** ;
– la **subordonnée conjonctive** commence par une **conjonction de subordination**.
On distingue les **subordonnées conjonctives complétives** introduites par la conjonction **que** et les **conjonctives circonstancielles** qu'introduisent les autres conjonctions de subordination.

Le principal veut **que tu viennes**. → **subordonnée conjonctive complétive**
Quand il t'appellera, tu viendras. → **subordonnée conjonctive circonstancielle de temps**

1 Combien de proposition(s) compte chacune des phrases suivantes ?

a. La Fontaine a écrit plusieurs livres de fables. » ....

b. Il critique la société dans laquelle il vit. » ....

c. Il réussit à contourner la censure. » ....

d. C'est Ésope qui a écrit « La Cigale et les Fourmis », une fable que La Fontaine a ensuite transformée. » ....

Dans une phrase, il existe autant de propositions que de verbes conjugués.

2 Souligne les propositions subordonnées et précise leur classe grammaticale.

a. Les fables que nous connaissons le mieux font parler les animaux. » ....

b. La Fontaine dit que la justice n'est pas équitable. » ....

c. La Fontaine est si habile qu'il échappe à la censure. » ....

3 Délimite les propositions et précise leur classe grammaticale.

Exemple : [Je crois] [qu'il a raison].
prop. princ. — prop. sub. conj. compl.

a. Certaines fables ne présentent pas de morale explicite ; le lecteur doit deviner la leçon.

» ....

b. La fable est un poème qui développe un récit et qui a une fonction didactique.

» ....

c. Les animaux dont se sert La Fontaine sont personnifiés.

» ....

FRANÇAIS

Corrigés p. 216

Grammaire

17 La proposition subordonnée relative

• La **proposition subordonnée relative** est un **constituant du groupe nominal** ; elle vient préciser le sens d'un nom (ou d'un pronom).

[Victor Hugo est un poète] [**qui s'est engagé dans la vie politique de son temps**].
proposition principale — proposition subordonnée relative

• La proposition subordonnée relative est introduite par un pronom relatif :
– **pronoms relatifs simples :** *qui, que, quoi, dont, où* ;
– **pronoms relatifs composés :** *lequel, laquelle, auquel, à laquelle, duquel…*

• Le nom (ou éventuellement le pronom) que le pronom relatif remplace est son **antécédent**. Dans l'exemple ci-dessus, *poète* est l'antécédent du pronom relatif *qui*. L'antécédent est placé juste avant le pronom relatif.

• Le pronom relatif peut avoir toutes les **fonctions d'un nom** (sujet, COD, COI, CdN…) ; le plus souvent, la subordonnée relative est **épithète (complément) de l'antécédent.**

1 Entoure les mots qui peuvent être des pronoms relatifs.

que, donc, car, comme, lequel, dont, ou, si, mais, qui, quoi, où, et, duquel, pourtant

2 Souligne les propositions subordonnées relatives.

a. Je sais qui a écrit *Les Misérables*.

b. Le roman que nous étudions s'intitule *Notre-Dame de Paris*.

c. L'héroïne dont tu me parles est Esméralda.

d. Victor Hugo, qui s'est opposé à Napoléon III, est parti en exil.

Pour repérer une relative, regarde si elle a un antécédent.

3 Réunis ces propositions indépendantes juxtaposées à l'aide d'un pronom relatif.

a. Quasimodo est un être difforme ; il est sonneur de cloches à Notre-Dame.

» ....

b. Esméralda est une bohémienne ; on la prend pour une sorcière.

» ....

c. Les personnages de ce roman sont étonnants ; l'intrigue de ce roman se déroule au Moyen Âge.

» ....

4 Complète les phrases avec le pronom relatif qui convient.

a. Victor Hugo, ... est connu pour son œuvre littéraire, est aussi un excellent dessinateur.

b. Le forçat .... Victor Hugo raconte l'histoire est Jean Valjean. Voici la maison .... il a vécu.

c. Le roman .... vous faites allusion s'intitule *Les Misérables*.

Corrigés p. 216

8 Les formes passive, pronominale et impersonnelle

• À la voix **passive**, c'est le **complément d'agent** (CA) qui **effectue l'action**.

Transformation passive : Le détective (sujet) suit le suspect (COD). → Le suspect (sujet) est suivi par le détective (complément d'agent).

Le CA est introduit le plus souvent par la préposition **par**, parfois par la préposition **de**. Une forme passive n'a pas nécessairement de complément d'agent.

• Dans la **forme pronominale**, le verbe est précédé d'un **pronom personnel complément** à la même personne que le sujet. On distingue trois valeurs :
– le sens **réfléchi** : Il se lève *(il se lève lui-même)* ;
– le sens **réciproque** : Ils se disputent *(les uns contre les autres)* ;
– le sens **passif** : Ce livre s'est bien vendu *(il a été vendu)*.

• Dans la **forme impersonnelle**, le pronom **il** ne représente rien ; le verbe est parfois suivi d'un **sujet logique** qui est à l'origine de l'action exprimée par le verbe.

Il (sujet grammatical) s'est produit un curieux accident (sujet logique).

1 Écris ces phrases à la voix passive en conservant les temps des verbes.

a. Paul a apprécié ton gâteau. » ....

b. Un nouveau livreur apporta la pizza. » ....

c. Notre équipe remportera la coupe ! » ....

d. On vaincra la lèpre. » ....

2 Souligne les formes pronominales.

a. Elles se disputent. b. Il nous sourit. c. Elles vous imitent. d. Ils se regardent.

3 Précise le sens (*réfléchi*, *réciproque* ou *passif*) des formes pronominales.

a. Un nouvel élève s'est inscrit dans notre club. » ....

b. Cette histoire s'est rapidement sue. » ....

c. Ils se téléphonent. » ....

d. Il se prépare un café. » ....

e. Nous nous comprenons très bien. » ....

4 Souligne les formes impersonnelles.

a. Il a pris l'avion.
b. Il neige.
c. Il nage le crawl.
d. Il parle russe.
e. Il est arrivé un malheur.
f. Il reste courageux.

Pour identifier une forme impersonnelle, demande-toi ce que représente le pronom *il*.

Corrigés p. 216

19 Formation des mots et orthographe

• Le vocabulaire français provient principalement du **latin** et du **grec**. Il évolue en empruntant des termes aux autres langues, notamment l'anglais, et en créant de nouveaux mots par **dérivation** ou par **composition** :

– la **dérivation** consiste à fabriquer des mots en ajoutant à un mot de base (le radical) un **affixe** ; les affixes se placent devant le radical (**préfixe**) ou derrière (**suffixe**). Le radical subit parfois une modification pour des raisons phonétiques ;

marché → supermarché réel → réalité

– la **composition** consiste à fabriquer un nouveau mot à partir de deux mots existant déjà *(un garde-chasse)* ou à partir d'éléments grecs et latins (*démocratie :* peuple + pouvoir).

• **Attention au pluriel des mots composés :** les verbes, adverbes ou prépositions qui font partie du mot sont **invariables** ! Pour les noms et les adjectifs, il faut regarder si cela a un sens de les mettre au pluriel. La réforme de 1990 propose de mettre le dernier mot au pluriel.

un contre-exemple → des contre-exemples **(il y en a plusieurs)**

un chasse-neige → des chasse-neige **(la neige en général)** ou des chasse-neiges

1 Trouve un mot de la même famille que les mots suivants afin de justifier la lettre finale.

Exemple : un lit » literie

Le radical d'un mot est commun aux mots de la même famille.

un tapis » ....

un front » .... un camp » ....

un poing » .... un pied » ....

2 Décompose ces mots en préfixe, radical et suffixe.

Exemple : lisible » lis/ible

bicyclette » .... immortalité » ....

désagréable » .... invariable » ....

3 Conjugue ces verbes à la 3e personne du singulier du présent de l'indicatif, puis donne le nom correspondant.

Exemple : travailler » il travaille, un travail

crier » .... plier » ....

employer » .... essayer » ....

4 Écris au pluriel ces noms composés.

un tire-bouchon » .... une année-lumière » ....

un rouge-gorge » .... un laissez-passer » ....

Corrigés p. 216

20 Les homophones (1)

• On appelle homophones deux mots **qui se prononcent de la même manière** mais **qui n'ont pas la même orthographe**.

• Il ne faut pas confondre :
– la préposition à et le verbe *avoir* au présent (a) ;
– la conjonction de coordination ou (= *ou bien*) avec le pronom où ;
– la conjonction de coordination et avec le verbe *être* au présent (est) ;
– ce (déterminant ou pronom démonstratif), se (pronom personnel) et ceux (pronom démonstratif) : ceux est le pluriel de celui ; se est toujours placé devant un verbe. On peut rencontrer ce (à remplacer par cela) devant le verbe *être* ;

Il se décidera ce soir. Ce fut un beau spectacle. Je te présente ceux qui ont tout organisé.

– c'est et s'est, ces et ses : s'est est toujours placé devant un participe passé ; c'est est un présentatif ; ces (démonstratif) et ses (possessif) sont des déterminants placés devant un nom. De même, il faut distinguer c'était et s'était (devant un participe passé) ;

C'est Guillaume qui s'est précipité. Il a pris ses affaires. Ces livres ne sont pas à toi.
C'était Arthur qui s'était proposé.

– le déterminant interrogatif ou exclamatif quel (quels, quelle, quelles) et qu'elle ou qu'elles. On repère la forme qui convient en remplaçant par qu'il (ou **que lui**), puis on effectue l'accord.

Quelle histoire ! Je sais qu'elle (qu'il) te plaira.

1 Complète la phrase avec *ce*, *se* ou *ceux*.

.... qui ont acheté leur billet à l'avance .... mettent de .... côté de la file.

2 Complète avec *a*, *à*, *ou*, *où*, *ce*, *se* ou *ceux*.

a. .... dont vous me parlez m'intrigue ; est-............... une histoire vraie ?

b. .... qui racontent cette histoire croient .... la présence de fantômes .... d'esprits.

c. .... l'époque .... il vivait, ... fantôme était un seigneur.

3 Complète avec *ces*, *ses*, *c'est* ou *s'est*.

a. .... le chien des Baskerville qui .... jeté sur lui.

b. La lande déroule à l'infini .... étendues plates.

c. .... légendes me rappellent Conan Doyle et .... histoires policières.

Ces est un déterminant et *c'est* peut se remplacer par *c'était*.

4 Complète avec *quel*, *quels*, *quelle*, *quelles*, *qu'elle* ou *qu'elles*.

a. .... bons moments nous avons passés en Angleterre ! b. .... surprise ! c. .... que soit le temps, nous avons l'intention de nous promener. d. .... mouche t'a piqué ? e. .... soit, ton idée est la bienvenue !

Corrigés p. 216

Orthographe

21 Les homophones (2)

• Il faut distinguer :
– **quand**, **quant** (**quant à**, **quant au**...) et **qu'en** (**que + en**) ;

Quand rentre-t-il ? Je ne sais qu'en penser. Quant à ton projet, nous l'étudions.

– la préposition **sans**, **s'en** (pronoms personnels **se** et **en**) et **c'en** (**cela en**) : **c'en** est toujours placé devant un verbe et **s'en** entre un sujet et son verbe. **Sans** est le contraire de **avec** ;

Elle s'en moque. C'en est fait. Il est parti sans son sac.

– **ni** (conjonction de coordination double : **ni... ni...**) et **n'y** (**ne + y**, toujours devant un verbe) ;

Il n'y avait ni Joséphine ni Axelle.

– **peu** (adverbe de quantité) et **peut** ou **peux** (verbe *pouvoir* au présent de l'indicatif) ;

Peu sont venus aider. Tu peux y arriver.

– **si** (condition, intensité) et **s'y** (**se + y**, toujours devant un verbe) ;

S'y connaît-il ? Je viendrai si tu veux.

– **leur(s)** (déterminant possessif) et **leur** (pronom personnel invariable placé devant un verbe).

Ne touche ni à leur (dét. possessif) maquette ni à leurs (dét. possessif) divers travaux. Je vais leur (pronom) demander la permission.

1 Complète ces phrases avec *quand*, *quant* ou *qu'en*.

a. Ce château n'est habité .... partie.

b. Il ne voyage .... avion.

c. .... Xavier arrive-t-il ? .... à Martin, il sera en retard.

On ne rencontre *quant* que devant *à*, *au* ou *aux*.

2 Complète ces phrases avec *leur* ou *leurs*.

a. Quand mes frères auront fini de préparer .... bagages, nous pourrons partir ; je vais .... dire de se dépêcher.

b. Je .... ai dit d'apporter .... sac de couchage et .... affaires de toilette.

c. J'espère qu'ils ont pensé à prendre .... chaussures de sport et .... raquette.

3 Complète ces phrases avec *peu*, *peux* ou *peut*.

a. .... à .... la pluie cesse et on .... alors sortir.

b. Il a très .... de chances de gagner.

c. Tu .... toujours tenter ta chance.

4 Complète ces phrases avec *si* ou *s'y*, *ni* ou *n'y*, *sans* ou *s'en*.

a. .... tu avais un peu de temps, nous pourrions aller à la piscine ; mon frère doit .... rendre.

b. .... Paul .... moi .... entendons quelque chose !

c. .... rendre compte, il a mangé beaucoup trop de cerises.

Ne confonds pas :
Il peut être là.
Il est peut-être là.

Corrigés p. 217

22 L'accord du verbe

• Le **verbe** s'accorde en **personne** et en **nombre** avec son sujet, que celui-ci soit placé devant le verbe ou derrière (**sujet inversé**).

• Lorsque le sujet est un **pronom relatif**, le verbe s'accorde en personne et en nombre avec l'**antécédent du pronom**.

Toi qui danses à merveille, viens donc nous donner des conseils.

• Le verbe est au **singulier** lorsque le sujet est **on**, **chacun**, **quelqu'un**, **personne**, **rien**, **aucun** et lorsque les sujets d'un même verbe sont repris par un **pronom indéfini** *(tout, rien, personne)*.

La nuit, le bruit, le monde, tout lui fait peur.

• Lorsque le sujet contient une **expression de quantité** *(peu de, la plupart…)*, le verbe est au **pluriel**. Dans le cas des noms collectifs *(une foule de…)*, on met le verbe au singulier ou au pluriel.

Peu de Français parlent le chinois.

• Le présentatif **c'est** (ou **c'était**) se met au pluriel lorsqu'il introduit un groupe nominal ou un pronom au pluriel.

1 Complète ces phrases avec le pronom personnel qui convient.

a. .... nous indiqueras le chemin.

b. Hanna et .... allons au cinéma.

c. Joséphine et .... sont reparties.

je + tu = nous
vous + nous = nous
il(s) / elle(s) + je = nous
il(s) / elle(s) + tu = vous

2 Conjugue au présent de l'indicatif les verbes entre parenthèses.

a. La plupart de nos camarades *(faire)* .... partie d'un club sportif.

b. Au travers des arbres *(scintiller)* .... une étrange lumière.

c. Ni Emma, ni Lucas, personne ne *(parvenir)* .... à ouvrir cette porte.

d. *(Pouvoir)* ....-tu nous aider, toi qui *(avoir)* .... les bons outils ?

3 Complète les terminaisons des verbes, souligne les sujets et entoure le nom qui justifie la terminaison du verbe.

Ce jardin qu'il ignorai..... la veille étai..... une jouissance extraordinaire. Tout l'emplissai...... d'extase, jusqu'aux brins d'herbe, jusqu'aux pierres des allées, jusqu'aux haleines qu'il ne voyai...... pas et qui lui passai.......... sur les joues. Son corps entier entrai..... dans la possession de ce bout de nature, l'embrassai...... de ses membres ; ses lèvres le buvai............, ses narines le respirai............ ; il l'emportai...... dans ses oreilles. […] À droite montai................ les fraxinelles légères, les centranthus retombant en neige immaculée. […] À gauche, c'étai...... une longue rue d'ancolies.

Émile Zola, *La Faute de l'abbé Mouret*.

Corrigés p. 217

Orthographe

23 Verbes en *-ai* ou *-ais*, *-rai* ou *-rais* ?

• Il ne faut pas confondre l'**imparfait** et le **passé simple** à la 1re personne du singulier des verbes en -er ; ce sont les deux temps complémentaires du récit.

je march**ais** (**imparfait**) ; je march**ai** (**passé simple**)

Je march**ais** quand je me retrouv**ai** nez à nez avec un dragon.
(marchais : imparfait ; retrouvai : passé simple)

Pour éviter la confusion, il suffit de mettre le verbe à la 3e personne du singulier.

Il march**ait** quand il se **retrouva** nez à nez avec un dragon.
(marchait : imparfait ; retrouva : passé simple)

• Il ne faut pas non plus confondre le **futur** et le **conditionnel présent** qui sont formés sur le même radical : l'infinitif du verbe. Les terminaisons du **futur** sont : **-ai**, **-as**, **-a**, **-ons**, **-ez**, **-ont**. Les terminaisons du **présent du conditionnel** sont : **-ais**, **-ais**, **-ait**, **-ions**, **-iez**, **-aient**.
Pour faire la différence entre le futur et le présent du conditionnel à la 1re personne du singulier, il faut mettre le verbe à la 3e personne pour entendre la différence orthographique.

Demain, j'arriver**ai** à l'heure. → Il arriver**a** à l'heure. → **futur**
Si j'avais un réveil, j'arriver**ais** à l'heure. → Il arriver**ait** à l'heure. → **présent du conditionnel**

1 Complète le tableau en conjuguant les verbes à la 1re personne du singulier.

Infinitif	Imparfait de l'indicatif	Passé simple de l'indicatif	Futur de l'indicatif	Conditionnel présent
savoir	....	....	....	....
supplier	....	....	....	....
appuyer	....	....	....	....

2 Conjugue les verbes entre parenthèses à l'imparfait ou au passé simple de l'indicatif.

a. Je *(rêver)* .... d'être vétérinaire.

b. Alors je *(décider)* .... de faire un stage.

c. Ce jour-là, je me *(lever)* .... tôt, alors que d'habitude je *(traîner)* ....

d. J'ouvris la porte et *(s'avancer)* .... dans l'allée.

Mets le verbe à la 3e personne du singulier pour identifier le temps.

3 Conjugue les verbes entre parenthèses soit au futur de l'indicatif, soit au conditionnel présent.

a. Je ne sais pas si je *(pouvoir)* .... venir.

b. On m'a demandé si je *(préparer)* .... un exposé.

c. L'année prochaine, je *(séjourner)* .... en Irlande.

d. Je *(vouloir)* .... une énorme brioche.

e. Je pense que j'*(aller)* .... à la bibliothèque demain.

Corrigés p. 217

4 Indicatif ou subjonctif ?

• Il ne faut pas confondre le **présent de l'indicatif** qui exprime une **action certaine**, avec le **présent du subjonctif** qui exprime une **action dont la réalisation dépend du verbe** de la proposition principale.
Pour les **verbes du 1er groupe**, et **certains autres verbes** tels que *cueillir* ou *offrir*, il n'existe pas de différence de terminaisons au singulier entre les présents de l'indicatif et du subjonctif. En revanche, au pluriel, le présent du subjonctif a, aux 1re et 2e personnes, les terminaisons de l'imparfait.

indicatif : je trie, nous trions   subjonctif : que je trie, que nous triions

Pour les **autres verbes**, il existe une différence de terminaisons à toutes les personnes ; on peut même rencontrer une différence de radical.

indicatif : je sais, je viens, je crois   subjonctif : que je sache, que je vienne, que je croie

1 Entoure les verbes qui sont ou peuvent être au présent du subjonctif.

sache, fassiez, peux, allons, allions, veuille, nagiez, courent, puisse, aille, sommes, ait, soyons, croit, voyions, oublions, dise, aie, sois

Aux deux premières personnes du pluriel, le présent du subjonctif a les mêmes terminaisons que l'imparfait : *-ions*, *-iez*.

2 Complète le tableau.

Infinitif	Présent de l'indicatif *(je)*	Présent du subjonctif *(que je)*	Présent de l'indicatif *(nous)*	Présent du subjonctif *(que nous)*
avoir	....	....	....	....
oublier	....	....	....	....
croire	....	....	....	....
vérifier	....	....	....	....
pouvoir	....	....	....	....
courir	....	....	....	....

3 Conjugue les verbes entre parenthèses au présent de l'indicatif ou du subjonctif.

a. Je sais qu'il ne *(voir)* .... rien.
b. J'aimerais qu'il me *(croire)* ....
c. Il croit qu'il *(savoir)* .... son rôle.
d. Il faut qu'il *(pouvoir)* .... venir.
e. Il veut que je *(courir)* .... plus vite.
f. Il pense que je *(courir)* .... vite.

Corrigés p. 217

25 L'accord des adjectifs

• L'adjectif s'accorde en genre et en nombre avec le nom auquel il se rapporte ; il faut être plus vigilant pour les adjectifs **apposés** ou **attributs** qui ne sont pas placés juste à côté du nom.

• **Attention** aux adjectifs de couleur :

– les adjectifs composés ne s'accordent pas ;

des gants rouge cerise, vert pomme

– les adjectifs qui sont à l'origine un nom ne s'accordent pas.

des gants olive, cerise, orange

Attention ! mauve, rose, fauve et pourpre, qui sont des noms à l'origine, s'accordent.

des gants roses

1 Accorde l'adjectif dans les groupes nominaux.

a. le camélia et la jacinthe fleuri........

b. le pull et la jupe noir........

c. le pont et le donjon détruit........

d. la chienne et la chatte réconcilié........

2 Accorde les adjectifs suivants avec le nom *écharpes* :

rose, orange, vert olive, bleu

des écharpes ....

des écharpes ....

des écharpes ....

des écharpes ....

3 Mets ces expressions au pluriel.

une chaussure marron » ....

un cahier rouge foncé » ....

un carreau vert et fuchsia » ....

4 Écris correctement les adjectifs entre parenthèses.

a. *(Réjoui)* .... à l'idée d'aller à ce bal si *(prestigieux)* ...., Léa et Jade préparaient leurs tenues : de *(somptueux)* .... robes.

b. *(Venu)* .... du nord, les oiseaux *(migrateur)* .... annoncent le retour des jours plus *(sombre)* ...., des ciels *(gris)* .... et des températures *(frais)* ....

c. Ces oiseaux *(tropical)* .... ont des plumes *(vermeil)* ...., *(rose foncé)* .... et *(doré)* ....

Dans certains cas, l'accord introduit une modification : *bref/brève – enchanteur/enchanteresse.*

Corrigés p. 217

26 L'accord du participe passé

- Employé **sans auxiliaire**, le participe passé s'accorde avec le mot auquel il se rapporte.

  Encouragés par le public, ils s'avancèrent.

- Employé **avec l'auxiliaire *être***, le participe passé s'accorde avec le sujet du verbe.

  Les allées étaient envahies par l'herbe.

- Employé **avec l'auxiliaire *avoir***, le participe passé ne s'accorde jamais avec le sujet du verbe ; il s'accorde avec le complément d'objet direct si celui-ci est placé avant le verbe.

  Elle a essayé des chaussures (COD) et elle les (COD) a achetées.

- Employé **avec un verbe pronominal de sens réfléchi ou réciproque**, le participe passé s'accorde avec le **COD** si celui-ci est placé avant le verbe.

  Elle s'(COD)est lavée. Elle s'est lavé les mains (COD). Elle se les (COD) est lavées.

- Dans les autres constructions pronominales, le participe passé s'accorde avec le **sujet**.

1 Indique la construction des participes passés dans ces phrases.

a. Les écureuils ont entassé **des provisions.** » ....

b. Ils se sont écorché **les genoux.** » ....

c. Cette excursion a enchanté **tous les élèves.** » ....

d. Nous nous sommes partagé **la tâche.** » ....

2 Réécris les phrases de l'exercice 1 en remplaçant l'expression en gras par le pronom personnel qui convient.

a. » ....

b. » ....

c. » ....

d. » ....

3 Relie le pronom personnel au nom qu'il remplace.

Elle l'a vue. •	• les gâteaux
Elle les a pris. •	• les tartes
Elle les a cuites. •	• la souris
Elle l'a obtenu. •	• le diplôme

Quand le participe passé est employé avec *avoir*, intéresse-toi au COD et non pas au sujet.

4 Réécris au passé composé les verbes conjugués.

Réveillés par la marée montante, ils se lèvent de bonne heure et emportent les sandwichs qu'ils préparent. En traversant la lande, ils se blessent et se griffent les jambes.

» ....

....

Corrigés p. 217

Orthographe

27 Les accords dans la subordonnée relative

- Les **pronoms relatifs** composés **s'accordent** en genre et en nombre avec leur **antécédent**.

C'est la fille (antécédent) **à laquelle** j'ai prêté mon vélo.

- Lorsque le pronom relatif est **sujet** du verbe de la proposition subordonnée relative, on accorde ce verbe avec l'antécédent que remplace le pronom.

C'est toi (antécédent) qui **as** eu cette bonne idée.

- Lorsque le pronom relatif est **COD** du verbe de la proposition subordonnée relative et que ce verbe est constitué de l'auxiliaire *avoir* et d'un participe passé, le participe passé s'accorde avec l'antécédent du pronom.

Les fleurs (antécédent) des champs que (COD) tu as **cueillies** sont magnifiques.

1 Complète ces phrases avec *auquel*, *auxquels* ou *auxquelles*.

a. Les élèves .... le CPE a fait des remarques sont venus s'excuser.

b. Les histoires .... je fais allusion sont véridiques.

c. Les astronautes .... je m'intéresse sont Thomas Pesquet et Sophie Adenot.

d. Raconte-moi l'événement .... tu te réfères.

2 Complète ces phrases avec des pronoms relatifs en les faisant précéder d'une préposition si nécessaire.

a. Le courrier .... je comptais ce matin n'est pas arrivé.

b. Neil Armstrong, ... nous devons rendre hommage, est le premier homme à avoir marché sur la Lune.

c. Les chaises .... vous venez de vous asseoir sont fragiles.

3 Conjugue les verbes entre parenthèses au présent de l'indicatif.

a. Est-ce toi qui *(avoir)* .... un labrador ?

b. Toi qui *(être)* .... là, aide-moi.

c. C'est Pierre et moi qui *(être)* .... délégués de classe.

4 Réunis les propositions indépendantes à l'aide d'un pronom relatif.

a. Ces professeurs sont très exigeants ; je travaille avec ces professeurs.

» ....

b. Ces compétitions sont en mars ; je m'entraîne pour ces compétitions.

» ....

Corrigés p. 217

28 Les adverbes

• Les **adverbes** sont toujours **invariables**. Il ne faut pas les confondre avec les adjectifs qui, eux, s'accordent.

Ils sont très **lents**. Ils travaillent très **lentement**.

• Dans certains cas, c'est le même mot qui est tantôt adverbe, tantôt adjectif. L'**adverbe modifie le sens** d'un verbe ou d'un adjectif, alors que l'**adjectif précise le sens** du nom auquel il se rapporte.

Cette roche sonne **creux**. → **Manière de sonner : creux est un adverbe, donc invariable.**
Cette roche est **creuse**. → **Creuse est un adjectif qui se rapporte à cette roche.**

• Les adverbes en **-ment** se forment à partir des adjectifs au **féminin**.

lent → lente → **lentement**

Lorsque l'adjectif se termine par un **i**, un **é** ou un **u**, l'adverbe se forme à partir de l'adjectif au **masculin**.

vrai → **vraiment** absolu → **absolument** posé → **posément**

Lorsque l'adjectif se termine par **-ant** ou **-ent**, l'adverbe a le suffixe **-amment** ou **-emment**.

courant → **couramment** violent → **violemment**

1 Indique si les mots en gras sont des adverbes (*adv.*) ou des adjectifs (*adj.*).

a. Tu parles trop **fort**. » ....

b. Ce prestidigitateur est très **fort**. » ....

c. Nous avons le **même** agenda. » ....

d. Monsieur Tom ne nous aide **même** pas. » ....

e. Il a coupé **court** à nos explications. » ....

f. Ses cheveux sont **courts**. » ....

On reconnaît un adjectif à ce qu'il se rapporte à un nom.

2 Entoure les adverbes.

heureusement, peut-être, vêtement, patient, chaque, mais, demain, toujours, sagement, gentil

3 Donne les adverbes correspondant à ces adjectifs.

vif » ....
dense » ....
doux » ....
rapide » ....
aimable » ....
précis » ....

4 Donne les adverbes correspondant à ces adjectifs.

bref » ....
puissant » ....
prudent » ....
sec » ....
récent » ....
étonnant » ....

Corrigés p. 218

29 L'organisation et la présentation d'un texte

- Un texte doit toujours être **soigneusement présenté** et **rigoureusement organisé**.
- La **ponctuation** est essentielle :
– les **points** (**point, point d'interrogation, point d'exclamation, points de suspension**) marquent l'achèvement de la phrase. La phrase est une unité indépendante ; elle a un sens à elle toute seule. Dans un récit, chaque phrase correspond à une étape de l'action ; dans un texte argumentatif, chaque phrase apporte un élément nouveau ;
– à l'intérieur de la phrase, la **virgule** vient détacher des éléments. Le **point-virgule** sépare des propositions. Les **deux-points** introduisent une explication, une citation, une parole…
- Le texte est organisé en **paragraphes**. Chaque paragraphe correspond à une étape de la progression. Pour marquer le début d'un nouveau paragraphe, on va à la ligne et on marque l'alinéa en décalant de 2 cm environ le premier mot.

1 Entoure les mots qui sont à la fois des indices temporels et des connecteurs logiques.

deux heures après, enfin, car, mais, donc, puis,
par conséquent, demain, pourtant, tout d'abord,
pendant que, si bien que, cependant, en un mois

Les paragraphes peuvent être introduits par des indices temporels (narration) ou des connecteurs logiques (argumentation).

2 Dans la liste de l'exercice 1, relève le mot qui peut introduire une conclusion.

» ……………………………………………

3 Recopie ce texte en rétablissant la ponctuation manquante et les majuscules.

lorsque gregor samsa se réveilla un matin après des rêves agités il se trouva métamorphosé dans son lit en un monstrueux insecte il était étendu sur le dos un dos aussi dur qu'une carapace et en relevant la tête il voyait […] son ventre sur la hauteur duquel la couverture prête à glisser tout à fait ne se tenait plus qu'à peine

Franz Kafka, *La Métamorphose*.

» ……………………………………………………………………………………………………

……………………………………………………………………………………………………

……………………………………………………………………………………………………

……………………………………………………………………………………………………

……………………………………………………………………………………………………

……………………………………………………………………………………………………

4 Dans le texte de l'exercice 3, relève un indice temporel et une allusion à un événement antérieur au récit principal.

» ……………………………………………………………………………………………………

» ……………………………………………………………………………………………………

Corrigés p. 218

0 L'étude de l'image

• On distingue l'**image fixe** (tableau, dessin, photographie) et l'**image mobile** (cinéma) qui reprend de nombreuses caractéristiques de la narration.
• Pour étudier une image, il faut d'abord identifier sa **nature** (tableau à l'huile, aquarelle, photographie...), ses **dimensions** (une fresque ou une miniature ?), sa **technique** (collage, noir et blanc...), son **contexte** et les **intentions de l'artiste** (tableau célébrant un roi, photo de presse...).
• On se demande ensuite quel est le thème choisi et ce que l'on ressent en regardant l'image : inquiétude, amusement, tristesse... Par quels procédés l'artiste parvient-il à créer cette émotion ? Quels éléments peuvent être des symboles ?
• On peut examiner les procédés suivants :
– **le point de vue :** frontal, en plongée (du dessus), en contre-plongée (en dessous) ;
– **le plan :** gros plan, arrière-plan, profondeur ;
– **les lignes :** elles convergent vers les points importants du tableau ;
– **la densité :** tableau chargé ou aéré ? Quelle est la place des personnages ?

1 Associe les éléments souvent représentés dans les tableaux (1re ligne) à ce qu'ils symbolisent (2e ligne).

- une rivière, un crâne, un livre, un miroir, un rayon de lumière entrant par la fenêtre
- la mort prochaine, la présence de Dieu, le savoir, la coquetterie, le temps qui passe

» ....

....

....

....

2 Étudie le tableau de Pissaro.

a. Quel est le point de vue adopté ?

» ....

....

b. Quelles teintes dominent ? Pourquoi ?

» ....

....

c. Quelle place occupent les personnages ? Peut-on les distinguer nettement ? Pourquoi ?

» ....

....

Camille Pissaro, *La Place du théâtre français* (1898)

Corrigés p. 218

Lecture-Rédaction

31 Les niveaux de langue

• On ne s'adresse pas de la même manière à tout le monde : les niveaux de langue varient selon la situation de communication et s'adaptent au destinataire.

• On distingue **trois niveaux** de langue :
– le niveau **soutenu** est réservé à l'écrit ou au langage officiel : il se caractérise par un vocabulaire recherché et des tournures élaborées ;
– le niveau **courant** peut être employé à l'oral et à l'écrit ;
– le niveau **familier** est réservé à l'oral (ou à un écrit qui imite volontairement l'oral) lorsqu'on s'adresse à des personnes proches. Il se caractérise par un vocabulaire imagé, des constructions incorrectes comme la suppression de la double négation.

• Ces trois constructions interrogatives correspondent aux trois niveaux de langue.

niveau soutenu → Est-elle rentrée ?
niveau courant → Est-ce qu'elle est rentrée ?
niveau familier → Elle est rentrée ?

1 Retrouve les quatre paires de synonymes et souligne pour chacune d'elles le terme courant.

le courroux, âgé, aimable, inepte, la colère, stupide, affable, chenu

» .... » ....

» .... » ....

2 Regroupe trois par trois les synonymes en soulignant à chaque fois le terme soutenu.

choir, ma femme, se morfondre, abhorrer, tomber, mon épouse, l'effroi, s'ennuyer, la peur, se casser la figure, crever d'ennui, détester, haïr, ma régulière, la trouille

» ....

....

....

3 Souligne les éléments familiers dans chaque phrase.

a. Ils regardent la télé.

b. J'ai jamais pu la blairer.

c. On lui a piqué son ordi.

d. Tu pourras venir à la patinoire ?

4 Réécris ces phrases interrogatives en style soutenu.

a. Quand est-ce qu'il rentre de son voyage en Chine ?

» ....

b. Lucas habite où ? » ....

c. Il joue au rugby ? » ....

D'un niveau de langue à l'autre, le lexique et la syntaxe varient.

Corrigés p. 218

2 Le vocabulaire

- Une **famille de mots** est l'ensemble des mots formés à partir du même **mot de base**.

chant et chanteur

Il arrive fréquemment que le radical ait subi des modifications.

pied, pédicure et pédestre → **Le radical, d'origine latine, est ped-.**

- Le **champ lexical** d'une notion est l'ensemble des mots qui **expriment** cette notion.

champ lexical du feu : flamme, cendre, étincelle, brûler, consumer…

- Le **champ sémantique** d'un mot est l'ensemble des **sens** que peut prendre un mot.

rouge : couleur, sang, violence…

- Un mot qui a plusieurs sens possibles est **polysémique**.
- Deux mots de sens voisin sont des **synonymes** ; deux mots de sens contraire sont des **antonymes**. Deux **paronymes** sont deux mots qui se ressemblent.

1 Entoure les termes qui appartiennent au champ lexical de la nature.

naturel, gazouillis, ruisseau, naturalisation, ciel, forêt, pont, mer, pureté

Les mots de la même famille ont le même radical.

2 Dans la liste suivante, reconstitue les quatre familles de mots :

dégoûtant, amitié, tendresse, goût, attendrir, gustatif, amical, goûter, tendrement, amour, courage, cordial

» tendre ……………………………………………

» dégustation ……………………………………………

» aimer ……………………………………………

» cœur ……………………………………………

3 Écris l'antonyme de ces mots en ajoutant un préfixe.

licite » …………………… croyable » ……………………

connaître » …………………… patient » ……………………

4 Entoure les mots qui contiennent un préfixe négatif.

impossible, interdit, mésalliance, internat, défaire, atypique, antimite, dentifrice

5 Complète ces phrases à l'aide de cette liste de paronymes. Utilise un dictionnaire si nécessaire.

agonir, agoniser – conjoncture, conjecture – précepteur, percepteur – dénué, dénudé

a. La …………………………………… économique s'améliore.

b. Le …………………………………… fait travailler les enfants.

c. Il aime m'…………………………………… d'insultes.

Corrigés p. 218

Lecture-Rédaction

33 L'expression du temps

• Dans le récit, différents **indices temporels** permettent de situer les événements les uns par rapport aux autres. Plusieurs procédés permettent d'exprimer le temps.

• Les **groupes nominaux prépositionnels** peuvent être compléments circonstanciels de temps.

Nous sommes rentrés **avant l'averse**.

• Les **groupes infinitifs prépositionnels** jouent le même rôle.

Nous sommes rentrés **avant d'être trempés**.

• La **subordonnée circonstancielle de temps** peut, selon la conjonction de subordination choisie *(tandis que, avant que, après que…)*, exprimer une action simultanée, antérieure ou postérieure à l'action du verbe de la proposition principale.

Nous sommes rentrés **avant qu'il pleuve**.

• Le temps peut être suggéré par un **groupe participial** ou un **gérondif**.

Une fois les joueurs entrés sur le terrain, l'orage a éclaté.

• Le temps n'est pas toujours envisagé de manière objective avec des références au calendrier ou à l'horloge ; il peut être subjectif et être exprimé à l'aide de **métaphores** ou de **comparaisons**.

« Sous le pont Mirabeau coule la Seine / Et nos amours » (Guillaume Apollinaire)

1 Entoure les indices temporels.

depuis, loin, toujours, donc, si bien que, mais, étant donné que, longtemps, ensuite, dès lors

2 Entoure les expressions qui indiquent une durée.

à midi, pendant cinq minutes, immédiatement, longtemps, deux heures durant, éternellement, à cet instant, alors, tout au long de la journée, une fois, à ce moment-là, soudain

3 Dans ces phrases, indique si la perception du temps est objective ou subjective.

a. Quand il pleuvra, nous mettrons les plantes sur le balcon. » ....

b. Le temps était suspendu. » ....

c. Trois minutes plus tard, il se retrouvait au-dessus des nuages. » ....

d. Il attendit deux longues heures la venue des secours. » ....

4 Remplace les expressions en gras par des subordonnées circonstancielles de temps.

a. **Après être rentré chez lui**, il lut. » ....

b. Nous avons organisé une fête **avant son départ.** » ....

....

c. **Ils aperçurent l'enfant qui pleurait et** ils se précipitèrent aussitôt. » ....

....

Corrigés p. 218

4 Les paroles rapportées

• On parle de paroles rapportées quand un narrateur rapporte, par différents procédés, les paroles d'un ou plusieurs personnages.
– Le discours direct rapporte fidèlement le contenu et l'intonation de la parole prononcée.

Il demanda : « Que voulez-vous faire ? »

– Le discours indirect insère la parole prononcée dans une proposition subordonnée.

Il leur demanda ce qu'ils voulaient faire.

– Le discours indirect libre garde l'intonation de la parole prononcée, mais insère le contenu dans le récit.

Il avait peur qu'ils s'ennuient. Que voulaient-ils faire ?

1 Indique quel type de discours rapporté est employé dans ces phrases.

a. Il raconta qu'il revenait tout juste du Pérou. » ....

b. Cher lecteur, vous ne serez pas surpris ! » ....

c. Elle rêvait de Venise. Partir en gondole ! » ....

d. Il lança que cette histoire était sûrement fausse. » ....

2 Réécris ces phrases en mettant le verbe en gras au passé simple et en effectuant les modifications nécessaires.

Dans le récit au passé, c'est le conditionnel présent qui exprime une action future.

a. Elle lui **dit** qu'il est agréable de se promener tôt et qu'elle est matinale.

» ....

b. Il **demande** pourquoi il lui faudra mettre le réveil à sonner à six heures.

» ....

3 Transpose au discours direct les phrases de l'exercice 2.

a. » ....

b. » ....

4 Transpose ces phrases au discours indirect en employant l'expression entre parenthèses.

a. Sais-tu si Théophile viendra avec nous ? *(Il lui demanda)* » ....

....

b. Je compte aller au CDI à midi. *(Elle expliqua)* » ....

....

c. Je viendrai t'aider demain. *(Il promit)* » ....

....

Corrigés p. 218

35 Les connecteurs logiques

• Les **connecteurs logiques** déterminent des **relations entre des idées ou des faits** sur le plan du **sens** et non de la temporalité comme les connecteurs temporels.

• Les connecteurs logiques servent notamment à **organiser** un texte argumentatif.

• Différentes sortes de mots peuvent jouer ce rôle :
– des **adverbes** : *alors, cependant, pourtant, néanmoins, toutefois...* ;
– des **conjonctions de coordination** : *mais, car, or, et...* ;
– des **conjonctions de subordination** : *puisque, parce que, bien que, si bien que...*

• Ces connecteurs peuvent exprimer la cause, la conséquence, l'opposition, la concession...

• Ils peuvent aussi organiser la progression d'un texte en classant les idées *(d'abord, d'une part, d'autre part...)*, en ajoutant un argument supplémentaire *(de plus, d'ailleurs...)*, en introduisant une conclusion *(finalement, en définitive, enfin...)*.

1 Entoure les mots qui peuvent être employés comme connecteurs logiques.

qui, car, comme, dans, sous, depuis, rapidement, mais, toujours, quand, bien que, même si

2 Entoure les connecteurs logiques qui introduisent une conséquence.

comme, puisque, donc, si, si bien que, pendant que, afin que, de même que, par conséquent

3 Complète ces phrases avec les connecteurs logiques de la liste suivante :

d'une part, car, si bien que, si, mais, d'autre part

a. Il ment souvent, ... nous ne pouvons pas lui faire confiance.

b. .... nous développons la recherche médicale, ... nos armes se perfectionnent.

c. Les résistants étaient souvent pacifistes, ... ils ont su s'engager.

d. Nous devons l'aider .... elle a besoin de nous.

e. .... nous restons vigilants, nous éviterons les erreurs.

4 Dans l'exercice 3, relève les connecteurs exprimant ces liens logiques.

l'opposition » ....

la cause » ....

la conséquence » ....

La cause indique l'origine de l'action, la conséquence son aboutissement.

5 Précise les rôles de ces connecteurs dans la progression d'une argumentation.

Exemple : tout d'abord » introduit la première idée

en premier lieu » .... de plus » ....

donc » .... enfin » ....

Corrigés p. 219

6 Les procédés ou figures de style

• Les **figures d'analogie** rapprochent la réalité à exprimer d'une autre réalité :
– la **personnification** attribue à des animaux ou à des êtres inanimés des caractéristiques humaines ;
– la **comparaison** et la **métaphore** comparent une réalité à exprimer **(le comparé)** à une autre réalité plus claire pour le lecteur **(le comparant)**. La comparaison a recours à un **outil de comparaison** *(comme, pareil à…)*, alors que la métaphore est une comparaison **sans outil** de comparaison.

Le blé est comme la mer. → **comparaison** un océan de blé → **métaphore**

• Les **procédés d'exagération** ou **d'amplification** grossissent la réalité. La **répétition** attire l'attention du lecteur et l'**hyperbole** exagère en énumérant ou en employant des mots particulièrement forts. Ces procédés peuvent avoir une fonction comique ou dramatique.

• L'**antithèse** oppose deux termes, alors que l'**oxymore** rapproche deux notions éloignées : ces deux **procédés d'opposition** surprennent et touchent le lecteur.

• La **litote** et l'**euphémisme** sont des figures d'**atténuation.** La première a pour effet de mettre en relief l'idée, le second l'atténue pour la rendre moins choquante.

• Le **parallélisme syntaxique** crée des effets de **symétrie** qui mettent en relief certains mots ou idées.

Voir aussi p. 138.

1 Complète ces définitions.

a. .... atténue une idée pour la rendre moins choquante, alors que .... l'atténue pour lui donner plus de force. Ce sont deux figures ....

b. L'oxymore associe deux termes ...., alors que .... se contente de les mettre en présence dans la même phrase ou le même passage.

2 Identifie le (ou les) procédé(s) de style employé(s).

a. *« Le soleil noir de la mélancolie »* (Nerval) » ....

b. Il est fort comme un bœuf ! » ....

c. Ce film n'est pas palpitant. » ....

d. J'ai vu un mort vivant ! » ....

e. Un manteau de neige recouvre le jardin. » ....

f. *« Va, je ne te hais point. »* (Corneille) » ....

3 Identifie le procédé de rhétorique employé et dégage l'effet produit.

« Procédés de rhétorique » et « figures de style » sont des expressions synonymes.

a. *« L'océan blême »* (Laforgue)

» ....

b. Il n'est pas toujours très aimable. » ....

c. Aujourd'hui il sourit, hier il pleurait. » ....

37 Étudier ou écrire un récit

- Un **récit**, ou **texte narratif**, raconte un **événement réel** ou **imaginaire**.
- On appelle **schéma narratif** la progression de l'histoire :

1. La situation initiale : c'est une situation stable.
2. L'élément perturbateur (ou **déclencheur**) **:** il vient briser la situation initiale et déclencher les péripéties.
3. Les péripéties : ce sont les étapes qui font évoluer l'histoire.
4. L'élément de résolution : il dénoue le problème.
5. La situation finale : un nouvel équilibre est établi.

- Le récit peut être mené à la **1re personne** ou à la **3e personne**.
- Le récit peut être fait au **présent** ou au **passé**. Au passé, le passé simple est utilisé pour exprimer les actions de premier plan, tandis que l'imparfait dessine le décor et les actions secondaires.
- Le temps peut être traité de différentes manières :

1. La progression chronologique : le récit suit l'ordre des événements.
2. L'ellipse : ce sont des sauts dans le temps pour ne garder que les événements majeurs.
3. Le retour en arrière ou **récit rétrospectif**.
4. L'anticipation ou **récit prospectif :** l'auteur évoque des événements qui se produiront plus tard.

1 Entoure en bleu les verbes au passé simple et en rouge ceux à l'imparfait de l'indicatif.

il apporta, nous plaisantions, j'ai dit, vous vérifiez, je savais, je mélangeai, tu pris, tu pries, ils vécurent, ils ont su, je préparai, je donnerai, tu voudrais, il faisait, je voyais, nous oublions

Imparfait et passé simple sont les deux principaux temps du récit au passé.

2 Conjugue au passé simple ou à l'imparfait les verbes entre parenthèses.

Quand le soir *(venir)* ...., il *(marcher)* .... encore, ayant parcouru cinquante kilomètres de montagne. Comme il se *(trouver)* .... trop loin de sa maison pour y rentrer et trop fatigué pour se traîner plus longtemps, il *(creuser)* .... un trou dans la neige et s'y *(blottir)* .... avec son chien sous une couverture qu'il avait apportée. Et ils se *(coucher)* .... l'un contre l'autre. [...] Le jour *(aller)* .... paraître quand il se *(relever)* ....

Maupassant, « L'Auberge ».

3 Indique à quel traitement du temps correspondent ces phrases.

a. Deux ans passèrent sans qu'ils eurent l'occasion de se rencontrer. » ....

b. Alors la porte s'ouvrit et ils découvrirent un jardin merveilleux. » ....

c. Quelques heures plus tard, la marée était haute et ils levèrent l'ancre. » ....

d. Ce n'est que dix ans plus tard qu'elle comprendrait cette histoire. » ....

Corrigés p. 219

8 Étudier ou écrire une description

- La **description** vise à **donner une image** d'une chose, d'un paysage, d'un être ou d'une scène. Les éléments décrits sont **situés dans l'espace**. La description d'une personne s'appelle un **portrait** ; lorsque ce portrait est exagéré et critique, on parle de **caricature**.
- Les **marques du texte descriptif** sont : l'**imparfait** (si la description se fait au passé), les **indicateurs spatiaux** *(à droite, au-dessus…)*, la place accordée aux **expansions** du nom telles que les adjectifs, les compléments du nom ou les subordonnées relatives.
- La description est **organisée** : de haut en bas, de droite à gauche, de l'arrière-plan au premier plan. Les éléments décrits sont situés les uns par rapport aux autres.
- La description peut s'effectuer selon le **point de vue** d'un personnage ; si le personnage se tient à l'écart, on parle de **point de vue externe** ; s'il voit la scène de l'intérieur, on parlera de **point de vue interne**.

Lorsque le point de vue est positif, on relève un vocabulaire **mélioratif** ; au contraire, un point de vue négatif se traduit par un lexique **dépréciatif** ou **péjoratif**.

1 Souligne les propositions exactes.

a. En point de vue externe, le regard est extérieur au paysage décrit.

b. La caricature a un effet comique et critique.

c. Une description se fait au passé simple.

d. Une description ne peut pas comporter plusieurs paragraphes.

e. Les indices temporels sont nombreux dans la description.

Observe des descriptions avant d'en rédiger une.

2 Indique à quelles parties du visage se rapportent ces adjectifs.

aquilin	»	en bataille	» ....
crochu	»	carrées	» ....
perçants	»	soyeux	» ....
saillantes	»	en trompette	» ....

3 Entoure en bleu les adjectifs mélioratifs et en rouge les adjectifs péjoratifs.

rouge, rectangulaire, grisâtre, magnifique, menaçant, somptueux, large, passionnant, tranquille, repoussant, inquiétant, attirant, circulaire, pointu, délicieux

4 Entoure les verbes de perception.

se précipiter, montrer, scruter, désigner, apercevoir, entrevoir, habiter, survenir, sentir, suivre

5 Au brouillon, rédige à l'imparfait une courte description en utilisant trois des termes péjoratifs relevés dans l'exercice 3.

Corrigés p. 219

Lecture-Rédaction

39 Étudier ou écrire un dialogue

• Pour rédiger un **dialogue de théâtre**, il faut préciser les noms des personnages devant chaque réplique et indiquer en italique ou entre parenthèses les éléments de mise en scène, les **didascalies**.

Mathilde (en se levant d'un bond) : Il n'en est pas question !

• Lorsque le dialogue est **inséré dans un récit**, il faut veiller à bien introduire les répliques :
– la **proposition introductrice** est placée avant la réplique et se termine par les deux-points. Elle précise le locuteur et contient le plus souvent, mais pas obligatoirement, un verbe de parole ;

Il bondit : « Que voulez-vous de moi ? »
Il hurla : « Vite ! »

– la **proposition incise** vient se placer au milieu (entre virgules) ou à la fin de la réplique. Elle comprend au moins un verbe de parole et son sujet inversé. Elle ne débute jamais par une majuscule.

– Qui est d'accord pour une randonnée ? lança-t-il.

On peut ne pas utiliser de proposition introductrice ou incise si le contexte est suffisamment clair pour que le lecteur puisse savoir sans hésiter qui parle.

• Le **discours direct** se signale par une **ponctuation spécifique** : le plus simple est d'employer les guillemets pour une réplique isolée et les tirets (en allant à la ligne à chaque parole) pour un échange de répliques.

1 Souligne la phrase correcte.

a. – Qui est venu ? Demanda-t-il.
c. – Qui est venu ? demanda-t-il.
b. – Qui est venu. Demanda-t-il.
d. – « Qui est venu ? », demanda-t-il.

2 Transforme ces propositions introductrices en propositions incises.

Exemple : il dit » dit-il

a. il reprit » ....
c. il questionne » ....
b. il répond » ....
d. il répliqua » ....

3 Ajoute des propositions incises aux phrases en conjuguant les verbes de la liste à la 3e personne du singulier du passé simple.

Pour réussir un dialogue, il faut varier les procédés, notamment les verbes de parole : protester, lancer…

interroger, avouer, ordonner, répliquer, suggérer

a. – Rangez vos affaires immédiatement, ...

b. – Vous devriez aller lui rendre visite à l'hôpital, ...

c. – À quelle heure avez-vous quitté votre domicile ? ....

d. – Il n'en est pas question, ...

e. – Oui, c'est moi qui ai sali le carrelage, ...

Corrigés p. 219

10 Étudier ou écrire une argumentation

• Un **texte argumentatif** est un texte qui **défend une opinion**. Il s'agit d'emporter l'adhésion du lecteur. L'argumentation peut prendre diverses formes littéraires (récit, lettre, dialogue…).

• L'argumentation s'inscrit dans un **contexte**. Pour bien la comprendre, il faut déterminer la **situation d'énonciation**. Qui argumente ? Qui est le destinataire ? Par exemple, le point de vue défendu dans une tirade au théâtre n'est pas nécessairement celui de l'auteur.

• Le texte argumentatif cherche à **convaincre** et à **persuader**. On **convainc** grâce à des **arguments** et à des **raisonnements** logiques ; on **persuade** grâce à des **procédés de style** (répétitions, phrases exclamatives, appels au lecteur, comparaisons…).

• Le texte argumentatif traite un **thème** (la ville, le bonheur, l'amitié…) et énonce à ce propos une **thèse**. La thèse est discutable : la thèse contraire est l'**antithèse**. Pour soutenir sa thèse, l'auteur s'appuie sur des **arguments** qu'il illustre avec des **exemples**.

– **Thème :** le bonheur.
– **Thèse :** il faut trouver son bonheur dans l'instant.
– **Argument :** la vie est brève et souvent pleine d'embûches.
– **Exemple :** les accidents ou les maladies sont imprévisibles.

1 Parmi ces six énoncés, dégage les deux thèses contradictoires.

a. L'homme connaît de mieux en mieux l'infiniment grand.
b. L'homme se prépare à aller sur Mars.
c. L'homme sait manipuler les gènes.
d. Le progrès technique nuit à l'homme.
e. L'homme connaît de mieux en mieux l'infiniment petit.
f. Le progrès technique améliore la vie des hommes.

La thèse n'est pas une vérité objective, elle est discutable.

Thèse A » ……………………………………………………………

Thèse B » ……………………………………………………………

2 Associe les arguments et les exemples.

Argument a. Le progrès technique menace l'équilibre social.
Argument b. Le progrès technique facilite la vie quotidienne.
Argument c. Les découvertes scientifiques sont au service de la destruction.
Argument d. La médecine a fait de gros progrès.

Exemple a. Les appareils ménagers simplifient les tâches domestiques.
Exemple b. Certaines maladies, comme la peste, ont disparu.
Exemple c. La robotisation a été un facteur de chômage.
Exemple d. L'énergie nucléaire a d'abord été utilisée dans les bombes atomiques.

» ……………………………………………………………

» ……………………………………………………………

3 Au brouillon, rédige l'argument b. de l'exercice précédent en t'appuyant sur plusieurs exemples.

Corrigés p. 219

Mémento de français

LES OUTILS D'ANALYSE LITTÉRAIRE

Les procédés de style

• Quelques figures de rhétorique

une allégorie	représentation concrète d'une idée abstraite *Ex.* : Une vielle femme avec sa faux est une allégorie de la mort.
une allitération	répétition d'un son : une ou plusieurs consonnes *Ex.* : « Pour qui sont ces serpents qui sifflent sur vos têtes » (Racine)
une anaphore	répétition d'un mot au début d'un vers ou d'une phrase *Ex.* : Rome, l'unique objet de mon ressentiment ! Rome, à qui vient ton bras d'immoler mon amant ! » (Corneille)
une antithèse	opposition entre deux mots *Ex.* : « ver de terre amoureux d'une étoile » (Hugo)
une assonance	répétition d'un son : une ou plusieurs voyelles *Ex.* : « Dans votre nuit, sans lui complète » (Hugo)
un chiasme	figure à quatre termes : le premier est associé au dernier, le second au troisième *Ex.* : « Ils ne *mouraient* pas tous mais tous étaient *frappés*. » (La Fontaine)
un euphémisme	expression qui atténue la brutalité d'un fait *Ex.* : « Il nous a quittés » pour dire « Il est mort ».
une hyperbole	exagération *Ex.* : J'ai un appétit d'ogre.
une métaphore	comparaison sans outil de comparaison (ex. : absence du mot « comme ») *Ex.* : un océan de blé
un oxymore	rapprochement de deux termes opposés *Ex.* : « Le soleil noir de la mélancolie » (Nerval)
une personnification	fait d'attribuer des caractéristiques humaines à une chose ou à un animal *Ex.* : « Le Cerf ne pleura point » (La Fontaine)

• Quelques procédés de versification

un alexandrin	vers de 12 syllabes
une césure	pause au milieu de l'alexandrin
un décasyllabe	vers de 10 syllabes
un hémistiche	demi-alexandrin (6 syllabes)
un octosyllabe	vers de 8 syllabes
un quatrain	strophe de quatre vers
des rimes croisées	le 1er vers rime avec le 3e et le 2e avec le 4e (a.b.a.b.)
des rimes embrassées	le 1er vers rime avec le 4e et le 2e avec le 3e (a.b.b.a.)
des rimes plates	rimes qui se suivent (a.a.b.b.)
un sonnet	poème formé de deux quatrains et de deux tercets
un tercet	une strophe de 3 vers

Les principaux genres

un roman	long récit de fiction en prose
un conte	récit de fiction plutôt court transmettant une leçon
une fable	court récit de fiction en vers transmettant une leçon
une autobiographie	récit de sa propre vie
un poème	texte, en vers ou en prose, destiné à émouvoir par une utilisation particulière du langage
une pièce de théâtre	texte destiné à être représenté par des comédiens plutôt que lu

Histoire – Géographie Enseignement moral et civique

Rappels et conseils

Le programme d'histoire vous permet de découvrir les grandes phases de l'histoire de la France, de l'Europe et du monde depuis 1914 jusqu'au début du XXIe siècle.
Le programme de géographie étudie les principales caractéristiques de l'organisation du territoire national et de celui de l'Union européenne, ainsi que le rôle mondial de la France et de l'Union européenne.
Le programme d'enseignement moral et civique analyse les fondements de la citoyenneté, de la démocratie et de la vie politique et sociale dans notre république.

Maîtriser les connaissances du cours

▶ Connaître les repères chronologiques et spatiaux

Chacun des chapitres d'histoire comporte des dates qu'il faut retenir en priorité, tout en étant capable d'en expliquer le sens. Ces dates constituent des **repères chronologiques**, que vous retrouverez rassemblés en fin d'ouvrage, p. 240. Les chapitres de géographie comportent des **repères spatiaux** que vous devez savoir localiser sur une carte ou citer comme des exemples significatifs dans une réponse rédigée.

▶ Comprendre le cours pour mieux le mémoriser

Chaque chapitre est construit autour de **connaissances fondamentales**. Pour que leur mémorisation soit efficace, il est important de comprendre le déroulement logique du cours : les questions auxquelles les séances du chapitre ont permis de répondre, les personnages significatifs, les notions-clés, les principales caractéristiques de la période (en histoire) ou du territoire étudié (en géographie).

▶ S'entraîner à rédiger un développement construit

Vous devez régulièrement vous entraîner à **rédiger un développement construit**, d'une vingtaine de lignes, en réponse à une question suffisamment large, en histoire ou en géographie. Cet exercice exige la mobilisation de connaissances acquises dans plusieurs leçons, voire plusieurs chapitres.

Pour **améliorer la construction de votre texte**, entraînez-vous avec application chaque fois que votre professeur le propose. Votre objectif doit être non seulement de veiller à la qualité de votre expression écrite, mais aussi à la façon d'organiser vos idées le plus clairement possible. Vous pouvez respecter l'ordre chronologique, distinguer les différentes composantes d'une notion, les aspects politiques, économiques, sociaux et culturels de l'objet d'étude. En géographie, vous pouvez différencier divers espaces, décrire une situation géographique, puis proposer des éléments d'explication.

L'étude des documents

▶ Des documents variés, un entraînement régulier

En cours, vous travaillerez sur un ou plusieurs documents. Il est primordial de faire ce travail avec sérieux, chaque fois que votre professeur vous proposera d'analyser un texte, une image, une carte, un document statistique, une œuvre d'art, etc.

▶ Des capacités multiples à acquérir ou renforcer

L'étude des documents peut vous conduire à **identifier leur nature ou leur auteur** (si cela est nécessaire à la compréhension du sens : par exemple, dans le cas d'une affiche de propagande ou si la comparaison des documents vous amène à confronter les points de vue de deux auteurs dont le discours est engagé).

Vos **connaissances acquises** en cours sont **indispensables** à la réalisation d'un travail de qualité. Elles facilitent la compréhension des documents et permettent de compléter les informations prélevées.

Réaliser ou analyser des cartes et des schémas

▶ Compléter une carte ou un croquis

Vous devez savoir donner un titre à une carte ou à un croquis, compléter une carte et sa légende, localiser un espace sur une carte. Il est, pour cela, indispensable de connaître les repères spatiaux appris en cours, ainsi que les modalités de choix des figurés ponctuels, linéaires ou de surface.

▶ Compléter ou construire un schéma, un organigramme

Ces documents permettent d'évaluer votre capacité à retenir les idées clés d'une argumentation, en établissant des liens logiques entre ces idées.

Pour réussir cet exercice, il faut aussi être capable de classer ses idées en différents thèmes (par exemple : les aspects politiques, économiques sociaux ou culturels d'un événement).

Et le Brevet ?

▶ Pendant l'année

Travaillez régulièrement en apprenant le cours et en vous entraînant à faire les exercices proposés.

Préparez des fiches sur chaque chapitre pour y inscrire les repères essentiels, les personnages significatifs, les questions-clés, les notions principales, les caractéristiques essentielles des périodes étudiées.

▶ Le jour de l'épreuve

Il est important de :

- **prévoir votre matériel** (de quoi écrire, mais aussi des crayons de couleur pour éventuellement un travail sur croquis) ;
- tenir compte de la **taille des cadres prévus** pour la rédaction de vos réponses ;
- veiller à la **qualité de votre expression écrite**.

Histoire

1 La Première Guerre mondiale (1914-1918)

A. La Première Guerre mondiale dure plus de quatre ans. C'est d'abord une guerre de mouvement (août 1914-1915), puis une **guerre de position** dans les tranchées (1915-1918), pour redevenir une guerre de mouvement jusqu'à l'**armistice** du 11 novembre 1918 (victoire de la France et de ses alliés contre l'Allemagne et l'Autriche-Hongrie).

B. Cette Grande Guerre est violente et totale. C'est une guerre industrielle (production massive d'armes). La brutalité des combats et des conditions de vie dans les tranchées ainsi que le **génocide arménien** sont des manifestations d'une **violence de masse**. Cette guerre est dite « totale » car elle impose la participation des civils.

C. La Première Guerre mondiale transforme l'Europe. Elle fait 10 millions de morts et endette le continent. Les tensions sont nombreuses à cause des **nouvelles frontières** (la France reprend la Moselle et l'Alsace à l'Allemagne). Une **révolution** permet à Lénine et à son Parti communiste de prendre le pouvoir en Russie.

1 Pourquoi dit-on que la Première Guerre mondiale a été une guerre totale et violente ?

Complète le schéma à l'aide d'exemples précis.

La Grande Guerre (1914-1918)

Une guerre totale
- guerre industrielle
- genocide

Une guerre violente

2 Lis le texte suivant, puis réponds aux questions.

« Le 25 février 1917,

Ma chère Hanna,

J'ai reçu hier ton colis avec la marmelade et aujourd'hui celui avec les oranges et l'œuf. Tu me demandes ce que nous mangeons. Dans la semaine en moyenne deux fois de la soupe aux pois à la couenne de lard, deux fois du bouillon de riz sucré, une fois des haricots verts et une fois de la soupe de riz avec de la viande de bœuf. On mange à même le couvercle de notre casserole de fer, et j'ai toujours dans ma poche ma cuillère, juste essuyée à l'aide de papier. Tous les huit jours, je dors une fois sans mes bottes, tous les dix jours je change de chaussettes. Je dors tout habillé, les pieds enfoncés dans un sac, le manteau par-dessus, puis recouvert d'une couverture de laine. Personne n'a peur de la crasse : on s'y est habitué. On rince, on boit et l'on se lave dans l'eau des tranchées.

Christian »

D'après une lettre de Christian Bordeching, extraite de *Paroles de poilus*, « Librio », Flammarion, 1998.

a. Présente le document.

b. Où combattent les soldats pendant la Première Guerre mondiale ?

c. Quelles sont les souffrances subies par les poilus dans les tranchées ?

a. Relève la date et l'auteur, puis explique de quel texte il s'agit.

Corrigés p. 220

2 Le régime totalitaire de Staline en URSS (1924-1953)

A. Ce régime totalitaire se caractérise, sur le plan politique, par la volonté de contrôler tous les pouvoirs. Le **Parti communiste** est le **seul parti autorisé.** La police politique surveille la population ; Staline organise des procès en 1936-1938 ; les personnes qui tentent de s'opposer au pouvoir sont mises en prison, envoyées dans les **goulags ou exécutées. Staline** utilise aussi la propagande pour **endoctriner** la population : il impose un art officiel et contrôle les médias et le cinéma ; **les enfants** apprennent le **culte de la personnalité** à l'école ou dans des organisations de jeunesse.

B. Ce régime totalitaire se caractérise, sur le plan économique, par le contrôle des richesses du pays. Dans les campagnes, les paysans doivent abandonner leurs exploitations et travailler au sein de fermes d'État (**collectivisation**). Les **plans quinquennaux** imposent les quantités que les ouvriers et les paysans doivent produire. Staline contraint son peuple à vivre dans de mauvaises conditions : des millions de personnes sont victimes de la **famine (1932)**.

1 Comment Staline impose-t-il une dictature à son peuple ?

Staline contrôle la population

Par la ....

Exemples : ....
....
....

Par la ....

Exemples : ....
....
....

Distingue la terreur et la propagande et donne des exemples précis.

2 Observe le document suivant, puis réponds aux questions.

« À la fin du plan quinquennal, il est nécessaire que, pour l'essentiel, la collectivisation en Union soviétique soit achevée. »

« La classe ouvrière de l'Union soviétique mène en avant, avec force et détermination, la modernisation technique de ses alliés, les travailleurs agricoles. »

Affiche soviétique de 1932.

a. Présente ce document.

b. Quels sont les aspects économiques du système totalitaire de Staline ?

c. Quels sont les aspects politiques du système totalitaire de Staline ?

a. Précise la date et l'origine de ce document, puis relève une information qui montre qu'il s'agit d'une affiche de propagande.

c. Explique notamment la présence du drapeau rouge.

Corrigés p. 220

Histoire

3 Le régime totalitaire d'Hitler en Allemagne (1933-1945)

A. Hitler et les nazis prennent le pouvoir légalement. Ils profitent de la crise économique et sociale (chômage, hausse des prix) du début des années 1930. En 1932, le Parti nazi gagne les élections législatives et, le 30 janvier 1933, **Hitler est nommé chancelier**.

B. Hitler et les nazis imposent ensuite une dictature et un État raciste. En mars 1933, Hitler se fait accorder **les pleins pouvoirs** par le Parlement. Une loi autorise la suppression des libertés, et les opposants sont condamnés à la clandestinité. En août 1934, **Hitler devient le Führer** du IIIe Reich. La population est endoctrinée par la **propagande** ; les SS et la Gestapo imposent la **terreur**. À partir de 1935, les **lois de Nuremberg** excluent les Allemands de religion juive, qui perdent leurs droits de citoyens.

C. La doctrine nazie est nationaliste. Hitler veut **agrandir l'« espace vital »** et créer une Grande Allemagne. L'État nazi investit fortement dans la production d'armes et la constitution d'une armée nombreuse.

1 Comment Hitler et les nazis imposent-ils une dictature en Allemagne ?

» ....

....

....

....

Explique la situation en Allemagne en 1932, puis utilise deux repères : 1933 et 1934.

2 Observe le document suivant, puis réponds aux questions.

Tableau de Paul Padua, *Le Führer parle* (1939).

a. Quel est le personnage principal de ce tableau ?

b. Comment les nazis endoctrinent-ils la population ?

c. Quels peuvent être les messages transmis par Hitler à son peuple ?

a. Aide-toi du nom du tableau.

c. Évoque les différents aspects de l'idéologie nazie.

Corrigés p. 220

4 Le Front populaire

A. La République française doit affronter de nouvelles crises dans les années 1930. En 1929, les États-Unis sont touchés par une crise financière, économique et sociale : de nombreuses banques et entreprises font faillite, le chômage augmente fortement. Cette crise se diffuse rapidement dans toute l'Europe (les pays européens endettés à la fin de la Première Guerre mondiale avaient reçu une aide financière des États-Unis). La France est ainsi touchée, à partir de 1931, par une crise économique (multiples faillites), sociale (forte hausse du chômage) et politique (montée des ligues racistes d'extrême droite).

B. Le Front populaire accède au pouvoir en 1936. Le Parti communiste, la SFIO et le Parti radical s'allient pour tenter de résoudre la crise. Par les **accords Matignon**, ce Front populaire dissout les ligues, met en place des délégués du personnel dans les entreprises, renforce le droit de grève et d'adhésion à un syndicat, et augmente les salaires. De nouvelles **lois sociales** imposent deux semaines de congés payés et la réduction du temps de travail hebdomadaire à 40 heures.

1 Quelles sont les difficultés dans la France des années 1930 ?

» ....

....

....

....

Classe les informations par thème.

2 Lis le document suivant, puis réponds aux questions.

Les accords Matignon du 7 juin 1936

« **Article premier :** La délégation patronale admet l'établissement immédiat de contrats collectifs de travail. [...]

Article 3 : Les employeurs reconnaissent la liberté d'opinion, ainsi que le droit pour les travailleurs d'adhérer librement et d'appartenir à un syndicat professionnel. [...]

Article 4 : Les salaires seront rajustés de 15 % pour les salaires les moins élevés à 7 % pour les salaires les plus élevés, le total des salaires de chaque établissement ne devant, en aucun cas, être augmenté de plus de 12 %. [...]

Article 5 : Dans chaque établissement comprenant plus de 10 ouvriers, il sera institué des délégués ouvriers suivant l'importance de l'établissement. Ces délégués ont qualité pour présenter à la direction les réclamations individuelles [...] visant l'application des lois, décrets, règlements du Code du travail, des tarifs de salaires, et des mesures d'hygiène et de sécurité. [...]

Article 6 : La délégation patronale s'engage à ce qu'il ne soit pris aucune sanction pour faits de grève.

Fait à Paris, le 7 juin 1936. Le président du Conseil, Monsieur Blum. »

a. Présente le document.

b. Comment le Front populaire améliore-t-il les conditions de travail des Français ?

c. Comment le Front populaire améliore-t-il leurs conditions de vie ?

Il s'agit de classer ses idées. Avant de répondre aux questions b. et c., surligne les mots-clés et les passages qui concernent chaque thème : en bleu, les informations liées aux conditions de travail ; en vert, celles sur les conditions de vie.

Corrigés p. 220

5 La Seconde Guerre mondiale (1939-1945)

A. La guerre se déroule en deux étapes principales. Elle oppose les pays de l'**Axe** (Allemagne, Italie, Japon) aux **Alliés** (France, Royaume-Uni, URSS, puis États-Unis à partir de 1941). De **1939 à 1942**, les pays de l'Axe multiplient les victoires en Europe et le Japon impose sa domination dans le Pacifique. De **1942 à 1945**, les Alliés reconquièrent les territoires perdus, jusqu'à la capitulation de l'Allemagne (**8 mai 1945**) et du Japon (2 septembre 1945).

B. La guerre est très violente. Les **bombardements** sont très importants, et les États-Unis utilisent l'**arme nucléaire** contre le Japon. Cette guerre industrielle tue plus de **60 millions** de personnes, dont la moitié de civils et 5 à 6 millions de Juifs, principales victimes du génocide mis en place par les nazis dans les camps de concentration, les **camps d'extermination**, les **ghettos** et lors des fusillades commises par les *Einsatzgruppen* (soldats SS responsables de massacres sur le front russe).

1 Pourquoi les États-Unis sont-ils un pays important dans la Seconde Guerre mondiale ?

» ....

....

....

....

....

....

Explique le rôle des États-Unis dans le Pacifique et en Europe.

2 Observe le document suivant, puis réponds aux questions.

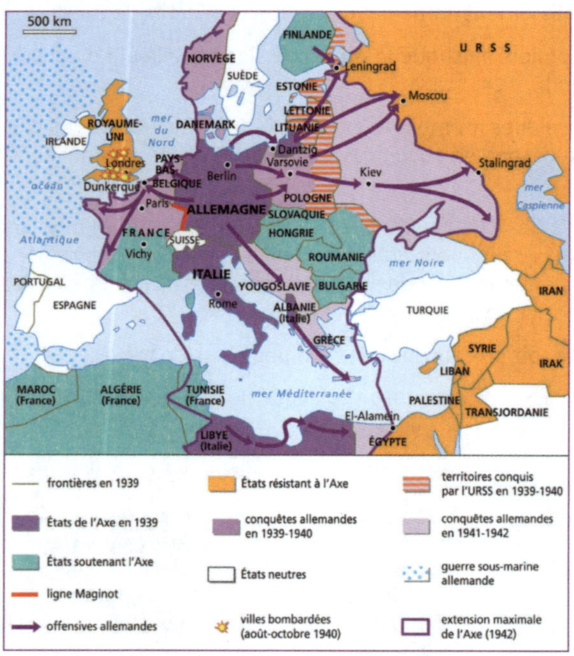

a. Quel est le principal allié européen de l'Allemagne en 1939 ?

b. Quels sont les deux principaux États européens qui résistent à l'Allemagne ?

c. Quels pays européens sont conquis par l'Allemagne de 1939 à 1940 ?

d. Quels pays européens sont conquis par l'Allemagne de 1941 à 1942 ?

a. et **b.** Utilise les figurés de surface (les pays de même couleur sont alliés ; des couleurs différentes montrent des oppositions).

c. et **d.** Utilise les figurés de surface et les flèches (qui représentent des conquêtes).

Corrigés p. 221

6 La France dans la Seconde Guerre mondiale (1940-1945)

A. Le Nord de la France est occupé à partir de mai-juin 1940. Le Sud (dont Vichy devient la capitale) est gouverné par le **maréchal Pétain**. Celui-ci signe l'armistice le 22 juin 1940, puis impose une **« Révolution nationale »** qui met fin à la IIIe République et réduit les droits des citoyens.

B. Pétain et le gouvernement de Vichy collaborent avec l'Allemagne nazie. Pétain instaure le **STO** (Service du travail obligatoire) en 1943. Il engage une politique d'exclusion puis de **persécution des Juifs**, raflés par la **Milice** et livrés aux Allemands.

C. Une résistance s'organise à partir du 18 juin 1940 suite à l'appel du général de Gaulle. Elle s'organise avec **les FFL** (Forces françaises libres) depuis Londres, **les réseaux**, **les mouvements** et **les FFI** (Forces françaises de l'intérieur) sur le sol français. Elle participe à la libération du territoire (1944-1945), puis à la refondation de la République, avec les travaux du **Conseil national de la Résistance**. En 1944, de Gaulle dirige un Gouvernement provisoire de la République française ; en 1946, une **nouvelle Constitution** est adoptée.

1 Pourquoi de Gaulle s'oppose-t-il à Pétain ?

» ....

....

....

....

....

....

Explique leurs oppositions à propos de la République et de l'attitude vis-à-vis de l'Allemagne nazie.

2 Lis le document suivant, puis réponds aux questions :

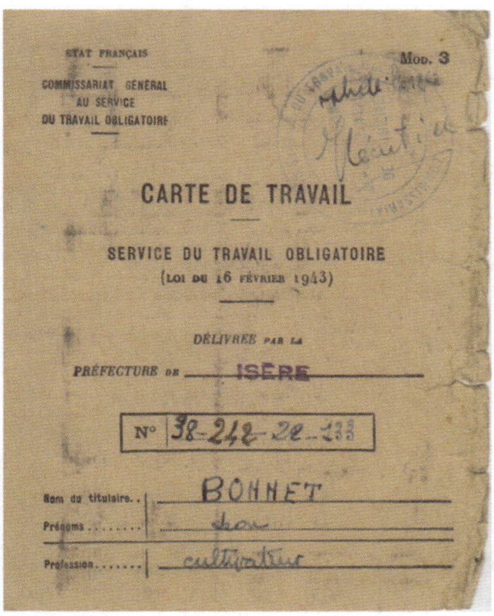
ÉTAT FRANÇAIS
COMMISSARIAT GÉNÉRAL AU SERVICE DU TRAVAIL OBLIGATOIRE
MOD. 3
CARTE DE TRAVAIL
SERVICE DU TRAVAIL OBLIGATOIRE
(LOI DU 16 FÉVRIER 1943)
DÉLIVRÉE PAR LA PRÉFECTURE DE ISÈRE
N° 38-242-22-133
Nom du titulaire : BONNET
Prénoms : Léon
Profession : cultivateur

Un document d'archives : une carte du STO.

a. À quelle obligation Léon Bonnet doit-il se soumettre ?

b. Léon Bonnet a ignoré cette obligation car c'était un résistant. À qui a-t-il désobéi ?

Les documents d'archives contiennent beaucoup de documents qui permettent de comprendre la vie quotidienne de la population dans le passé.

Corrigés p. 221

7 Indépendances et construction de nouveaux États

A. La fin de la Seconde Guerre mondiale favorise la décolonisation. Les métropoles européennes sont redevables de l'aide fournie par leurs colonies durant la guerre. **Les États-Unis et l'URSS** soutiennent les peuples colonisés dans leur demande d'indépendance. **L'ONU**, créée en 1945, affirme la nécessité de rendre leur liberté au pays colonisés.

B. La décolonisation de l'Asie (1946-1955) précède celle de l'Afrique (1956-1965). Les deux principales puissances coloniales européennes sont la **France** et **le Royaume-Uni. Le Royaume-Uni** accorde l'indépendance à ses colonies par le dialogue. **La France souhaitant conserver son empire,** l'**Indochine** ne devient indépendante qu'après la guerre d'Indochine (1946-1954). Bien qu'elle accepte plus facilement la décolonisation de l'Afrique, **la France s'oppose encore à celle de l'Algérie**. L'Algérie obtient son indépendance après la guerre d'Algérie (1954-1962).

C. L'émergence du Tiers-monde. La décolonisation s'accompagne de la naissance d'un grand nombre de nouveaux États qui, en marge des deux blocs de la guerre froide, constituent un troisième ensemble : le **Tiers-monde**. Devenus libres, ils doivent affronter un nouveau défi, l'amélioration de leur niveau de développement.

1 Comment les peuples colonisés parviennent-ils à créer de nouveaux États indépendants, qui constituent ensuite un « Tiers-monde » ?

1945 : .... →

1946-1955 : .... ↓

1956-1965 : ....
.... ←

1965-2000 : ....
....

1. Complète le schéma à l'aide de la leçon et distingue la position de la France et du Royaume-Uni.
2. Indique dans le schéma les guerres d'Indochine et d'Algérie.

2 Lis le document suivant, puis réponds aux questions.

L'Istiqlal demande l'indépendance du Maroc

« Le parti de l'Istiqlal,
Considérant que la puissance coloniale a pris tous les pouvoirs et s'est rendue maîtresse des richesses du pays au détriment des autochtones.
Considérant que la colonisation a empêché les Marocains de participer au gouvernement de leur pays et les a privés de toutes les libertés.
Considérant que le Maroc a participé de façon effective aux guerres mondiales aux côtés des Alliés.
Considérant que les Alliés ont reconnu dans la Charte de l'Atlantique le droit des peuples à la liberté et à la souveraineté.
Décide de demander l'indépendance du Maroc. »

D'après la déclaration de l'Istiqlal (parti politique marocain créé en 1943) en janvier 1944.

a. Où, quand et par qui ce discours est-il prononcé ?

b. Que souhaite l'Istiqlal pour les Marocains ? Comment justifie-t-il ce choix ?

c. Quel est le pays européen concerné par cette déclaration ?
Quelle fut sa réaction face aux revendications de ses colonies, dont le Maroc ?

Il s'agit de comprendre qu'il est question d'un texte engagé.

Corrigés p. 221

8 La guerre froide (1945-1991)

A. La guerre froide oppose deux blocs. Dès la fin de la Seconde Guerre mondiale, les États-Unis et les pays du **bloc de l'Ouest** s'opposent à l'URSS et ses alliés du **bloc de l'Est**. L'Europe et l'Allemagne sont divisées en deux par le **Rideau de fer**. **Berlin** est coupée par un mur érigé en 1961.

B. La guerre froide se caractérise par des tensions multiples entre les États-Unis et l'URSS. Les deux pays se livrent une **guerre idéologique** pour étendre leur influence sur le monde, tandis que chaque bloc augmente son armement **nucléaire** et se livre à la **conquête de l'espace**. Certaines crises, comme celle de Cuba, font peser la menace d'une nouvelle guerre mondiale. Dans cette période de tensions, **la création puis l'élargissement de la CEE** (Communauté économique européenne) permettent de renforcer la paix en Europe.

C. La guerre froide se termine avec la défaite du bloc de l'Est. Le 9 novembre **1989**, le Mur de Berlin est détruit et franchi par les habitants de Berlin-Est. En 1990, l'Allemagne est réunifiée ; en **1991**, l'URSS est disloquée.

1 Comment les États-Unis et l'URSS s'opposent-ils de 1945 à 1991 ?

» ....

....

....

....

....

....

....

....

Explique les différentes caractéristiques de la guerre froide.

2 Observe le document suivant, puis réponds aux questions.

Dessin de Plantu, *Le Monde*, 11 novembre 1989.

a. Présente ce document.

b. Quand et où se passe la scène ?

c. Que rappelle ce document sur la guerre froide ?

b. Attention ! la date du 11 novembre est celle de parution dans le journal ; l'événement évoqué a donc eu lieu avant.

Corrigés p. 221

Histoire

9 La mise en œuvre du projet européen

A. La construction européenne permet de renforcer la paix. Le 9 mai 1950, le ministre français des Affaires étrangères, Robert Schuman, propose la mise en commun des productions de charbon et d'acier de la France et de la République fédérale d'Allemagne, dont le rapprochement économique doit renforcer la paix en Europe. La **CECA** (**Communauté européenne du charbon et de l'acier**) est ainsi créée en 1951. Le 25 mars 1957, les six pays membres de la CECA signent le **traité de Rome** qui fonde la **Communauté économique européenne**. La **CEE** est d'abord élargie avec l'adhésion de pays ayant appartenu au bloc Ouest pendant la guerre froide. Ensuite, ce sont d'anciens pays du bloc Est qui se joignent à l'Union européenne, qui a remplacé la CEE en 1992.

B. Le projet européen tente de resserrer les liens entre les États membres. Les **accords de Maastricht** qui créent l'**Union européenne** en 1992 permettent la création de la citoyenneté européenne : les frontières sont ouvertes non seulement pour les marchandises, mais aussi pour les peuples. La création de l'**espace Schengen** (1995) ou de l'**euro**, nouvelle monnaie unique adoptée par certains pays membres à partir de 1999, devait renforcer les liens entre les États européens.

1 Comment le projet européen a-t-il permis de renforcer la paix en Europe ? Pour répondre à la question, complète le schéma.

Utilise les idées directrices de la leçon.

L'Union européenne, un projet pour la paix en Europe

- La naissance de la CEE → permet de renforcer la relation avec l'allemagne (CECA
- L'élargissement → ~~permet d'élargir de frontière~~
- Des projets pour l'Union européenne → ....

2 Complète la frise chronologique de l'entrée des pays dans l'UE.

1957	1973	1981	1986	1995	2004	2007	2013	2020
– – – – – –	– – –	–	– –	– – –	– – – – – – – – – –	– –	–	Brexit, sortie du Royaume-Uni

Aide-toi du site www.touteleurope.eu en cliquant sur « Pays de l'UE ».

Corrigés p. 221

0 Le monde après 1989

A. Depuis la fin de la guerre froide, le monde est dominé par les États-Unis. Cette **domination** est **diplomatique, militaire et culturelle**. Elle est néanmoins contestée. L'**Union européenne** est un partenaire mais aussi un concurrent sur les plans diplomatique et économique. Surtout, les **pays émergents** (la Chine, l'Inde, le Brésil) s'affirment de plus en plus par leurs progrès économiques et leur volonté de défendre leurs intérêts au sein des organisations internationales.

B. Le monde acuel demeure très instable. Les conflits sont nombreux. Ce sont des guerres civiles, des conflits inter-étatiques (comme celui qui oppose la Russie et l'Ukraine à partir de 2022) ou des guerres pour la domination d'une région riche en ressources naturelles. Depuis les attentats du 11 septembre 2001 qui ont touché New York, les pays occidentaux sont de plus en plus menacés par le terrorisme. Les attentats commis par des extrémistes religieux qui refusent les valeurs démocratiques et nient les droits de l'Homme se sont récemment multipliés.

1 Les États-Unis sont-ils une superpuissance mondiale ?

» ....

....

....

Explique les caractéristiques de cette puissance, mais aussi ses faiblesses pour modérer l'idée de « superpuissance ».

2 Observe le document suivant, puis réponds aux questions.

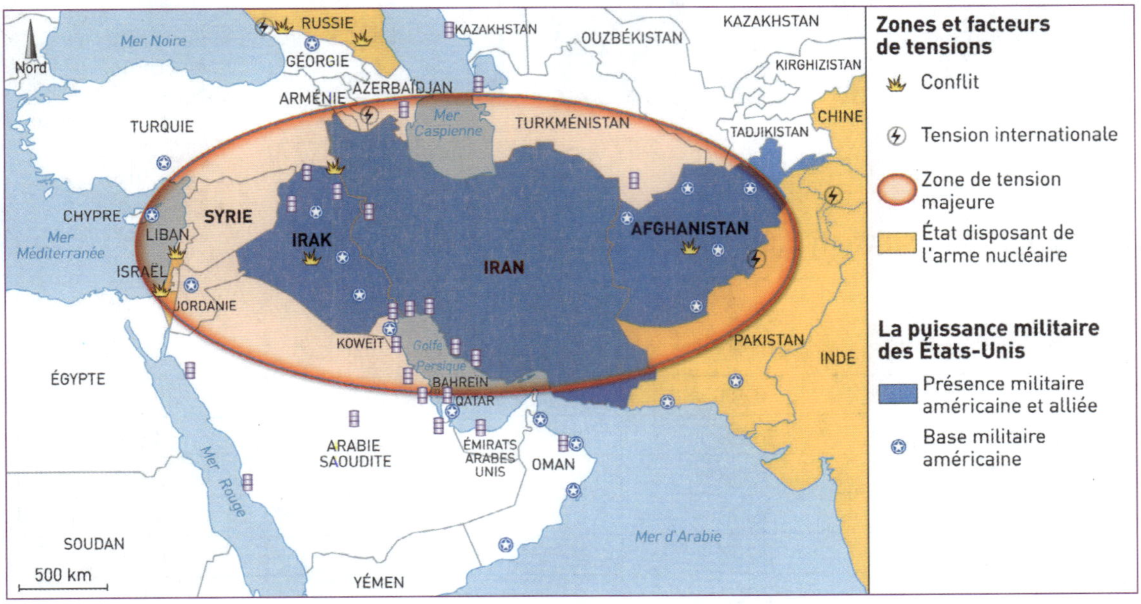

a. Quels pays sont touchés par une guerre au Proche-Orient et au Moyen-Orient ?

b. Quelle est la principale richesse de cette partie du monde ?

c. Relève les informations qui montrent la puissance militaire et diplomatique des États-Unis.

Toutes les réponses figurent dans la légende et sur la carte.

Corrigés p. 221

Histoire

11 La République française de 1944 à 2027

A. La République française est restaurée en 1944-1946. En 1944, un Gouvernement provisoire de la République française dirige le pays. En 1946, une nouvelle constitution entérine la naissance de la IVe République, à laquelle succède la Ve République dans le contexte de la guerre d'Algérie.
B. De Gaulle est président de 1958 à 1969. Il accroît les pouvoirs du président, met fin à la guerre d'Algérie, et renforce l'influence de la France dans le monde (arme nucléaire).
C. Les années 1969-2022 sont marquées par l'alternance politique. Les partis de droite restent au pouvoir jusqu'en 1981. François Mitterrand est le premier président socialiste (1981-1985). Jacques Chirac, leader de la droite, lui succède de 1995 à 2007 (tous deux sont confrontés à des périodes de cohabitation). Nicolas Sarkozy est président (de droite) de 2007 à 2012, François Hollande (socialiste) de 2012 à 2017. L'élection d'Emmanuel Macron, en 2017 puis 2022, remet en cause la bipolarisation gauche-droite au pouvoir.
D. Cette période est marquée par de grandes mutations économiques et sociales. Les Trente Glorieuses (1946-1975) se caractérisent par une amélioration des conditions de vie, puis la crise s'installe au milieu des années 1970. La société se modernise, avec les progrès de l'égalité hommes-femmes, la majorité à 18 ans, et l'abolition de la peine de mort. Toutefois, les inégalités et les tensions sociales restent multiples et aggravées par la crise de la Covid-19 ou encore la guerre entre la Russie et l'Ukraine.

1 Décris l'alternance politique à la présidence de la République de 1958 à 2017.

» ....

....

Replace les portraits des présidents dans l'ordre chronologique, indique les dates de leur présidence et le parti auquel ils appartiennent.

2 Lis le document suivant, puis réponds aux questions.

Présidents de la République	Élections législatives	Résultats des partis de gauche (communistes, socialistes, écologistes)	Résultats des partis de droite
François Mitterrand (président de gauche)	1981	55,5 %	42,9 %
	1986	43,7 %	44,6 %
	1988	49,2 %	40,5 %
	1993	40,3 %	44,1 %
Jacques Chirac (président de droite)	1997	44,7 %	36,2 %
	2002	36,0 %	43,9 %

Résultats des partis de gauche et des partis de droite au 1er tour des élections législatives en France de 1981 à 2002.

a. Quels aspects de l'alternance politique sont illustrés par ce document ?

b. À quel problème sont confrontés François Mitterrand en 1986 et en 1993 et Jacques Chirac en 1997 ?

Ce document permet de savoir à quels moments ces présidents ont pu s'appuyer sur une majorité à l'Assemblée ou ont dû accepter une cohabitation.

Corrigés p. 222

2 Les aires urbaines

A. La majorité des Français vit dans une aire urbaine. Une aire urbaine est un ensemble de communes proches les unes des autres, avec une ville-centre, composée d'un centre-ville, d'un péricentre, d'espaces suburbains et des communes périurbaines.
B. L'urbanisation du territoire se traduit par l'augmentation de la population qui habite dans les aires urbaines. La croissance la plus forte se situe dans l'espace périurbain. Le phénomène de périurbanisation se traduit donc par la multiplication des lotissements, des villas individuelles, des zones commerciales et d'activités dans les campagnes en périphérie des villes.
C. La mobilité des habitants est de plus en plus forte. Les nouveaux habitants des communes périurbaines multiplient les déplacements quotidiens, pour aller de leur domicile vers leur lieu de travail, souvent situé au centre de la ville. Les week-ends, les habitants du centre-ville et des quartiers proches du centre se déplacent aussi vers les zones commerciales périurbaines. Cette mobilité nécessite la construction de nouvelles voies de communication (voies rapides, autoroutes).

1 Qu'est-ce qui caractérise la périurbanisation ?

» ....

....

....

....

....

....

Tu dois expliquer l'étalement des villes sur les campagnes.

2 Observe le document suivant, puis réponds aux questions.

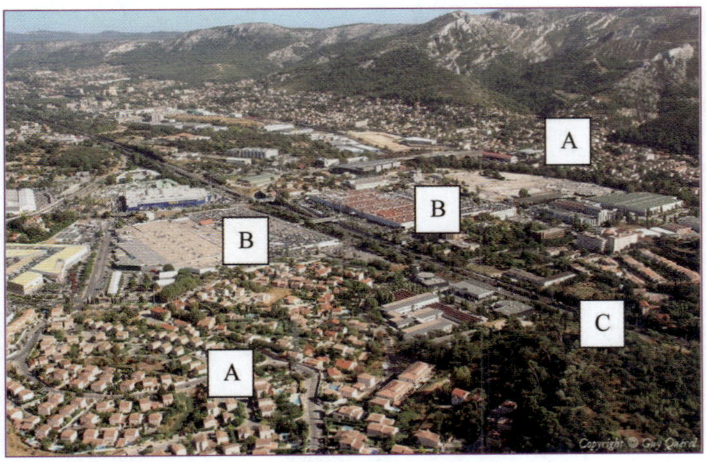

A : lotissements de villas.

B : zone commerciale.

C : autoroute vers la ville-centre.

Un espace périurbain de l'agglomération marseillaise.

a. Décris le bâti au sein de cet espace périurbain.

b. Explique donc l'étalement des aires urbaines et ses conséquences sur la mobilité des habitants.

a. Ne décris pas que les quartiers d'habitations.

Corrigés p. 222

13 Les espaces productifs agricoles et industriels

A. Les espaces productifs agricoles ont connu de multiples mutations. Depuis 1950, **l'effectif de la population agricole a été divisé par 4** avec la disparition de nombreuses exploitations familiales. La **spécialisation** des productions s'est imposée. L'utilisation de **produits chimiques et la mécanisation** ont permis une forte augmentation des rendements et de la production. Cette agriculture intensive est cependant remise en cause.

B. Les mutations des espaces productifs industriels entraînent une réorganisation de l'espace. Les **principales régions industrielles** sont les régions Île-de-France, les anciennes régions Rhône-Alpes et Alsace. Depuis l'**épuisement des mines de charbon,** les industries fondées au XIXe siècle (Nord et Nord-Est) ont été souvent abandonnées. Un nouveau tissu industriel s'est constitué avec la **création de technopôles**, qui réunissent des entreprises de haute technologie, des centres de recherche, des universités, des grandes écoles, des laboratoires, à proximité d'une grande ville et de voies de transport rapides.

1 Quels sont les espaces industriels les plus dynamiques ?

» ....

....

Ne te contente pas de citer ces espaces : explique pourquoi ils sont dynamiques.

2 Observe le document suivant, puis réponds aux questions.

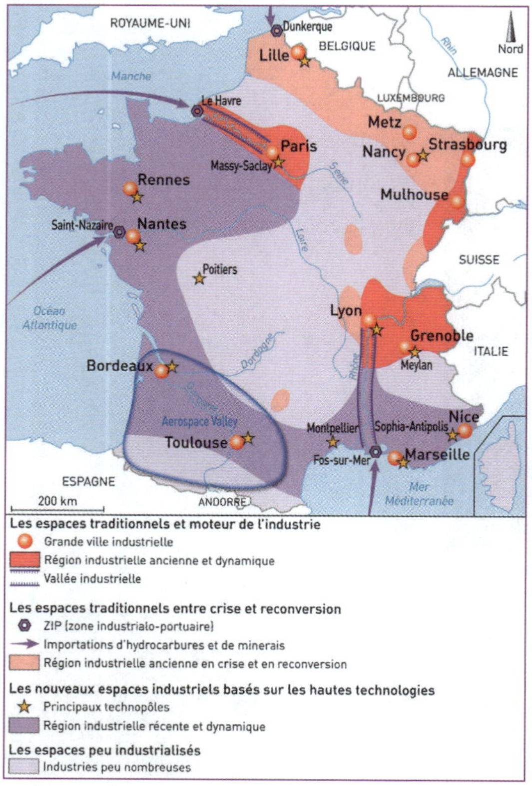

L'espace industriel français.

a. Quels sont les espaces industriels traditionnels du territoire français ?

b. Quelles sont les mutations au sein des espaces industriels ?

b. Les mutations concernent l'ensemble des transformations récentes, qui touchent les espaces dynamiques comme ceux en difficulté.

Corrigés p. 222

4 Les espaces productifs de services

A. Les activités de services hiérarchisent le territoire national. Les **services banals** (petits commerces, poste, pharmacies) se trouvent dans la plupart des communes, hormis des communes rurales. Les **services intermédiaires** (dentistes, hôpitaux, supermarchés, banques, cinémas) différencient davantage le territoire. Les **services de pointe** contribuent à la métropolisation du territoire (concentration des sièges sociaux à Paris et dans les grandes villes).

B. La France est un grand pays touristique. La France accueille **plus de 80 millions de touristes par an** (1er pays pour l'accueil de touristes étrangers). **Paris** est la 1re destination touristique du pays pour les visiteurs étrangers. Le tourisme y est surtout culturel. Les autres régions touristiques sont les **littoraux** méditerranéen et atlantique (tourisme balnéaire), les **Alpes** et les **Pyrénées** (stations de ski), et l'ensemble des massifs montagneux pour le tourisme vert (promenades et randonnées).

1 Quelles sont les activités de services dans les aires urbaines ?

» ....

....

....

....

....

....

Rappelle-toi la définition d'une aire urbaine et n'oublie pas que les activités liées au tourisme font partie des activités de services.

2 Observe le document suivant, puis réponds aux questions.

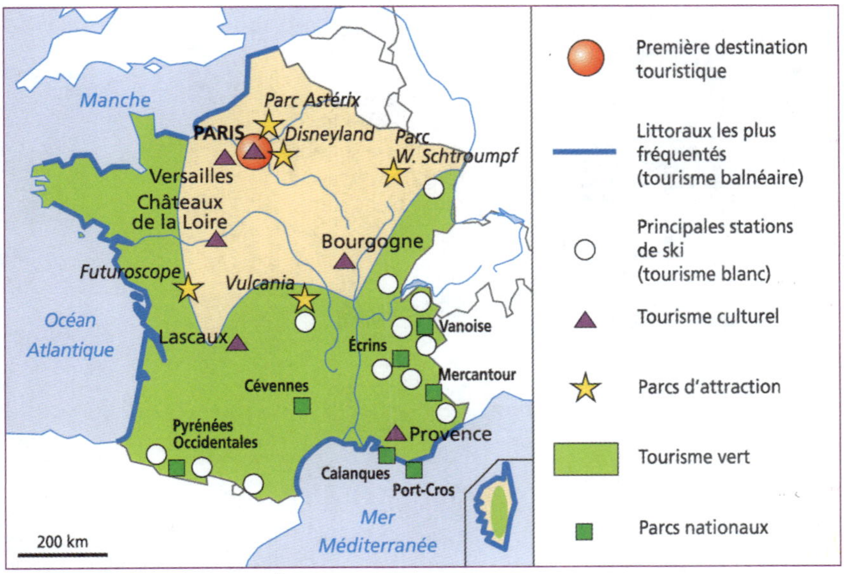

Tu dois identifier les espaces où il y a le plus de sites touristiques. Aide-toi de la leçon.

a. Quels sont les principaux espaces touristiques du territoire national ?

b. Quelles sont les activités touristiques dans les massifs montagneux ?

Corrigés p. 222

15 Les espaces de faible densité

A. Les espaces ruraux les plus éloignés des pôles urbains regroupent environ 15 % de la population française sur 59 % du territoire. Ces campagnes se caractérisent par une faible densité de population et la dispersion de l'habitat, malgré la périurbanisation qui entraîne une augmentation progressive de la population. Ces espaces sont surtout agricoles, avec des exploitations de plus en plus spécialisées et performantes. Le tourisme vert y est en plein essor.

B. Les montagnes sont peu peuplées à cause des contraintes imposées par le relief (fortes pentes, enneigement). Espaces encore consacrés à l'élevage (pastoralisme), elles bénéficient de l'essor du tourisme vert et de la pratique des sports d'hiver.

C. Les petites villes à la campagne accueillent de nouveaux habitants qui quittent les villages ou les grandes villes. Les plus dynamiques ont su développer des activités diversifiées. Des productions artisanales ou industrielles parfois très anciennes ont pu assurer leur renommée. Leur patrimoine historique, leurs sites pittoresques ou leur gastronomie peuvent favoriser l'essor du tourisme.

1 Quels sont les éléments de dynamisme des espaces ruraux ?

» ....

....

....

....

Évoque les aspects démographiques, puis économiques.

2 Quels sont les atouts du territoire de la Savoie-Mont Blanc ? Pour répondre à la question, complète le schéma qui te permet de classer les informations.

Va sur le site de la Savoie-Mont Blanc, à l'adresse suivante: http://www.savoie-mont-blanc.com

Savoie-Mont Blanc, un territoire de faible densité

↓

Un territoire qui bénéficie de plusieurs atouts

....	....	....

Corrigés p. 223

6 Inégalités et aménagement du territoire français

A. Paris est le centre politique, économique et culturel de la France. En tant que capitale, elle regroupe le palais de l'Élysée, les ministères, l'Assemblée nationale et le Sénat. Les sièges sociaux de grandes entreprises transnationales se concentrent dans le quartier de **La Défense.** Paris regroupe les **universités** prestigieuses, les **musées** et les **sites historiques** les plus visités du pays.
B. Le territoire français se caractérise par d'autres inégalités. Les espaces les plus dynamiques sont les métropoles régionales (en particulier celles reliées aux axes de transport rapides), les littoraux du Sud et de l'Ouest qui bénéficient de la maritimisation des échanges commerciaux, et les espaces frontaliers qui profitent de l'ouverture des frontières européennes. Les régions du nord sont touchées par le déclin des industries traditionnelles, celles situées au centre du territoire national ont plus de difficultés, de même que les DROM, qui produisent moins de richesses que les régions métropolitaines.
C. Des aménagements visent une meilleure gestion du territoire. L'État français et l'Union européenne apportent des aides aux régions en difficulté (par exemple les DROM, les espaces ruraux les moins dynamiques), tout en essayant de renforcer la compétitivité des espaces les plus performants, pour faire face à la concurrence mondiale. Les conseils régionaux participent aussi au financement de nombreux projets dans le cadre des Contrats de projets État-Région.

1 Pourquoi Paris est-elle le centre politique, économique et culturel du pays ?

» ....

....

....

....

....

Pense à classer tes idées et n'oublie pas les réseaux de transports.

2 Observe le document suivant, puis réponds aux questions :

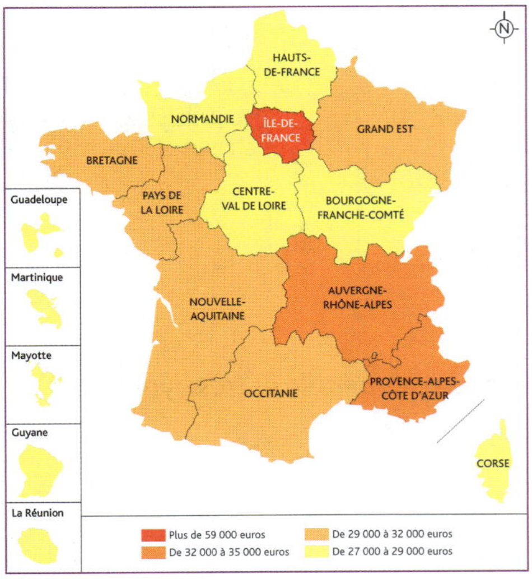

Le PIB par habitant des 13 régions métropolitaines françaises.
Source : Insee 2021.
(Le PIB par habitant moyen en France est de 35 763 euros.)

a. Quelles sont les trois régions les plus dynamiques ?

» ....

....

b. Quels sont les atouts des régions où le PIB par habitant est supérieur à 32 000 euros ?

» ....

....

GÉOGRAPHIE

Corrigés p. 223

Géographie

17 L'Union européenne

A. L'Union européenne regroupe 27 pays depuis février 2020. Le 25 mars **1957**, les **6 pays** membres de la CECA signent le **traité de Rome** par lequel ils fondent la CEE. De 1957 à 2013, la Communauté économique européenne, devenue Union européenne, passe de **6 à 28 membres.** Le Brexit, entré en vigueur en 2020, marque la sortie officielle du Royaume-Uni de l'Union européenne.

B. Les contrastes sont multiples au sein de l'Union européenne. La **Mégalopole** européenne en est le **cœur économique, financier et politique. L'Europe du Nord-Ouest concentre les richesses, les métropoles, les infrastructures** de communication les plus denses. **L'Europe du Sud a progressé** pour améliorer les conditions de vie de sa population, même si de nombreux retards persistent. **En Europe de l'Est**, le retard pris pendant la guerre froide n'a pas été rattrapé.

C. L'Union européenne a eu pour objectif de renforcer la cohésion entre les États membres. La création de la citoyenneté européenne, de l'euro et de l'espace Schengen sont pourtant des sujets qui divisent les gouvernements et les peuples européens.

1 Quelles sont les régions les plus dynamiques de l'Union européenne ?

» ....

....

....

N'oublie pas que tu dois connaître la localisation des pays de l'Union européenne (voir p. 164).

2 Observe le document suivant, puis réponds aux questions.

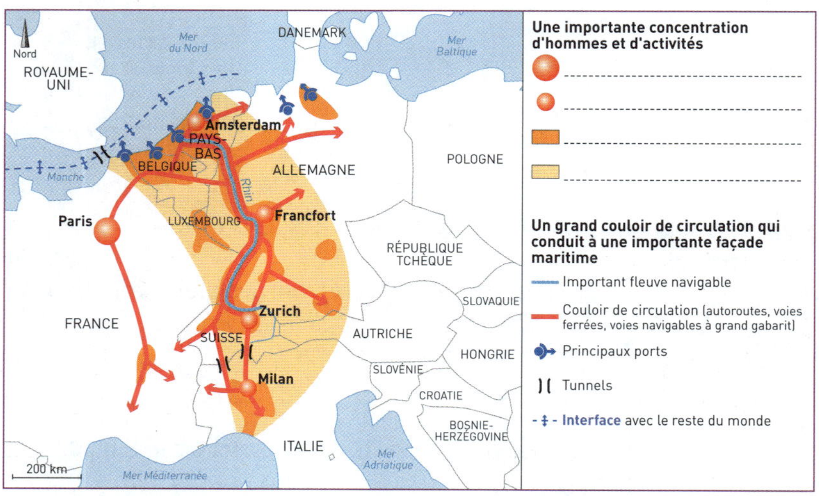

La Mégalopole européenne.

Pour hiérarchiser les informations, on utilise des figurés ponctuels de tailles différentes et des figurés de surface qui vont du plus foncé au plus clair.

a. Complète la légende avec les propositions suivantes : *espace très peuplé et très dynamique, métropole européenne, métropole mondiale, espace peuplé et dynamique.*

b. Quels sont les atouts de la Mégalopole européenne ?

Corrigés p. 223

8 La France et l'Europe dans le monde

A. La France a une influence mondiale. Elle est la 7e **puissance économique** de la planète (grande puissance industrielle et 1re puissance agricole de l'Union européenne, grand pays touristique), malgré la concurrence des États-Unis, du Japon, de certains pays européens (Allemagne) et des pays émergents (Chine et Inde). Son **poids culturel** repose sur un vaste espace francophone. Son **influence diplomatique** est importante (au sein de l'Union européenne, de l'ONU, dans des organisations humanitaires). Son **armée** figure parmi les plus puissantes du monde.

B. La puissance de l'Union européenne est surtout économique. L'UE est une puissance **industrielle** (de plus en plus fragilisée par la concurrence des pays émergents), **agricole** (derrière les États-Unis), **commerciale** (elle réalise 40 % des échanges mondiaux) et **financière** (remise en cause par la crise actuelle), **culturelle** (patrimoine culturel riche), **diplomatique** et **militaire** (malgré le manque de cohésion face à la domination des États-Unis).

1 Quels sont les atouts et les limites de la puissance de l'Union européenne dans le monde ?

Valorise ta réponse en rédigeant un texte organisé.

» ....

....

....

....

....

....

....

....

2 Lis le document suivant, puis réponds aux questions.

	Part de chaque région dans les exportations mondiales de marchandises en 2020	Part de chaque région dans les importations mondiales de marchandises en 2020
Union européenne	30,8 %	28,7 %
Asie	37,7 %	33,9 %
Amérique du Nord	10,3 %	15,7 %

Il faut revoir les définitions des mots suivants : *exportation*, *importation*.

a. Quel aspect de la puissance économique de l'Union européenne ce document permet-il d'étudier ?

b. Relève les informations qui rappellent que l'Union européenne est une puissance économique.

Corrigés p. 223

19 Les fondements de la République française

A. Des textes historiques sont le fondement des valeurs et des principes de la République :
– la **Déclaration des droits de l'homme et du citoyen** (1789) affirme la souveraineté de la nation, impose la séparation des pouvoirs, défend les libertés et l'égalité de tous devant la loi ;
– la **Déclaration universelle des droits de l'homme** (1948) réaffirme la nécessité de protéger les droits de l'homme ;
– la **Constitution** adoptée en 1958 est le texte qui entérine les valeurs et les principes de la Vᵉ République.

B. La loi s'impose à l'ensemble des citoyens. Une loi votée en France naît d'un projet de loi déposé devant l'Assemblée nationale par un député ou par un membre du gouvernement. Le projet est ensuite examiné, débattu et voté par l'Assemblée nationale, après avis du Sénat, puis validé par le Conseil constitutionnel qui veille au respect des principes de la République.

1 Complète la frise chronologique en indiquant quels sont les grands textes sur lesquels reposent les valeurs et les principes de la République.

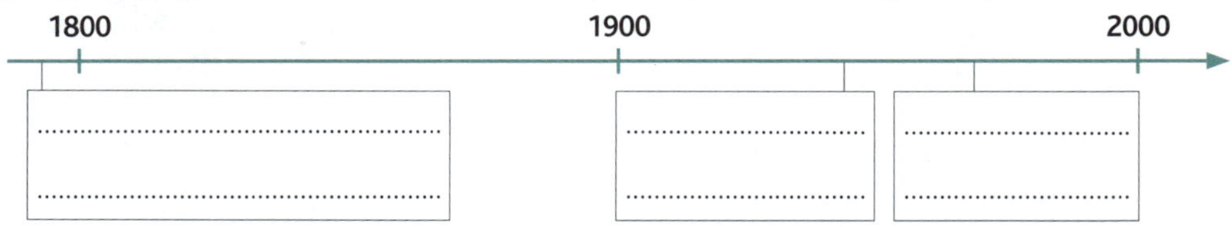

2 Lis le document suivant, puis complète le tableau.

La Déclaration universelle des droits de l'homme (1948)

Article premier. Tous les êtres humains naissent libres et égaux en dignité et en droits. […]
Article 3. Tout individu a droit à la vie, à la liberté et à la sûreté de sa personne.
Article 5. Nul ne sera soumis à la torture, ni à des peines ou traitements cruels, inhumains ou dégradants.
Article 7. Tous sont égaux devant la loi et ont droit sans distinction à une égale protection de la loi. […]
Article 13. Toute personne a le droit de circuler librement et de choisir sa résidence à l'intérieur d'un État. […]
Article 18. Toute personne a droit à la liberté de pensée, de conscience et de religion. […]
Article 19. Tout individu a droit à la liberté d'opinion et d'expression. […]
Article 22. Toute personne, en tant que membre de la société, a droit à la Sécurité sociale. […]
Article 23. Toute personne a droit au travail. […]
Article 25. Toute personne a droit à un niveau de vie suffisant pour assurer sa santé, son bien-être et ceux de sa famille. […]
Article 26. Toute personne a droit à l'éducation. […]

Pendant la lecture du texte, surligne les passages qui concernent la sécurité, les libertés, l'égalité, les droits économiques et sociaux avec des couleurs différentes.

	Sécurité	Protection des libertés	Droits à l'égalité	Droits économiques et sociaux
Articles	....	....	....	....

Corrigés p. 224

0 La citoyenneté française

A. La République française se définit par des valeurs, des principes et des symboles qui rassemblent les citoyens du pays et au nom desquels sont garantis les droits de chacun. **La liberté, l'égalité, la fraternité, la laïcité** sont les principales valeurs de la République française, dont les symboles (*La Marseillaise*, Marianne, sa devise, le 14 Juillet, le drapeau tricolore), apparus pendant la période révolutionnaire, sont devenus officiels, le plus souvent, sous la IIIe République.

B. Le citoyen français a des droits et des devoirs. Pour être citoyen français, il faut avoir la **nationalité** française. Le citoyen a dès lors des **droits politiques** (voter, être élu), **économiques** et **sociaux** (éducation, travail, santé), et **civils** (liberté, égalité). Il a des **devoirs légaux** (respecter les lois, payer ses impôts) et **moraux** (faire preuve de civisme, de solidarité). Il est **citoyen européen** depuis le traité de Maastricht (1992).

1 Quels sont les droits des citoyens français ?

Regroupe les idées par thème plutôt que de dresser une liste.

» ....

....

....

....

....

2 Observe le document suivant, puis réponds aux questions.

a. Relève les symboles de la République.

» ....

b. Pourquoi cet événement peut-il être considéré comme un moment de communion et de solidarité entre les citoyens ?

» ....

Corrigés p. 224

21 La République est une démocratie

A. La France est un état démocratique qui garantit le partage des pouvoirs. Le président, élu pour 5 ans, est le Chef de l'État et des armées. Il partage ses pouvoirs avec **un gouvernement** (ministres qui exercent le pouvoir exécutif) et **un parlement** (Assemblée nationale et Sénat) qui vote les lois et le budget.

B. Une démocratie qui protège la pluralité et la liberté des médias. Les médias (presse écrite, radio, télévision et Internet) permettent aux citoyens de connaître les projets des partis politiques et de suivre les débats pour se forger une opinion. Le pluralisme des médias permet à chacun de diversifier ses sources d'information pour éclairer son jugement.

C. La France est un État laïc. La laïcité se définit par 4 principes : l'égalité de toutes les croyances, la liberté de pratiquer sa religion, le devoir de tolérance, la neutralité de l'État (qui protège et garantit la liberté de chaque religion, mais ne participe au financement d'aucun lieu de culte).

1 Explique l'importance des médias dans une démocratie.

» ....

....

....

....

....

....

Rappelle d'abord quels sont les médias, puis explique leur importance pour se faire une opinion.

2 Lis le document suivant, puis réponds aux questions.

Êtes-vous tout à fait d'accord, plutôt d'accord, pas vraiment d'accord ou pas du tout d'accord avec les affirmations suivantes concernant l'information sur Internet ?

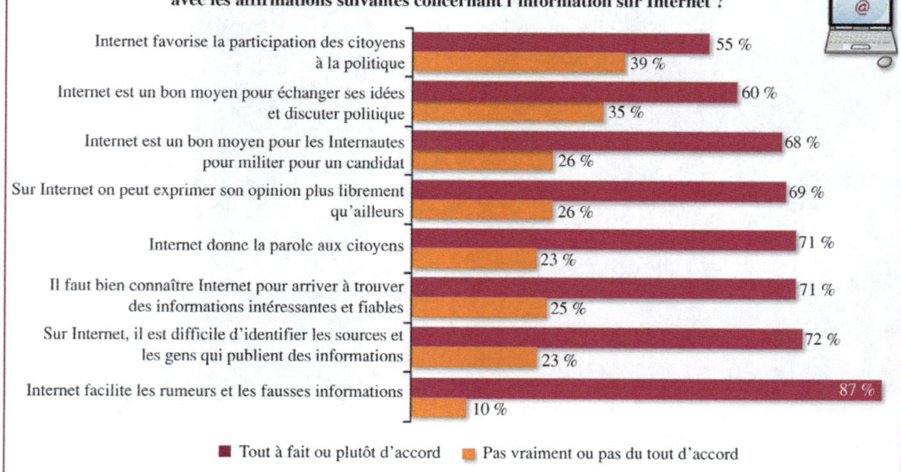

Sondage Ipsos pour MSN, novembre 2011

Dans une démocratie, avant de voter, les citoyens doivent se faire leur propre opinion.

a. Quels sont les atouts d'Internet pour la démocratie ?

b. Quelles sont les limites d'Internet en tant que source d'informations ?

Corrigés p. 224

2 Agir individuellement et collectivement

A. Les citoyens peuvent s'engager dans la vie politique. Le droit de vote leur permet de choisir le chef de l'État, les députés, ainsi que les pouvoirs locaux. La vie politique est animée par les partis politiques qui réunissent des citoyens qui ont des idées communes sur la société et les choix économiques du pays.

B. Les citoyens peuvent aussi s'engager dans la vie sociale. Les syndicats agissent pour la protection des droits des travailleurs. Les associations tentent de renforcer les liens de solidarité. Les citoyens peuvent participer à leurs actions bénévolement ou en faisant des dons.

C. La Défense nationale garantit la protection du territoire national et de ses habitants. Les menaces sont aujourd'hui essentiellement les risques d'attentats que le plan Vigipirate tâche de prévenir. L'armée participe aussi à la protection des citoyens face aux violences urbaines et aux catastrophes technologiques ou naturelles. Les soldats français sont présents dans de nombreuses régions du monde. Ils interviennent au nom de la France, notamment comme Casques bleus pour l'ONU. Chaque citoyen peut être acteur de la Défense nationale, en faisant la JDC (Journée Défense et Citoyenneté), en portant secours aux victimes de catastrophes ou en étant vigilant face aux risques d'attentats.

1 Comment les citoyens peuvent-ils agir dans leur pays ?

» ....

....

2 Lis le document suivant, puis réponds aux questions.

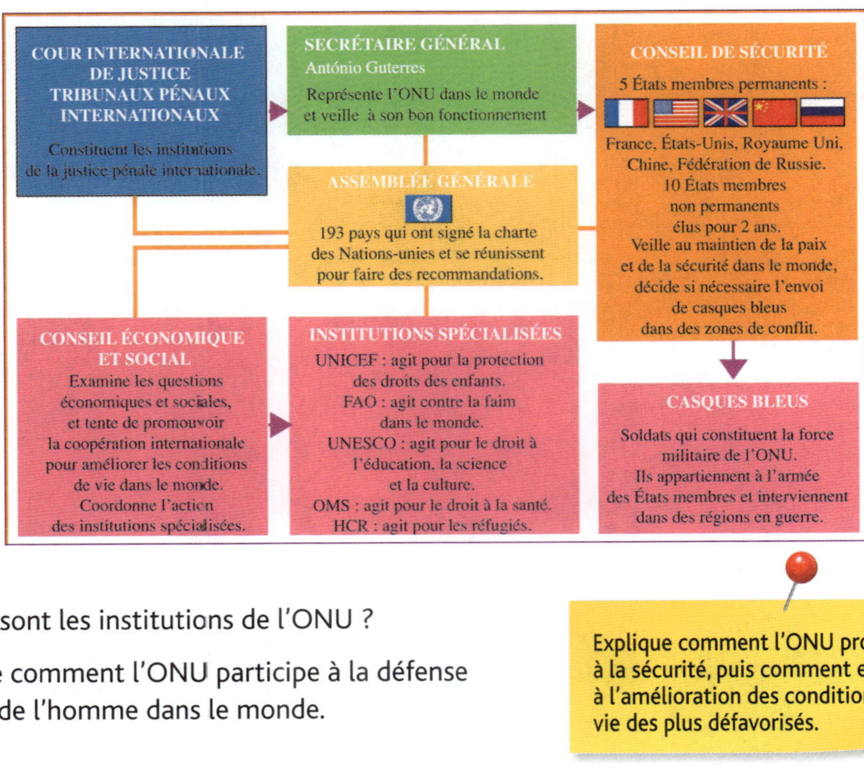

a. Quelles sont les institutions de l'ONU ?

b. Explique comment l'ONU participe à la défense des droits de l'homme dans le monde.

Explique comment l'ONU protège le droit à la sécurité, puis comment elle participe à l'amélioration des conditions de vie des plus défavorisés.

Corrigés p. 224

Mémento de géographie

L'Europe

La France

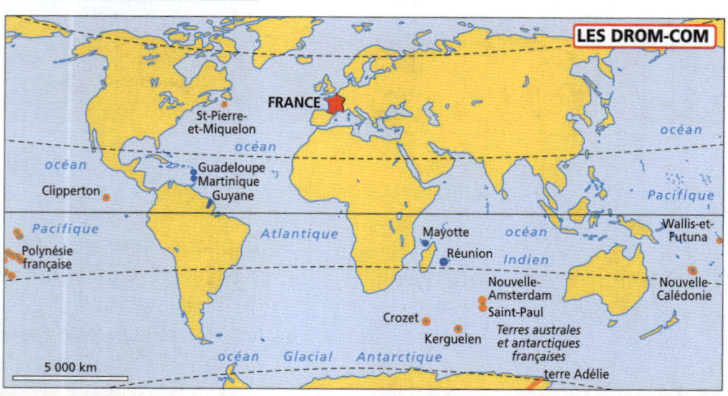

- Départements et Régions d'outre-mer
- Collectivités d'outre-mer

2

L'épreuve orale

Descriptif de l'épreuve orale

Nature et déroulement

Nature de l'épreuve

Dans l'établissement, **soutenance orale** d'un projet devant un jury.

Durée : 15 minutes.

Barème : notation sur 100.

- Maîtrise de l'expression orale : **50 points.**
- Maîtrise du sujet présenté : **50 points.**

L'épreuve orale du Brevet vous permet de présenter l'un des sujets étudiés grâce à l'enseignement de l'histoire des arts ou l'**un des projets** que vous avez menés dans le cadre des enseignements pratiques interdisciplinaires du cycle 4 ou de l'un des parcours éducatifs (**parcours Avenir, parcours citoyen, parcours éducatif de santé** ou **parcours d'éducation artistique et culturelle**) ; cette soutenance se déroule dans votre établissement.

Structure de l'épreuve

- Vous pouvez choisir de **présenter** l'épreuve **individuellement** ou **en groupe** (pas plus de trois candidats). Dans tous les cas, chaque candidat est évalué et fait l'objet d'une notation individuelle.
- Cet oral se déroule en **deux parties :** d'abord un **exposé,** puis un **entretien** avec le jury.

– Si vous êtes **candidat individuel,** vous présentez votre exposé pendant environ cinq minutes, puis se déroule un entretien d'une dizaine de minutes avec le jury. Si nécessaire, le jury peut vous guider pour mener à bien votre exposé. La **durée totale** de l'épreuve ne dépasse pas **quinze minutes.**

– Si vous faites partie d'un **groupe**, il y a dix minutes d'exposé, pendant lesquelles chaque candidat intervient, puis quinze minutes d'entretien entre le groupe et le jury. Chaque candidat doit disposer d'un temps de parole suffisant pour montrer son implication dans le projet.

Compétences évaluées

L'évaluation de cette soutenance prend en compte la qualité de la prestation orale du candidat aussi bien du point de vue de l'expression que des contenus exposés. Cette évaluation de la maîtrise de l'oral est un objectif transversal et partagé qui peut être évalué par tout enseignant de toute discipline.

1 # Se préparer à l'épreuve orale

Bien connaître les modalités de l'épreuve

• Comme pour toute épreuve, il est nécessaire de bien connaître son déroulement, de savoir exactement ce que le jury attend.

• L'épreuve orale du brevet se déroule avec les professeurs de ton établissement selon des règles qui, suivant les instructions des programmes, sont celles de ton collège. La durée de l'épreuve, son contenu, les critères d'évaluation sont les mêmes pour tous les collégiens mais ton établissement a fixé son propre fonctionnement : calendrier, inscription, choix des projets en fonction des EPI proposés. Renseigne-toi : ton professeur principal, ou le professeur documentaliste sont sûrement à même de répondre à tes questions.

Bien choisir son projet

• La première partie de l'épreuve orale est une soutenance : tu présentes un projet que tu as préparé dans le cadre des EPI.

• À toi d'intéresser ton jury ! Pour cela, choisis un projet qui te plaît sans attendre la dernière minute. Retiens un thème qui te permettra de montrer ton expérience personnelle, de faire partager tes sentiments, voire ton enthousiasme.

• Tu peux présenter un projet seul ou à plusieurs.

Mener à bien son projet

Le jury évalue davantage la soutenance elle-même (la façon dont tu présentes ton projet) que le contenu proprement dit du projet. Cependant, il est évidemment plus facile d'exposer un projet abouti et intéressant qu'un travail quasi inexistant !

Préparer la soutenance

Que tu sois seul ou en groupe, tu vas devoir exposer ton projet. Avant le jour de l'épreuve, pense à préparer cette soutenance :

Ce que tu vas dire	• Note le plan de ton exposé, les points importants à développer. • Ne rédige pas intégralement ton texte : il ne s'agit pas de lire.
Ce que tu vas faire	• Le matériel que tu vas utiliser : TNI, vidéoprojecteur... • En groupe : répartissez-vous les points à présenter.

Préparer l'entretien

• Imagine les questions que le jury pourra poser et réfléchis à ta réponse. Les questions sont en général en lien avec les disciplines impliquées dans l'EPI.

• **Un conseil** : entraîne-toi devant des camarades, tes parents, un professeur...

2 Réussir l'épreuve orale

Les qualités d'une soutenance et d'un entretien

Les qualités d'une soutenance	Les qualités d'un entretien
• Exposé clair et construit (plan). • Langage correct, sans être nécessairement parfait. • Oral spontané (non lu ou récité). • Bon contact avec le jury (regard, sourire).	• Réponses claires et développées. • Réponses soigneusement formulées. • Réponses montrant des connaissances quant aux disciplines rattachées au projet ou à l'EPI concerné.

Gérer son stress

• Le stress est inévitable ; n'imagine pas t'en défaire mais vois-le plutôt comme un stimulant.

• Rassure-toi :

– le jury sait que tu es stressé et ne te pénalisera pas pour cela ;

– si tu as bien travaillé avant l'épreuve, tout se passera bien et tu obtiendras une note satisfaisante.

• **Un conseil** : respire profondément avant d'entrer dans la salle.

Adopter une bonne attitude

Qu'il s'agisse de la soutenance ou de l'entretien, l'oral suppose une attitude respectueuse du jury et agréable sans être exagérée. Veille notamment à :

– regarder le jury, lui faire face ;

– respecter les codes de politesse (bonjour, au revoir, merci, s'il-vous-plaît, je voudrais...) ;

– porter une tenue décente.

Parler avec aisance

• Pour éviter de lire (un oral n'est en aucun cas un écrit lu !), ne viens pas avec une feuille sur laquelle ta soutenance serait intégralement rédigée.

• Contente-toi de rédiger la phrase d'introduction (présente l'objectif et la nature du projet) et celle de conclusion (en quoi ce projet t'a intéressé). Efforce-toi de les connaître par cœur. Pour le reste, note le plan de façon très visible ainsi que les mots-clés.

• Formule oralement ta pensée à partir des notes. Cela suppose un entraînement dans le courant de l'année pour arriver à une expression fluide.

• Utilise des couleurs. N'écris que sur un côté des feuilles et pense à les numéroter de façon à ne pas les mélanger. Note à quel moment tu vas utiliser tel ou tel support.

• Le langage familier est à éviter.

3

Sujets du Brevet

SUJET 1

→ Corrigés p. 225

MATHÉMATIQUES

2 heures, 100 points

INDICATION PORTANT SUR L'ENSEMBLE DU SUJET

Toutes les réponses doivent être justifiées, sauf si une indication contraire est donnée.
Pour chaque question, si le travail n'est pas terminé, laisser tout de même une trace de la recherche. Elle sera prise en compte dans la notation.

▶ Exercice 1

Dans ce questionnaire à choix multiples, pour chaque question, des réponses sont proposées et une seule est exacte.
Pour chacune des questions, écrire le numéro de la question et recopier la bonne réponse.
Aucune justification n'est attendue.

	Questions	A	B	C
1.	Quelle est l'écriture scientifique de $\dfrac{5 \times 10^6 \times 1{,}2 \times 10^{-8}}{2{,}4 \times 10^5}$?	25×10^{-8}	$2{,}5 \times 10^{-7}$	$2{,}5 \times 10^3$
2.	Pour $x = 20$ et $y = 5$, quelle est la valeur de R dans l'expression $\dfrac{1}{R} = \dfrac{1}{x} + \dfrac{1}{y}$?	0,25	4	25
3.	Un article coûte 120 €. Une fois soldé, il coûte 90 €. Quel est le pourcentage de réduction ?	25 %	30 %	75 %
4.	On considère l'agrandissement de cœfficient 2 d'un rectangle ayant pour largeur 5 cm et pour longueur 8 cm. Quelle est l'aire du rectangle obtenu ?	40 cm²	80 cm²	160 cm²

▶ Exercice 2

Lors d'une étape cycliste, les distances parcourues par un cycliste ont été relevées chaque heure après le départ.
Ces données sont précisées dans le graphique ci-contre.
Par lecture graphique, répondre aux questions suivantes.
Aucune justification n'est demandée.

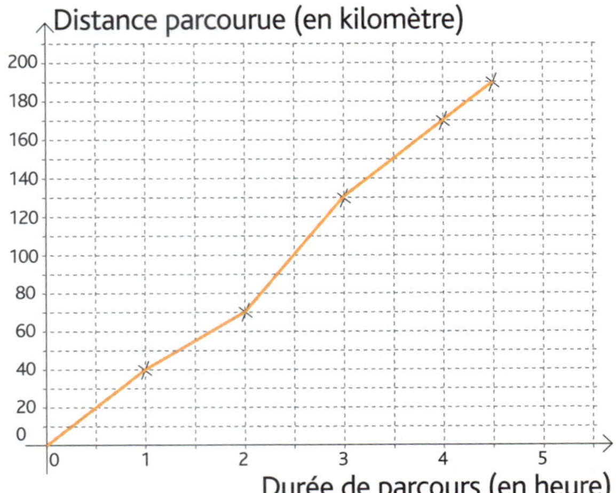

1. a) Quelle est la distance totale de l'étape ?
b) En combien de temps le cycliste a-t-il parcouru les cent premiers kilomètres ?

c) Quelle est la distance parcourue lors de la dernière demi-heure de course ?

2. Y a-t-il proportionnalité entre la distance parcourue et la durée de parcours de cette étape ? Justifier la réponse et proposer une explication.

▶ Exercice 3

On lance deux dés tétraédriques, équilibrés et non truqués, dont les faces sont numérotées de 1 à 4. On calcule la somme des nombres lus sur chacune des faces sur lesquelles reposent les dés.

1 000 lancers sont simulés avec un tableur.

Le graphique ci-contre représente la fréquence d'apparition de chaque somme obtenue :

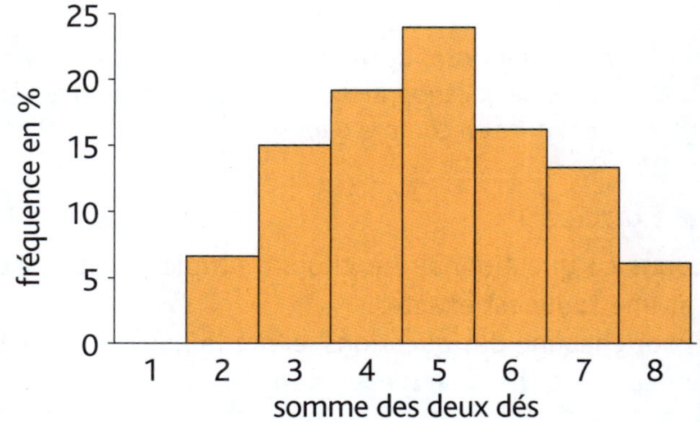

1. Par lecture graphique, donner la fréquence d'apparition de la somme 3.

2. Lire la fréquence d'apparition de la somme 1. Justifier cette fréquence.

3. a) Décrire les lancers de dés qui permettent d'obtenir une somme égale à 3.

b) En déduire la probabilité d'obtenir la somme 3 en lançant les dés.

On exprimera cette probabilité en pourcentage.

Expliquer pourquoi ce résultat est différent de celui de la question 1.

▶ Exercice 4

Trouver le nombre auquel je pense.

- Je pense à un nombre.
- Je lui soustrais 10.
- J'élève le tout au carré.
- Je soustrais au résultat le carré du nombre auquel je pensais.
- J'obtiens alors – 340.

▶ Exercice 5

Pour filmer les étapes d'une course cycliste, les réalisateurs de télévision utilisent des caméras installées sur deux motos et d'autres dans deux hélicoptères. Un avion relais, plus haut dans le ciel, recueille les images et joue le rôle d'une antenne relais. On considère que les deux hélicoptères se situent à la même altitude et que le peloton des coureurs roule sur une route horizontale. Le schéma ci-contre illustre cette situation.

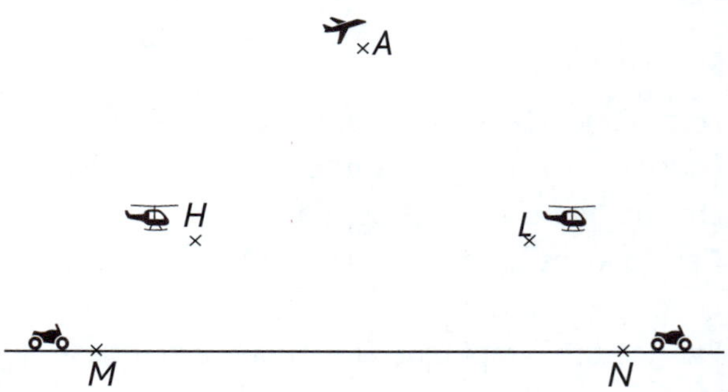

L'avion relais (point A), le premier hélicoptère (point L) et la première moto (point N) sont alignés.

De la même manière, l'avion relais (point A), le second hélicoptère (point H) et la seconde moto (point M) sont alignés.
On sait que : $AM = AN = 1$ km; $HL = 270$ m et $AH = AL = 720$ m.
1. Relever la phrase de l'énoncé qui permet d'affirmer que les droites (LH) et (MN) sont parallèles.
2. Calculer la distance MN entre les deux motos.

▶ Exercice 6

À l'issue de la 18e étape du Tour de France cycliste 2014, les coureurs ont parcouru 3 260,5 kilomètres depuis le départ. Le classement général des 9 premiers coureurs est le suivant :

Classement	NOM Prénom	Pays d'origine	Temps de course de chaque coureur
1	NIBALI Vincenzo	Italie	80 h 45 min
2	PINOT Thibaut	France	80 h 52 min
3	PÉRAUD Jean-Christophe	France	80 h 53 min
4	VALVERDE Alejandro	Espagne	80 h 53 min
5	BARDET Romain	France	80 h 55 min
6	VAN GARDEREN Tejay	États-Unis	80 h 57 min
7	MOLLEMA Bauke	Pays-Bas	80 h 59 min
8	TEN DAM Laurens	Pays-Bas	81 h 00 min
9	KONIG Leopold	République Tchèque	81 h 00 min

1. Calculer la différence de temps de course entre Leopold Konig et Vincenzo Nibali.
2. On considère la série statistique des temps de course.
a) Que représente pour la série statistique la différence calculée à la question 1. ?
b) Quelle est la médiane de cette série statistique ? Vous expliquerez votre démarche.
c) Quelle est la vitesse moyenne en km.h^{-1} du premier français Thibaut Pinot ? Arrondir la réponse à l'unité.

▶ Exercice 7

La Pyramide du Louvre est une œuvre de l'architecte Leoh Ming Pei.
Il s'agit d'une pyramide régulière dont la base est un carré de côté 35,50 mètres et dont les quatre arêtes qui partent du sommet mesurent toutes 33,14 mètres.
1. La Pyramide du Louvre est schématisée ci-dessous.
Calculer la hauteur réelle de la Pyramide du Louvre. On arrondira le résultat au centimètre.

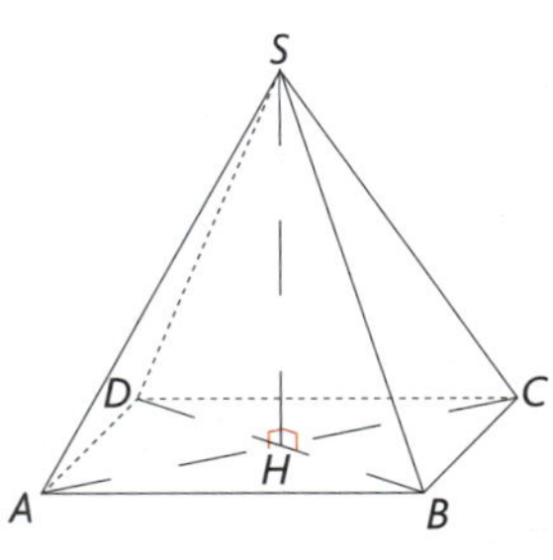

2. On veut tracer un patron de cette pyramide à l'échelle 1/800.
a) Calculer les dimensions nécessaires de ce patron en les arrondissant au millimètre.
b) Construire le patron en faisant apparaître les traits de construction. On attend une précision de tracé au mm.

SUJET 2

→ Corrigés p. 226

PHYSIQUE-CHIMIE / TECHNOLOGIE

1 heure (2 × 30 minutes), 50 points

Partie I. PHYSIQUE-CHIMIE

Science et parfum

Un brûle-parfum est constitué d'un support en terre cuite, d'une bougie chauffe-plat et d'un flacon d'essence de rose. On se propose d'étudier les phénomènes physiques et chimiques observables lors de l'utilisation du brûle-parfum.

Document 1 : Ensemble brûle-parfum

Document 2 : Notice d'utilisation

Verser de l'eau dans la coupelle, puis déposer quelques gouttes d'essence de rose. Allumer la bougie. L'essence de rose n'est pas miscible avec l'eau : elle flotte au-dessus de l'eau. Grâce à la combustion de la bougie, l'essence de rose s'évapore au fur et à mesure que l'eau chauffe, parfumant agréablement la pièce d'une odeur de rose.

Document 3 : Obtention et composition de l'essence de rose

L'huile essentielle de rose (ou essence de rose) est obtenue par hydrodistillation des pétales de roses. L'essence de rose contient de nombreuses molécules, mais c'est la molécule de citronellol, contenue dans les pétales, qui compose principalement son odeur.

Document 4 : Molécule de citronellol

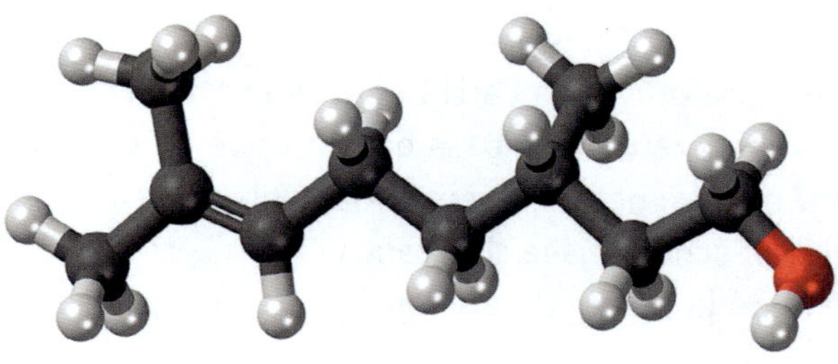

Document 5 : Tests d'identification de quelques espèces chimiques

Ions	Fe^{2+}	Fe^{3+}	Cu^{2+}	Zn^{2+}
Couleur du précipité obtenu par le test à la soude	vert	orange	bleu	blanc

Molécules	eau	dioxygène	dioxyde de carbone
Test de reconnaissance	bleuit le sulfate de cuivre anhydre	ravive la combustion d'une bûchette incandescente	trouble l'eau de chaux

Document 6 : Tableau périodique de quelques éléments chimiques

$_{1}$H hydrogène								$_{2}$He hélium
$_{3}$Li lithium	$_{4}$Be béryllium		$_{5}$B bore	$_{6}$C carbone	$_{7}$N azote	$_{8}$O oxygène	$_{9}$F fluor	$_{10}$Ne néon
$_{11}$Na sodium	$_{12}$Mg magnésium		$_{13}$Al aluminium	$_{14}$Si silicium	$_{15}$P phosphore	$_{16}$S soufre	$_{17}$Cl chlore	$_{18}$Ar argon

▶ Exercice 1

L'essence de rose

1. À l'aide des documents, expliquer comment est obtenue l'essence de rose. La molécule obtenue est-elle une espèce chimique naturelle, artificielle ou de synthèse ?
2. On verse 2 mL d'eau et 2 mL d'essence de rose dans un tube à essais. Représenter le mélange obtenu en annotant votre schéma.
Ce mélange est-il homogène ou hétérogène ? Justifier votre réponse.

3. Pour représenter les molécules, les chimistes utilisent des modèles moléculaires.
Compléter le tableau suivant en indiquant les informations manquantes.

Nom de l'atome	Carbone	....	....
Symbole de l'atome	....	H	....
Modélisation	....	....	

4. Le citronellol est la molécule qui compose principalement l'odeur de l'essence de rose. Utiliser les documents pour donner la composition de cette molécule.
5. Proposer une formule chimique de la molécule de citronellol.
6. La molécule de citronellol contient des atomes de carbone, d'hydrogène et d'oxygène.
À l'aide des documents, compléter le tableau suivant.

Nom de l'atome	....	....	....
Symbole	....	....	....
Numéro atomique	....	....	....
Nombre de charges positives contenues dans le noyau	....	....	....
Nombre d'électrons contenus dans le nuage électronique	....	....	....

7. En vous aidant du tableau précédent, justifier l'affirmation : « un atome est électriquement neutre ».

▶ Exercice 2

Fonctionnement du brûle-parfum

Pour permettre à l'essence de rose de s'évaporer, on utilise la chaleur produite par la combustion de la bougie.

1. Annoter le schéma ci-dessous.

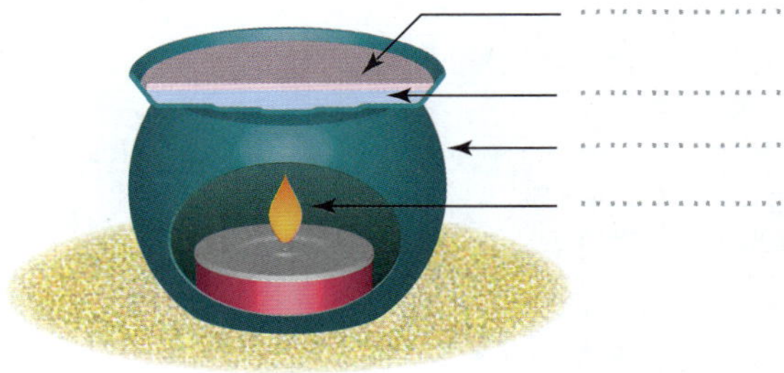

2. Quand on l'allume, la cire de la bougie devient liquide.
Compléter le diagramme ci-contre en indiquant les états de la cire lorsque la bougie est allumée, ainsi que le nom du changement d'état correspondant.

État .... → État ....

3. Ce changement d'état correspond-il à une transformation physique ou a une transformation chimique ? Justifier votre réponse.
4. Une fois liquide, la cire de la bougie monte dans la mèche, puis brûle en produisant une flamme jaune. Elle réagit avec le dioxygène de l'air pour former du dioxyde de carbone et de l'eau.
Nommer les réactifs, puis les produits de cette combustion.
5. Écrire, en toutes lettres, le bilan de cette transformation chimique.
6. Choisir la (ou les) bonne(s) réponse(s).
Lors l'une transformation chimique, il y a :

- ☐ conservation des atomes.
- ☐ conservation de la masse.
- ☐ conservation des molécules.

Partie II. TECHNOLOGIE

La société Aspi-Tech est spécialisée dans la fabrication d'aspirateurs pour les professionnels du nettoyage hôtelier.

Cette société a développé une brosse innovante capable d'enlever 40 % de poussière en plus sans perdre d'aspiration.

Pour créer ce nouveau produit, elle a réalisé une analyse fonctionnelle. Celle-ci lui a permis d'élaborer le cahier des charges fonctionnel du produit afin de lancer la fabrication.

On étudie ici les différentes étapes de l'élaboration de ce produit.

▶ Exercice 1

1. Répondre aux questions suivantes, puis compléter le diagramme « bête à cornes » ci-après.

a) À qui rend service l'objet créé par la société Aspi-Tech ?
b) Sur quoi ou sur qui va agir cet objet ?
c) Quel est le but de cet objet ?

d)

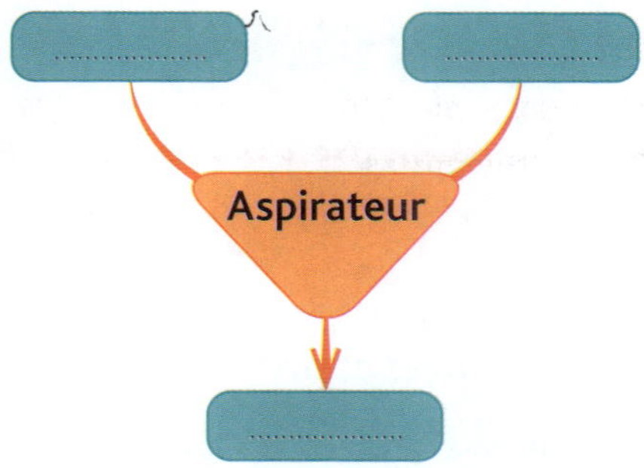

2. Énoncer le besoin sous la forme d'une phrase complète.
3. Quelles sont les trois questions essentielles à se poser pour réaliser un diagramme dit « bête à cornes » ?

Exercice 2

1. Qu'est ce que la fonction principale d'un objet technique ?
2. Énoncer la fonction principale FP de l'aspirateur.
3. L'aspirateur d'Aspi-Tech doit répondre aux exigences d'une chaîne hôtelière.

Celle-ci veut un appareil à ses couleurs et capable de s'adapter aux formes spécifiques de son mobilier. L'engin doit aussi avoir un prix compétitif, fonctionner sous la tension du secteur et être facilement transportable.

Associer chaque description à la fonction de service correspondante.

Fonctions de service		Description
FC1	mobilier	....
FC2	énergie	....
FC3	esthétique	....
FC4	utilisateur	....
FC5	prix	....

4. Comment peut-on nommer ces cinq fonctions ?

☐ Fonction principale. ☐ Fonction secondaire.
☐ Fonction contrainte. ☐ Fonction complémentaire.

5. Compléter le diagramme, ci-contre, des interactions de l'aspirateur en indiquant la fonction principale et les fonctions contraintes.

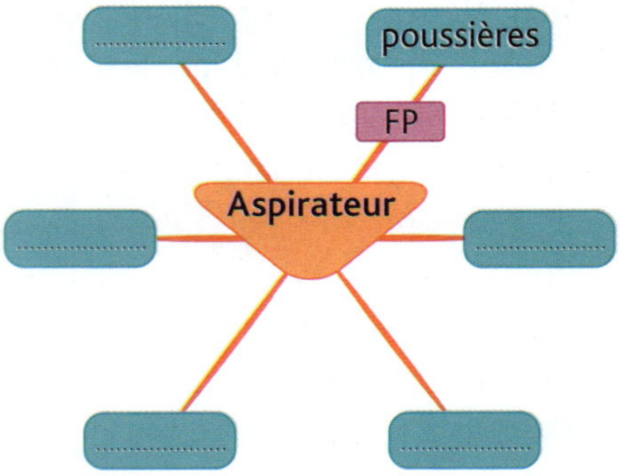

SUJET 3

→ Corrigés p. 227

PHYSIQUE-CHIMIE / SVT

1 heure (2 × 30 minutes), 50 points

Partie I. PHYSIQUE-CHIMIE

Sciences et archéologie

Le plus important trésor viking jamais trouvé en Écosse a été déterré par un passionné de détecteur de métaux. Ce trésor comportait plus de 100 objets datant des IXe et Xe siècles. Il contenait des bijoux en or et en argent. Et c'est grâce à un détecteur de métaux qu'il a été découvert !

▶ Exercice 1

Fonctionnement du détecteur

Le détecteur de métaux est alimenté par quatre piles LR06. Chaque pile possède une tension de 1,5 volt. Lorsque le détecteur fonctionne, il est traversé par un courant électrique de 2,5 ampères.

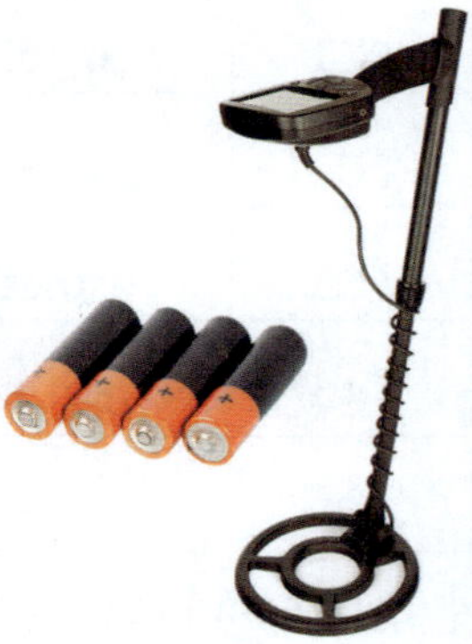

Document : Détecteur de métaux et ses piles

1. Calculer la tension reçue par le détecteur alimenté par les quatre piles LR06.
2. Avec quel appareil pourrait-on mesurer cette tension ?
3. La puissance électrique reçue par un appareil est égale au produit de la tension électrique qu'il reçoit par l'intensité du courant qui le traverse. Transformer cette phrase en une égalité mathématique entre P, U et I.
4. Calculer la puissance électrique reçue par le détecteur.
5. Rappeler la relation reliant l'énergie électrique E, la puissance électrique P et la durée de fonctionnement t, ainsi que les unités correspondantes.
6. Utiliser la relation précédente pour calculer, en wattheure, l'énergie électrique consommée par le détecteur en deux heures.

▶ Exercice 2

Un métal inconnu

Le chasseur de trésor à trouvé une chevalière – une sorte de bague. Cet objet est en métal, c'est sûr ! Mais est-ce de l'or ? Pour le savoir, il pèse l'objet : 48,25 g. Il réalise ensuite une expérience très simple. Il immerge la bague dans une éprouvette contenant 50,0 mL d'eau. Après immersion, le volume de l'éprouvette est de 52,5 mL.

Masses volumiques de quelques métaux :
ρ_{cuivre} : 8,9 g/cm^3 ;
$\rho_{platine}$: 21,45 g/cm^3 ;
ρ_{or} : 19,3 g/cm^3 ;
ρ_{plomb} : 11,35 g/cm^3;
$\rho_{aluminium}$: 2,7 g/cm^3.

1. Utiliser les données expérimentales pour déterminer la nature du métal constituant ce bijou.
2. Après une analyse plus fine, il s'avère que l'objet est bien en or. Le chasseur décide d'en savoir un peu plus sur ce métal et trouve les renseignements suivants sur Internet.

Or
Élément chimique
L'or est un élément chimique de symbole Au et de numéro atomique 79. Il s'agit d'un métal précieux très recherché et apprécié sous forme de parures ou de pièces de monnaie depuis l'aube des temps historiques.
Wikipédia
Symbole : Au
Point de fusion : 1 064 °C
Numéro atomique : 79
Masse d'un atome : $3{,}27 \times 10^{-22}$ g

Proposer une modélisation d'un atome d'or en indiquant le nombre, le nom et la charge électrique de ses constituants.

3. Donner un ordre de grandeur du diamètre de l'atome d'or.
4. Utiliser ce modèle pour justifier l'affirmation : « un atome d'or est électriquement neutre ».
5. Qu'arrive-t-il au métal si on le chauffe à 1 000 °C ? Justifier sa réponse.
6. Calculer le nombre d'atomes que contient la chevalière.

Partie II. SCIENCES DE LA VIE ET DE LA TERRE

Infection bactérienne et vaccination

▶ Exercice 1

Une infection bactérienne

Bastien se réveille un matin en ayant une toux persistante, des maux de gorge et de tête. Il se rend aussitôt chez son médecin qui lui diagnostique une bronchite bactérienne (inflammation des bronches pulmonaires causée par une bactérie).

Document 1 : Graphique illustrant l'évolution des quantités de bactéries et d'anticorps dans le sang de Bastien lors de l'infection

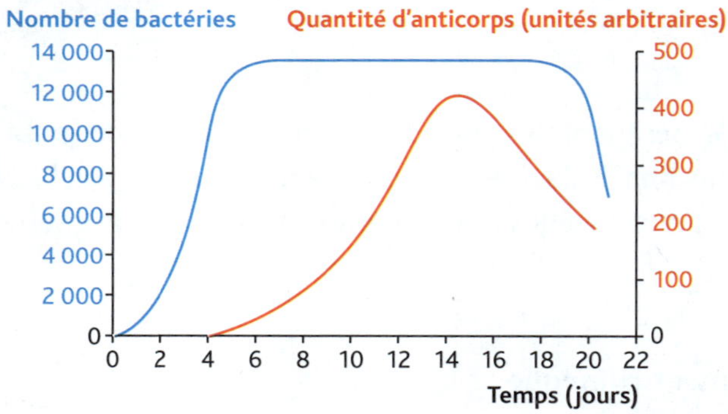

1. À l'aide du document 1, décrire l'évolution de la quantité de bactéries dans le sang suite à la contamination.
2. L'organisme de Bastien se défend face à cette attaque bactérienne. Compléter le schéma ci-dessous illustrant l'action des lymphocytes B dans la défense de l'organisme.
Dans l'étape 3, vous représenterez le complexe antigène/anticorps au niveau de la bactérie.

Schéma illustrant l'action des lymphocytes B dans la défense de l'organisme

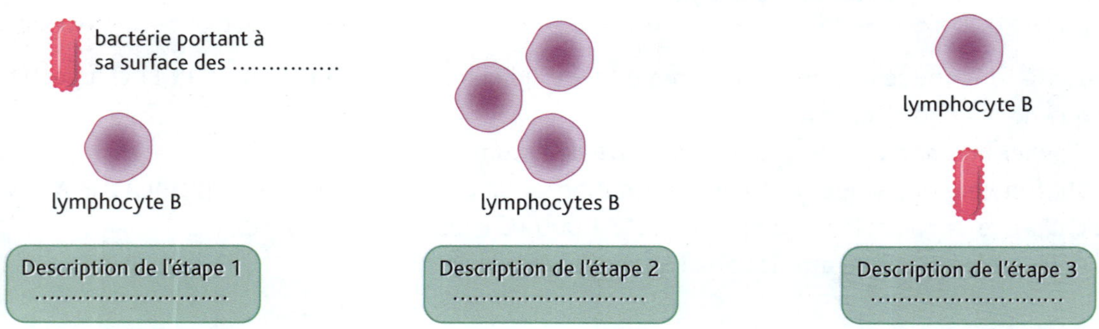

3. Le médecin informe Bastien qu'il est séropositif pour la bactérie responsable de sa bronchite. Rappeler la définition de *séropositivité* et expliquer pourquoi le médecin peut dire cela à Bastien.

Document 2 : Schéma illustrant un antibiogramme

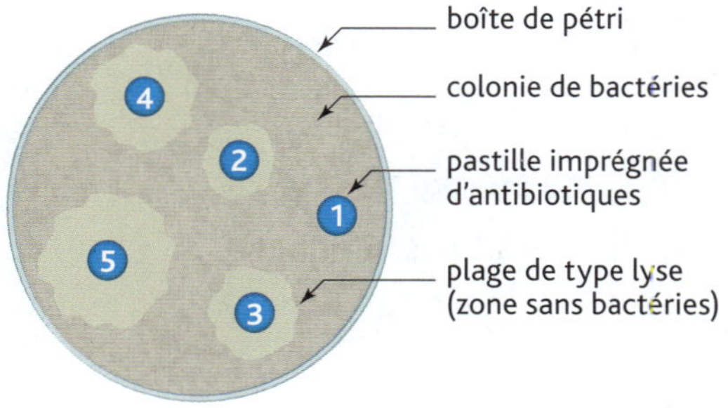

Des pastilles imbibées d'antibiotiques sont placées sur une colonie bactérienne. Une plage de lyse se forme dans la colonie suite à la mort des bactéries. La taille de la plage de lyse dépend de l'efficacité des antibiotiques à détruire les bactéries.

4. Pour aider l'organisme à se défendre face aux bactéries, des antibiotiques peuvent être prescrits. Déterminer à partir de l'antibiogramme du document 2 l'antibiotique qui sera prescrit à Bastien par le médecin.

Document 3 : Tableau illustrant l'évolution de la présence de bactéries et des symptômes ressentis par Bastien au cours du temps

Jours	1	2	3	4	5
Présence de bactéries dans l'organisme	oui +++	oui +++	oui ++	oui +	non –
Symptômes ressentis	Maux de tête Mal de gorge Fièvre	Maux de tête Mal de gorge	aucun	aucun	aucun

5. Expliquer, à l'aide du document 3, pourquoi il ne faut pas arrêter de prendre ses antibiotiques avant la fin de la durée du traitement, même si les symptômes disparaissent.
6. Rappeler pourquoi le médecin ne prescrit pas d'antibiotiques lors d'une bronchite virale.

▶ Exercice 2

Le principe de vaccination

Certaines infections bactériennes graves, telles que la coqueluche, peuvent être évitées par la vaccination.

À l'aide de vos connaissances, cocher la bonne réponse pour chaque proposition.

1. Un vaccin contient :

☐ la bactérie en grande quantité.

☐ une forme inoffensive de la bactérie.

☐ des lymphocytes B spécifiques de la bactérie.

2. Un vaccin a une action :

☐ curative, afin de guérir une maladie infectieuse.

☐ préventive, afin d'éviter une maladie infectieuse.

3. La vaccination permet :

- ☐ de produire des lymphocytes B mémoires spécifiques de la bactérie.
- ☐ d'affaiblir les bactéries déjà présentes dans l'organisme.
- ☐ de détruire les anticorps présents.

4. Si une personne vaccinée entre en contact avec l'antigène présent dans le vaccin :

- ☐ elle sera malade, mais de façon moins grave que si elle n'était pas vaccinée.
- ☐ elle sera malade, mais non contagieuse.
- ☐ elle ne sera pas malade.

5. Suite à un vaccin, la production d'anticorps spécifiques à l'antigène présent dans le vaccin :

- ☐ sera la même.
- ☐ sera plus rapide.
- ☐ sera plus rapide et plus importante.

6. Les rappels de vaccination :

- ☐ ne sont pas indispensables.
- ☐ permettent de maintenir la quantité de lymphocytes mémoires suffisante.
- ☐ permettent de maintenir la quantité d'antigènes suffisante.

SUJET 4

→ Corrigés p. 229

FRANÇAIS

3 heures, 100 points

Partie I : Travail sur le texte littéraire et sur une image

Document 1 : Texte littéraire

Dans ce récit de Colette, rédigé en collaboration avec Willy, le personnage, Claudine, raconte sa jeunesse.

Je m'appelle Claudine, j'habite Montigny ; j'y suis née en 1884 ; probablement je n'y mourrai pas.

Mon Manuel de géographie départementale s'exprime ainsi : « Montigny-en-Fresnois, jolie petite ville de 1950 habitants, construite en amphithéâtre sur la Thaize ; on y admire une tour sarrasine[1] bien conservée... » Moi, ça ne me dit rien du tout, ces descriptions-là ! D'abord, il n'y a pas de Thaize ; je sais bien qu'elle est censée traverser des prés au-dessous du passage à niveau ; mais en aucune saison vous n'y trouveriez de quoi laver les pattes d'un moineau. Montigny construit « en amphithéâtre »[2] ? Non, je ne le vois pas ainsi ; à ma manière c'est des maisons qui dégringolent, depuis le haut de la colline jusqu'en bas de la vallée ; ça s'étage en escalier au-dessous d'un gros château, rebâti sous Louis XV et déjà plus délabré que la tour sarrasine, épaisse, basse, toute gainée de lierre[3], qui s'effrite par en haut, un petit peu chaque jour. C'est un village, et pas une ville ; les rues, grâce au ciel, ne sont pas pavées ; les averses y roulent en petits torrents, secs au bout de deux heures ; c'est un village, pas très joli même, et que pourtant j'adore.

Le charme, le délice de ce pays fait de collines et de vallées si étroites que quelques-unes sont des ravins, c'est les bois, les bois profonds et envahisseurs, qui moutonnent et ondulent jusque là-bas, aussi loin qu'on peut voir... Des prés verts les trouent par places, de petites cultures aussi, pas grand-chose, les bois superbes dévorant tout. De sorte que cette belle contrée est affreusement pauvre, avec ses quelques fermes disséminées, si peu nombreuses, juste ce qu'il faut de toits rouges pour faire valoir le vert velouté des bois.

Chers bois ! Je les connais tous ; je les ai battus si souvent. Il y a les bois-taillis, des arbustes qui vous agrippent méchamment la figure au passage, ceux-là sont pleins de soleil, de fraises, de muguet, et aussi de serpents. J'y ai tressailli de frayeurs suffocantes à voir glisser devant mes pieds ces atroces petits corps lisses et froids ; vingt fois je me suis retrouvée haletante en trouvant sous ma main, près de la « passe-rose[4] », une couleuvre bien sage, roulée en colimaçon[5] régulièrement, sa tête en dessus, ses petits yeux dorés me regardant ; ce n'était pas dangereux, mais quelles terreurs ! Tant pis, je finis toujours par y retourner seule ou avec des camarades ; plutôt seule, parce que ces petites grandes filles m'agacent, ça a peur de se déchirer aux ronces, ça a peur des petites bêtes, des chenilles veloutées et des araignées des bruyères, si jolies, rondes et roses comme des perles, ça crie, c'est fatigué – insupportables enfin.

Colette, *Claudine à l'école*, édition Princeps, 1900.

[1] *Tour sarrasine :* tour construite au Moyen Âge à l'époque des conquêtes arabes.
[2] *Amphithéâtre :* lieu de spectacle antique en arc de cercle avec des gradins.
[3] *Gainée de lierre :* entourée du végétal qu'est le lierre.
[4] *Passe-rose :* la passe-rose est une variété de fleur.
[5] *En colimaçon :* en spirale.

Document 2 : Image

Pierre-Auguste Renoir, *Fillette au cerceau*, 1885, huile sur toile, National Gallery of Art, Washington.

▶ Questions (50 points)

Les réponses aux questions doivent être entièrement rédigées.

Grammaire et compétences linguistiques

1. Lignes 27-28 : « ces atroces petits corps lisses et froids ».

a) Que désigne ce groupe nominal ? **(1 point)**

b) Quelle est la classe grammaticale du mot « atroces » ? Quel nom complète-t-il ? Relevez dans ce groupe nominal les autres mots de la même classe grammaticale. **(3 points)**

Réécriture

2. a) Réécrivez le passage suivant en remplaçant « une couleuvre » par « des serpents » : « vingt fois je me suis retrouvée haletante en trouvant sous ma main, près de la "passe-rose", une couleuvre bien sage, roulée en colimaçon régulièrement, sa tête en dessus, ses petits yeux dorés me regardant ». **(5 points)**

b) Réécrivez le passage suivant en mettant les verbes conjugués à l'imparfait de l'indicatif : « C'est un village, et pas une ville ; les rues, grâce au ciel, ne sont pas pavées ; les averses y roulent en petits torrents, secs au bout de deux heures ; c'est un village, pas très joli même, et que pourtant j'adore. ». **(5 points)**

3. Lignes 19-20 : « Des prés verts les trouent par places » : donnez la fonction de « les ». Quel groupe nominal remplace-t-il ? **(3 points)**

4. Justifiez l'orthographe de « battus » (ligne 24). **(3 points)**

Compréhension et compétences d'interprétation

5. a) Lignes 17 à 23 : quelles sont les caractéristiques attribuées aux bois dans le troisième paragraphe ? **(3 points)**

b) Quels sont les éléments du paysage qui échappent aux « bois superbes dévorant tout » ? **(2 points)**

6. Ligne 31 : « mais quelles terreurs ! Tant pis, je finis toujours par y retourner ». Pour quelles raisons Claudine finit-elle toujours par retourner dans les bois ? **(6 points)**

7. Lignes 33 à 35 : « ça a peur de se déchirer [...] fatigué ». Qui le pronom « ça » désigne-t-il ? En quoi ce choix de pronom est-il surprenant ? Pourquoi est-il selon vous employé ? **(6 points)**

8. D'après vous, Claudine est-elle heureuse de vivre à Montigny, dans ce « pays fait de collines et de vallées » ? Vous justifierez votre réponse en vous appuyant sur des éléments précis de l'ensemble du texte. **(7 points)**

Image

9. Comparez le texte et l'image : les deux documents offrent-ils la même représentation de l'enfance et de ses jeux ? **(6 points)**

▶ Dictée (10 points)

Ah ! les bois, les chers bois de Montigny ! À cette heure-ci, je le sais bien, comme ils bourdonnent ! Les guêpes et les mouches qui pompent dans les fleurs des tilleuls et des sureaux font vibrer toute la forêt comme un orgue ; et les oiseaux ne chantent pas, car à midi ils se tiennent debout sur les branches, cherchent l'ombre, lissent leurs plumes, et regardent le sous-bois avec des yeux mobiles et brillants. Je serais couchée, au bord de la Sapinière d'où l'on voit toute la ville, en bas au-dessous de soi, avec le vent chaud sur ma figure, à moitié morte d'aise et de paresse...

Colette, *Claudine à l'école*, édition Princeps, 1900.

Écrire au tableau : Montigny, Sapinière.

Partie II : Rédaction (40 points)

Vous traiterez ***au choix*** *le sujet A ou B.*

Sujet A : Imagination

Évoquez un lieu de votre enfance qui a représenté pour vous un espace de jeux et de découvertes. Votre texte mêlera description et narration et cherchera à faire partager les sensations et les sentiments que vous avez alors éprouvés.

Sujet B : Réflexion

Vivre à la campagne ou vivre en ville : selon vous, où un enfant trouve-t-il le plus de possibilités de jeux et d'aventures ?

Vous répondrez à cette question en vous appuyant sur votre expérience, sur les textes étudiés en classe ainsi que sur votre culture personnelle.

SUJET 5

→ Corrigés p. 233

FRANÇAIS

3 heures, 100 points

Partie I : Travail sur le texte littéraire et sur une image

Document 1 : Texte littéraire

La scène se déroule, après la Seconde Guerre mondiale, dans la ville de Blémont qui a subi d'importantes destructions.

Léopold s'assura que la troisième était au complet. Ils étaient douze élèves, quatre filles et huit garçons qui tournaient le dos au comptoir. Tandis que le professeur gagnait sa place au fond de la salle, le patron alla retirer le bec de cane[1] à la porte d'entrée afin de s'assurer contre toute intrusion. Revenu à son zinc[2], il but encore un coup de vin blanc et s'assit sur un tabouret. En face de lui le professeur Didier s'était installé à sa table sous une réclame d'apéritif accrochée au mur. Il ouvrit un cahier, jeta un coup d'œil sur la classe de troisième et dit :

– Hautemain, récitez.

Léopold se pencha sur son siège pour voir l'élève Hautemain que lui dissimulait la poutre étayant le plafond. La voix un peu hésitante, Hautemain commença :

Seigneur, que faites-vous, et que dira la Grèce ?
Faut-il qu'un si grand cœur montre tant de faiblesse ?[3]

– Asseyez-vous, dit le professeur lorsque Hautemain eut fini. Quinze.

Il notait avec indulgence. Estimant que la plupart de ces enfants vivaient et travaillaient dans des conditions pénibles, il voulait les encourager et souhaitait que l'école, autant que possible, leur offrît les sourires que leur refusait trop souvent une existence troublée.

À son zinc, Léopold suivait la récitation des écoliers en remuant les lèvres et avalait anxieusement sa salive lorsqu'il sentait hésiter ou trébucher la mémoire du récitant. Son grand regret, qu'il n'oserait jamais confier à M. Didier, était de ne participer à ces exercices qu'en simple témoin. Léopold eût aimé réciter, lui aussi :

Captive, toujours triste, importune à moi-même,
Pouvez-vous souhaiter qu'Andromaque vous aime ?[3]

Malgré la timidité et le respect que lui inspirait Andromaque, il lui semblait qu'il eût trouvé les accents propres à émouvoir le jeune guerrier. Il se plaisait à imaginer sa voix, tout amenuisée par la mélancolie et s'échappant du zinc comme une vapeur de deuil et de tendresse.

– Les cahiers de préparation, dit le professeur Didier.

Les élèves ayant étalé leurs cahiers, il alla de table en table s'assurer qu'ils avaient exécuté le travail portant sur un autre passage d'Andromaque. Pendant qu'il regagnait sa place, Léopold se versa un verre de blanc.

– Mademoiselle Odette Lepreux, lisez le texte. [...]

Odette se mit à lire d'une voix claire, encore enfantine, où tremblaient des perles d'eau fraîche :

Où fuyez-vous, Madame ?

N'est-ce point à vos yeux un spectacle assez doux
Que la veuve d'Hector pleurante à vos genoux ?[4]

Sur ces paroles d'Andromaque, la patronne, venant de sa cuisine, pénétra discrètement dans l'enceinte du zinc. Comme elle s'approchait du cafetier, elle eut la stupéfaction de voir les larmes ruisseler sur ses joues cramoisies et interrogea :

– Qu'est-ce que t'as ?

– Laisse-moi, murmura Léopold. Tu peux pas comprendre. [...]

Odette Lepreux poursuivait sa lecture :

Par une main cruelle hélas ! J'ai vu percer
Le seul où mes regards prétendaient s'adresser.[4]

La patronne considérait cet homme étrange, son mari, auquel ses reproches et ses prières n'avaient jamais réussi, en trente ans de vie commune, à tirer seulement une larme. Ne revenant pas de son étonnement, elle oublia une minute ce qu'elle était venue lui dire.

Marcel AYMÉ, *Uranus*, © éditions Gallimard, 1948.

1. *Bec de cane :* élément de serrurerie qui permet de fermer une porte de l'intérieur sans utiliser de clé.
2. *Zinc :* comptoir de bar.
3. Le texte en italique renvoie à des extraits de la tragédie Andromaque de Jean Racine (1667). Après la prise de Troie, Andromaque, veuve d'Hector, devient la prisonnière de Pyrrhus, qui tombe amoureux d'elle. Dans ces deux passages, Andromaque s'adresse à Pyrrhus pour le convaincre de renoncer à cet amour.
4. Dans ces extraits, Andromaque s'adresse à Hermione qui devait épouser Pyrrhus. Hermione considère donc Andromaque comme une rivale. Andromaque lui déclare qu'elle n'aime que son mari, Hector, mort transpercé par une épée.

Document 2 : Image

Photogramme tiré du film *Uranus* réalisé par Claude Berri, 1990.

▶ Questions (50 points)

Les réponses aux questions doivent être entièrement rédigées.

Compréhension et compétences d'interprétation

1. Où se déroule la scène ? Qui est Léopold ? Pourquoi la situation présentée peut-elle surprendre ? Justifiez votre réponse. **(4 points)**

2. Lignes 9 à 19 : Comment se manifeste l'intérêt de Léopold pour le cours du professeur Didier ? Développez votre réponse en vous appuyant sur trois éléments significatifs. **(6 points)**

3. Lignes 19 à 24 : Quels liens Léopold établit-il avec le personnage tragique d'Andromaque ? Comment l'expliquez-vous ? Développez votre réponse. **(6 points)**

4. Lignes 30 à 36 : Que ressent Léopold quand Odette lit l'extrait d'Andromaque ? Justifiez votre réponse en vous appuyant sur une image que vous analyserez. **(6 points)**

Image

5. a) Par quelles oppositions la scène du film reproduite ci-dessus cherche-t-elle à faire rire le spectateur ? Donnez trois éléments de réponse. **(6 points)**
b) Qu'est-ce qui peut relever également du comique dans la fin du texte (lignes 34 à 44) ? **(4 points)**

Grammaire et compétences linguistiques

6. L'une des phrases suivantes contient une proposition subordonnée relative et l'autre une proposition subordonnée complétive :
« Léopold s'assura que la troisième était au complet. » (ligne 1)
« Léopold se pencha sur son siège pour voir l'élève Hautemain que lui dissimulait la poutre étayant le plafond. » (lignes 8-9)

a) Trouvez dans quelle phrase se trouve la proposition subordonnée relative. Recopiez-la sur votre copie. **(1 point)**
b) Trouvez dans quelle phrase se trouve la proposition subordonnée complétive.
Recopiez-la sur votre copie. **(1 point)**
c) Expliquez comment vous avez pu différencier chacune de ces deux propositions). **(3 points)**

7. Réécriture. Voici deux phrases au discours direct dont le verbe introducteur est au présent :
Andromaque demande à Pyrrhus : « Seigneur, que faites-vous, et que dira la Grèce ? »
Andromaque déclare à Hermione : « J'ai vu percer le seul où mes regards prétendaient s'adresser. »
Sur votre copie, réécrivez ces deux phrases au discours indirect en mettant le verbe introducteur au passé simple. Vous ferez toutes les modifications nécessaires. **(10 points)**

8. *« La patronne considérait cet homme étrange, son mari, auquel ses reproches et ses prières n'avaient jamais réussi, en trente ans de vie commune, à tirer seulement une larme. »* (lignes 42-43)
a) Donnez un synonyme de l'adjectif « étrange ». **(1 point)**
b) L'adjectif « étrange » vient du latin *« extraneus »* qui signifiait « qui n'est pas de la famille, étranger ». Comment ce sens premier peut-il enrichir le sens de cet adjectif dans le texte ? **(2 points)**

▶ Dictée (10 points)

Le collège de Blémont étant détruit, la municipalité avait réquisitionné certains cafés pour les mettre à la disposition des élèves, le matin de huit à onze heures et l'après-midi de deux à quatre. Pour les cafetiers, ce n'étaient que des heures creuses et leurs affaires n'en souffraient pas. Néanmoins Léopold avait vu d'un très mauvais œil qu'on disposât ainsi de son établissement et la place Saint-Euloge avait alors retenti du tonnerre de ses imprécations. Le jour où pour la première fois les élèves étaient venus s'asseoir au café du Progrès, il n'avait pas bougé de son zinc, le regard soupçonneux, et affectant de croire qu'on en voulait à ses bouteilles. Mais sa curiosité, trompant sa rancune, s'était rapidement éveillée et Léopold était devenu le plus attentif des élèves.

D'après Marcel Aymé, *Uranus*, © éditions Gallimard, 1948.

Partie II : Rédaction
(40 points)

Vous traiterez ***au choix*** *le sujet A ou B.*

Sujet A : Imagination

« Laisse-moi, murmura Léopold. Tu peux pas comprendre. »
À la fin du cours, c'est à M. Didier, le professeur de français, que Léopold se confie sur son grand regret de n'avoir pu poursuivre ses études et découvrir des œuvres littéraires. Racontez la scène et imaginez leur conversation en insistant sur les raisons que donne Léopold et sur les émotions qu'il éprouve.

Sujet B : Réflexion

Vous avez lu en classe ou par vous-même de nombreuses œuvres littéraires dans leur intégralité ou par extraits. Vous expliquerez ce que vous ont apporté ces lectures et vous direz pour quelles raisons il est toujours important de lire aujourd'hui.

SUJET 6

→ Corrigés p. 236

HISTOIRE-GÉOGRAPHIE-EMC

2 heures, 50 points

HISTOIRE ▶ Exercice 1. Analyser et comprendre des documents (20 points)

Les Français dans la Grande Guerre

Document 1 : Intervention à la Chambre des députés, le 20 novembre 1917, de M. Georges Clemenceau, président du Conseil, ministre de la Guerre, à l'occasion de son investiture.

> « Messieurs, nous avons accepté d'être au Gouvernement pour conduire la guerre avec un redoublement d'efforts en vue du meilleur rendement de toutes les énergies. Nous nous présentons devant vous dans l'unique pensée d'une guerre totale. […] Ces Français que nous fûmes contraints de jeter dans la bataille, ils ont des droits sur nous. […] Nous leur devons tout, sans aucune réserve. […] Ferme dans les espérances puisées aux sources de l'humanité la plus pure, (la France) accepte de souffrir encore, pour la défense du sol des grands ancêtres, avec l'espoir d'ouvrir, toujours plus grandes aux hommes comme aux peuples, toutes les portes de la vie. La force de l'âme française est là. C'est ce qui meut notre peuple au travail comme à l'action de guerre. Ces silencieux soldats de l'usine, sourds aux suggestions mauvaises, ces vieux paysans courbés sur leurs terres, ces robustes femmes au labour, ces enfants qui leur apportent l'aide d'une faiblesse grave : voilà de nos *poilus* ! De nos poilus qui, plus tard, songeant à la grande œuvre, pourront dire, comme ceux des tranchées : *J'en étais* ! […] Plus de campagnes pacifistes, plus de menées allemandes. Ni trahison, ni demi-trahison : la guerre. Rien que la guerre. […] Une censure sera maintenue des informations diplomatiques et militaires, aussi bien que de celles qui seraient susceptibles de troubler la paix civile […]. Nous allons entrer dans la voie des restrictions alimentaires, à la suite de l'Angleterre, de l'Italie, de l'Amérique elle-même, admirable d'élan. Nous demanderons à chaque citoyen de prendre toute sa part de la défense commune, de donner plus et de consentir à recevoir moins. L'abnégation[1] est aux armées. Que l'abnégation soit dans tout le pays ! »
>
> Source : *http://www.assemblee-nationale.fr/histoire/clemenceau/clem3.asp*
>
> [1] *Abnégation* : sacrifice de son intérêt personnel au profit de l'intérêt général.

Document 2 : La délégation des « Gueules cassées » à Versailles, le 28 juin 1919.

Inscription sur la carte postale : « Congrès de la paix, Versailles, 28 juin 1919, Délégation des mutilés français »

Collection Simone Benoît/Europeana 1914-1918

Questions

1. Repères sur le document 1 :
– Nommez et datez la guerre évoquée dans ce discours de Georges Clemenceau. **(2 points)**
– Quelles fonctions politiques Clemenceau occupe-t-il au moment où il prononce ce discours ? À qui parle-t-il et à quelle occasion ? **(3 points)**
– Citez la bataille qui s'est déroulée sur le front de l'Ouest en 1916, soit l'année qui précède ce discours. **(1 point)**
– Nommez le pays dans lequel des révolutions se déroulent en 1917. **(1 point)**
2. Trouvez deux adjectifs pour qualifier ce discours de Clemenceau. Justifiez votre réponse en soulignant deux passages du texte, un pour chaque adjectif. **(3 points)**
3. Expliquez la phrase soulignée dans le texte. **(3 points)**
4. Selon Clemenceau, comment la guerre doit-elle être conduite si les Français veulent la gagner ? Citez deux éléments de réponse et explicitez votre réponse si nécessaire. **(3 points)**
5. Qui sont les « Gueules cassées » photographiées sur le document 2 ? **(2 points)**
6. Expliquez en quoi le destin de ces hommes est représentatif de « l'abnégation » demandée aux Français par Clemenceau. **(2 points)**

GÉOGRAPHIE ▶ Exercice 2. Maîtriser différents langages pour raisonner et se repérer (20 points)

1. Sous la forme d'un développement construit d'une vingtaine de lignes et en vous appuyant sur des exemples étudiés en classe, décrivez le processus d'intégration des pays et de leur population dans l'Union européenne.
2. Localisez et nommez sur le fond de carte ci-dessous quatre pays membres de l'Union européenne de votre choix.

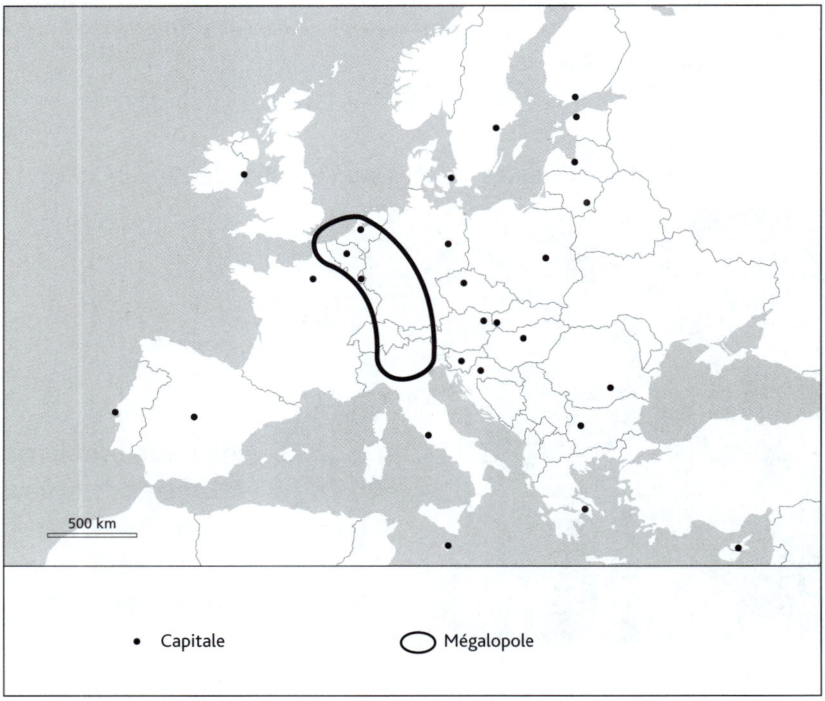

EMC ▶ Exercice 3. Mobiliser des compétences relevant de l'EMC (10 points)

Questions

1. Complétez le schéma de l'organisation des pouvoirs sous la Ve République.
– Dans la case « Électeurs », indiquez deux conditions nécessaires pour être électeur en France. **(2 points)**
– Dans la case « Parlement », précisez le rôle de cette institution dans la Ve République. **(2 points)**
– Complétez les deux cases grisées, puis indiquez dans la légende le nom du pouvoir partagé par ces deux institutions. **(2 points)**

2. Avec l'aide du schéma complété, montrez que la République française est une démocratie. Donnez deux arguments pour justifier votre réponse. **(4 points)**

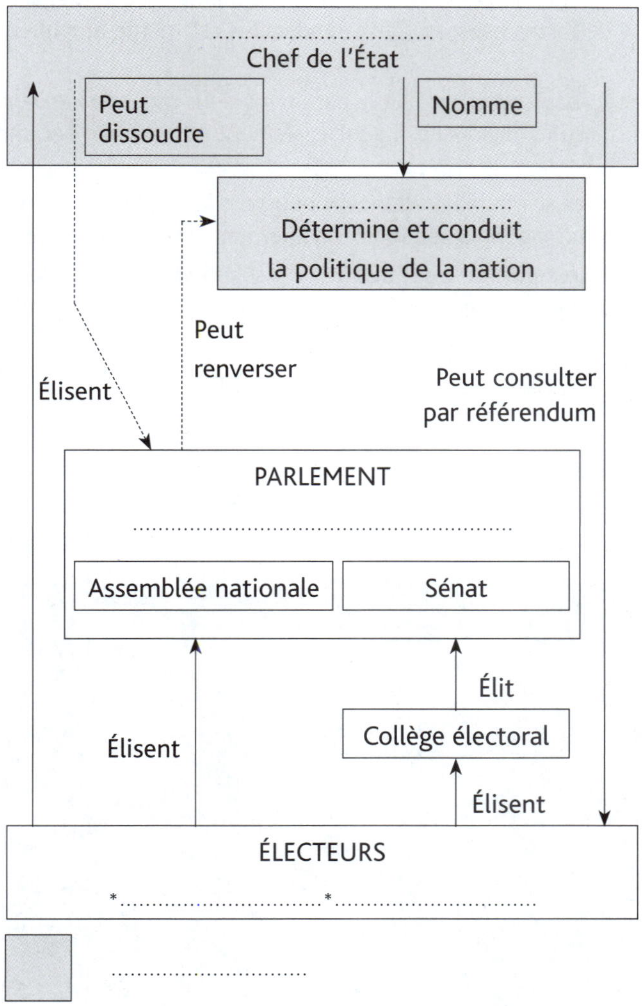

SUJET 7 → Corrigés p. 238

HISTOIRE-GÉOGRAPHIE-EMC

2 heures, 50 points

GÉOGRAPHIE ▶ Exercice 1. Analyser et comprendre des documents (20 points)

Document 1 : Étalement urbain et mobilités à Angoulême (département de la Charente, région Aquitaine-Limousin-Poitou-Charentes).

Le phénomène de périurbanisation est fort à Angoulême et dure depuis plusieurs décennies. Pendant 50 ans, l'expansion démographique s'est faite davantage par étalement que par densification de la ville-centre. Alors qu'Angoulême voit sa population diminuer légèrement, les communes de la périphérie enregistrent de fortes hausses. Cette tendance s'est même amplifiée sur la période 1999-2010.

Si ce phénomène de périurbanisation s'explique par un meilleur cadre de vie dans le périurbain avec la possibilité de vivre en maison individuelle, il peut également être motivé par une fiscalité[1] locale plus attractive.

En s'installant loin des villes, les familles allongent pourtant leurs déplacements, non seulement pour se rendre au travail, mais aussi pour accéder aux équipements (achats, démarches, loisirs).

Un des objectifs de la loi Grenelle[2] sur les transports durables est d'ouvrir la voie à de nouvelles façons de se déplacer : développent des transports collectifs avec l'aide de l'État, mise en place d'un plan véhicule électrique, développement du covoiturage.

D'après le site de l'INSEE, Décimal n° 325 – avril 2013.

[1] *fiscalité* : impôts
[2] *loi Grenelle* : ensemble des mesures en faveur du développement durable (2009-2010)

Document 2 : Photographie aérienne de la commune de Chassieu, dans la banlieue est de Lyon.

Questions

1. D'après le document 1, citez pour l'aire urbaine d'Angoulême :
– un espace qui gagne des habitants ; **(2 points)**
– un espace qui perd des habitants. **(2 points)**

2. Quel phénomène est ainsi mis en évidence ? Peut-on le généraliser à l'échelle de la France ? **(3 points)**

3. Dans le document 1, relevez deux raisons qui expliquent la périurbanisation. **(3 points)**

4. **Tâche cartographique**
À l'aide du document 1 et de vos connaissances, complétez le schéma d'une aire urbaine suivant :
– complétez la légende ; **(2 points)**
– reportez sur le schéma les déplacements quotidiens des habitants. **(2 points)**

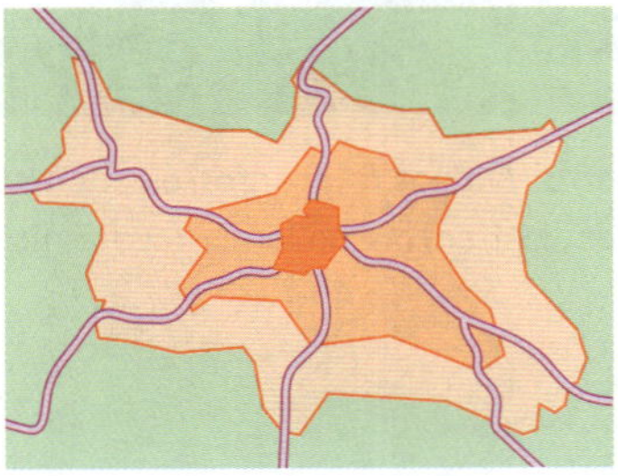

Ville-centre
Banlieues
....
Principaux axes de transport
Déplacement quotidien des habitants

5. À l'aide des documents 1 et 2 et de vos connaissances, décrivez deux conséquences de la périurbanisation. **(3 points)**

6. Quel est l'impact de la périurbanisation sur le développement durable ? Pour répondre à cette question, complétez le schéma suivant en donnant un argument par « pilier » du développement durable. **(3 points)**

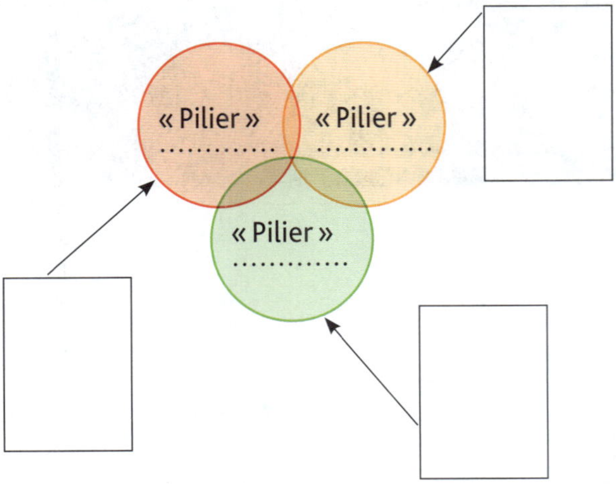

HISTOIRE ▶ Exercice 2. Maîtriser différents langages pour raisonner (20 points)

Sous la forme d'un développement construit d'une vingtaine de lignes et en vous appuyant sur des faits étudiés en classe, racontez la crise de Berlin et montrez qu'elle est révélatrice de la guerre froide.

EMC ▶ Exercice 3. Mobiliser des compétences relevant de l'EMC (10 points)

Document : Les médias retransmettent le débat des candidats à l'élection présidentielle en mai 2012.

TF1.fr, TF1 NEWS, le débat de l'entre-deux tours ; http://videos.tf1.fr/infos/elections-presidentielles/debat/2012-le-debat-françois-hollande-face-a-nicolas-sarkozy-7209564.html.

Questions

1. Décrivez le document 1 :

– Complétez les cartouches ci-dessus sans employer le nom des personnes. **(2 points)**

– Dans quel lieu a été filmé ce débat ? **(0,5 point)**

– Que représente le décor de l'arrière-plan ? **(0,5 point)**

2. Relevez dans le document deux médias différents. **(1 point)**

3. Dans notre démocratie, chaque personne a le droit de penser et de s'exprimer sauf à répondre de l'abus de cette liberté dans les cas déterminés par la loi… Montrez que le pluralisme des médias est au service de cette liberté. **(6 points)**

4

Corrigés

MATHÉMATIQUES

1. Diviseurs (p. 16)

1 $35 = 1 \times 35 = 5 \times 7$: **les diviseurs de 35 sont 1, 5, 7 et 35.**
$20 = 1 \times 20 = 2 \times 10 = 4 \times 5$: **les diviseurs de 20 sont 1, 2, 4, 5, 10 et 20.**
$56 = 1 \times 56 = 2 \times 28 = 4 \times 14 = 7 \times 8$: **les diviseurs de 56 sont 1, 2, 4, 7, 8, 14, 28 et 56.**
$43 = 1 \times 43$: **les diviseurs de 43 sont 1 et 43.**

2

253	6
13	42
1	

donc **253 = 6 × 42 + 1.**
Le reste est 1.

967	15
67	64
7	

donc **967 = 15 × 64 + 7.**
Le reste est 7.

828	18
108	46
0	

donc **828 = 18 × 46 + 0.**
Le reste est 0.

1 025	15
125	68
5	

donc **1 025 = 15 × 68 + 5.**
Le reste est 5.

3 **a. Les diviseurs de 48 sont 1, 2, 3, 4, 6, 8, 12, 16, 24 et 48.**
b. Les diviseurs de 42 sont 1, 2, 3, 6, 7, 14, 21 et 42.
c. Les diviseurs communs à 48 et à 42 sont 1, 2, 3 et 6. Le plus grand d'entre eux est 6.

4 **a.** $432 = 32 \times 13{,}5$. 13,5 n'est pas entier, donc **432 n'est pas divisible par 32.**
b. $665 = 35 \times 19$, donc **35 est un diviseur de 665.**
c. $240 = 48 \times 5$, donc **240 est un multiple de 48.**

2. PGCD (p. 17)

1 **PGCD(28 ; 16)** = PGCD(16 ; 12) = PGCD(12 ; 4) = PGCD(8 ; 4) = PGCD(4 ; 4) = **4.**
PGCD(36 ; 12) = PGCD(24 ; 12) = PGCD(12 ; 12) = **12.**
PGCD(13 ; 3) = PGCD(10 ; 3) = PGCD(7 ; 3) = PGCD(4 ; 3) = PGCD(3 ; 1) = PGCD(2 ; 1) = PGCD(1 ; 1) = **1.**

2 PGCD (45 ; 7)

a	b	r
45	7	3
7	3	1
3	1	0

PGCD(45 ; 7)
= PGCD(7 ; 3)
= PGCD(3 ; 1) = **1**

PGCD(56 ; 20)

a	b	r
56	20	16
20	16	4
16	4	0

PGCD(56 ; 20)
= PGCD(20 ; 16)
= PGCD(16 ; 4) = **4**

3 45 et 30 sont divisibles par 5, donc **45 et 30 ne sont pas premiers entre eux.**
72 et 14 sont divisibles par 2, donc **72 et 14 ne sont pas premiers entre eux.**
27 et 10 : d'après l'algorithme d'Euclide, on a PGCD(27 ; 10) = PGCD(10 ; 7) = PGCD(7 ; 3) = PGCD(3 ; 1) = 1.
Donc **27 et 10 sont premiers entre eux.**

4 $\frac{28}{16} = \frac{4 \times 7}{4 \times 4} = \frac{7}{4}$; $\frac{56}{20} = \frac{14 \times 4}{5 \times 4} = \mathbf{\frac{14}{5}}$; $\frac{45}{7} = \mathbf{\frac{45}{7}}$; $\frac{671}{732} = \frac{11 \times 61}{12 \times 61} = \mathbf{\frac{11}{12}}$.

3. Algorithmique (p. 18)

1 **a.** Pour $x = 0$, on a $a = 0 + 1 = \mathbf{1}$, $b = a^2 = \mathbf{1}$ et $y = -b + 16 = -1 + 16 = \mathbf{15}$.
b. Pour $x = 1$, on a $a = 1 + 1 = \mathbf{2}$, $b = a^2 = 4$ et $y = -b + 16 = -4 + 16 = \mathbf{12}$.
c. On a $a = x + 1$, $b = a^2 = (x + 1)^2$ et $y = -b + 16 = -(x + 1)^2 + 16$.
La valeur retournée est $-(x + 1)^2 + 16$.

2 **a.** En saisissant 9 comme valeur, a prend successivement les valeurs :
9 ; $9^2 = \mathbf{81}$; $81 - 4 = 77$ et $2 \times 77 = \mathbf{154}$.

b. Si on saisit 0,5, a prend successivement les valeurs : 0,5 ; $0{,}5^2 = 0{,}25$; $0{,}5 - 4 = -3{,}75$;
$2 \times (-3{,}75) = -7{,}5$. **La valeur finale de a sera –7,5.**

3

i	⊠	1	2	3	4	5	6	7	8	9	10	11
x	0	1	3	**6**	**10**	**15**	**21**	**28**	**36**	**45**	**55**	**66**

4. Racine carrée : définition (p. 19)

1 $\sqrt{64} = \mathbf{8}$; $\sqrt{\mathbf{49}} = 7$; $\sqrt{5}^2 - \sqrt{2}^2 = 5 - 2 = \mathbf{3}$; $\sqrt{\mathbf{17}}^2 = 17$; $\sqrt{(-5)^2} = \sqrt{\mathbf{25}} = \mathbf{5}$; $\sqrt{3}^2 = \mathbf{3}$; $\sqrt{3^2 + 4^2} = \sqrt{25} = \mathbf{5}$; $-\sqrt{25} = \mathbf{-5}$.

2 49 est **le carré** de 7.
Le carré de – 5 est 25.
6 est **la racine carrée** de 36.
La racine carrée de – 14 n'existe pas.
La racine carrée de 0,01 est 0,1.
Le carré de $\sqrt{17}$ vaut 17.

3 **a.** $x^2 = 25$; on a $x = \sqrt{25}$ ou $x = -\sqrt{25}$.
5 et – 5 sont les deux solutions.
b. $x^2 + 25 = 0$; on a $x^2 = -25$.
Il n'y a pas de solution.
c. $2x^2 - 23 = 9$; on a $2x^2 = 9 + 23$, donc $x^2 = 32 \div 2$.
On fait $x = \sqrt{16}$ ou $x = -\sqrt{16}$.
Les solutions sont 4 et – 4.
d. $(x + 3)^2 = 49$; on a $x + 3 = \sqrt{49}$ ou $x + 3 = -\sqrt{49}$, d'où $x + 3 = 7$ ou $x + 3 = -7$.
On fait $x = 7 - 3$ ou $x = -7 - 3$.
Les solutions sont 4 et – 10.

4 **a.** On a $AB = AC$, donc $AB^2 \div 2 = 15$.
On fait $AB^2 = 15 \times 2$, donc $\mathbf{AB = \sqrt{30}}$ **cm.**

b. Dans ABC rectangle en A, d'après le théorème de Pythagore, on a $BC^2 = AB^2 + AC^2 = 30 + 30 = 60$.
On a donc **$BC = \sqrt{60}$ cm. $BC = 7{,}7$ cm à 0,1 près.**

5. Développement (p. 20)

1 $A = 2x \times (3x + 4) = 2x \times 3x + 2x \times 4 = \mathbf{6x^2 + 8x}$.
$B = x \times 2x + x \times (-4) + 5 \times 2x + 5 \times (-4)$
$= 2x^2 - 4x + 10x - 20 = \mathbf{2x^2 + 6x - 20}$.
$C = x^3 - 3x^2 + 5x + x^2 - 3x + 5$
$= \mathbf{x^3 - 2x^2 + 2x + 5}$.
$D = x^2 - 5x + 3x - 15 + 2x^2 + 3x - 12x - 18$
$= \mathbf{3x^2 - 11x - 33}$.
$E = 6x + 8x^2 - 15 - 20x = \mathbf{8x^2 - 14x - 15}$.

2 $F = (2x + 3)^2 = (2x)^2 + 2 \times 2x \times 3 + 3^2$
$= \mathbf{4x^2 + 12x + 9}$.
$G = (5 - 4x)^2 = 5^2 - 2 \times 5 \times 4x + (4x)^2$
$= \mathbf{25 - 40x + 16x^2}$.
$H = (3x - 7)(3x + 7) = (3x)^2 - 7^2 = \mathbf{9x^2 - 49}$.
$I = x^2 + 12x + 36 + 4x^2 - 12x + 9 = \mathbf{5x^2 + 45}$.
$J = (x^2 + 3)^2 = (x^2)^2 + 2 \times x^2 \times 3 + 3^2 = \mathbf{x^4 + 6x^2 + 9}$.

3 $K = -(2x^2 - x + 2x - 1) = -2x^2 + x - 2x + 1$
$= \mathbf{-2x^2 - x + 1}$.
$L = x^2 + 3x + 2x + 6 - (x^2 + 5x + 4x + 20)$
$= x^2 + 3x + 2x + 6 - x^2 - 5x - 4x - 20 = \mathbf{-4x - 14}$.
$M = x^2 + 4x + 4 - (x^2 - 4x + 4)$
$= x^2 + 4x + 4 - x^2 + 4x - 4 = \mathbf{8x}$.
$N = 4x^2 - 12x + 9 - (x^2 - 25)$
$= 4x^2 - 12x + 9 - x^2 + 25 = \mathbf{3x^2 - 12x + 34}$.

4 $O = 100^2 + 2 \times 100 \times 2 + 2^2$
$= 10\,000 + 400 + 4 = \mathbf{10\,404}$.
$P = 98^2 = (100 - 2)^2 = 10\,000 - 400 + 4 = \mathbf{9\,604}$.
$Q = \left(\sqrt{2} + 3\right)^2 = \sqrt{2}^2 + 2 \times \sqrt{2} \times 3 + 3^2$
$= 2 + 6\sqrt{2} + 9 = \mathbf{11 + 6\sqrt{2}}$.
$R = 97 \times 103 = (100 - 3)(100 + 3) = 100^2 - 3^2$
$= 10\,000 - 9 = \mathbf{9\,991}$.

6. Factorisation (p. 21)

1 $A = 7a + 7b = \mathbf{7(a + b)}$;
$B = 5x - 15 = \mathbf{5(x - 3)}$;
$C = 9x^2 - 6x + 3 = \mathbf{3(3x^2 - 2x + 1)}$;
$D = 3x^2 + 5x = \mathbf{x(3x + 5)}$;
$E = 17x^2 - x = \mathbf{x(17x - 1)}$;
$F = 14x^3 - 7x^2 + 21x = \mathbf{7x(2x^2 - x + 3)}$.

2 $G = (2x + 3)(x + 5) + (2x + 3)(3x + 4)$
$= (2x + 3)[(x + 5) + (3x + 4)] = \mathbf{(2x + 3)(4x + 9)}$.
$H = (x - 2)(2x + 3) - (x - 2)(x - 4)$
$= (x - 2)[(2x + 3) - (x - 4)] = \mathbf{(x - 2)(x + 7)}$.
$I = 3(x + 2)(x + 1) - (x + 2)(x + 3)$
$= (x + 2)[3(x + 1) - (x + 3)] = \mathbf{2x(x + 2)}$.
$J = (x + 7)(3x - 5) + 1(x + 7) = (x + 7)(3x - 5 + 1)$
$= \mathbf{(x + 7)(3x - 4)}$.

3 $K = x^2 + 6x + 9 = x^2 + 2x \times 3 + 3^2 = \mathbf{(x + 3)^2}$.
$L = 25x^2 - 20x + 4 = (5x)^2 - 2 \times 5x \times 2 + 2^2 = \mathbf{(5x - 2)^2}$.
$M = (x + 3)^2 - 16 = (x + 3 + 4)(x + 3 - 4)$
$= \mathbf{(x + 7)(x - 1)}$.
$N = 16x^2 - 81 = (4x)^2 - 9^2 = \mathbf{(4x + 9)(4x - 9)}$.

4 **a.** $A = x^2 - 6x + 9 - (2x^2 + x - 6x - 3)$
$= x^2 - 6x + 9 - 2x^2 - x + 6x + 3 = \mathbf{-x^2 - x + 12}$.
b. $x^2 - 6x + 9 = x^2 - 2x \times 3 + 3^2 = \mathbf{(x - 3)^2}$.
c. $A = (x - 3)^2 - (x - 3)(2x + 1)$
$= (x - 3)[(x - 3) - (2x + 1)]$
$= \mathbf{(x - 3)(-x - 4)}$.

7. Calcul littéral : démonstrations (p. 22)

1 On a $B = x(x - 1)(x + 2) = x(x^2 + 2x - x - 2)$
$= x(x^2 + x - 2) = x^3 + x^2 - 2x$.
L'expression B est égale à l'expression A.

2 • $(2x - 3)(x + 4) = 2x^2 + 8x - 3x - 12$
$= 2x^2 + 5x - 12$.
• $2(x + 1{,}25)^2 - 15{,}125 = 2(x^2 + 2{,}5x + 1{,}5625) - 15{,}125$
$= 2x^2 + 5x + 3{,}125 - 15{,}125$
$= 2x^2 + 5x - 12$
• Conclusion : **on a $(2x - 3)(x + 4) = 2(x + 1{,}25)^2 - 15{,}125$ pour tout nombre x.**

3 **a.** On a $(a + b)(a^2 - ab + b^2) = a^3 - a^2b + ab^2 + a^2b - ab^2 + b^3 = a^3 + b^3$.
b. On en déduit que $x^3 + 8 = x^3 + 2^3 = (x + 2)(x^2 - 2x + 2^2)$
$= (x + 2)(x^2 - 2x + 4)$.

4 $A = (x - 4)^2 + 2x(x + 5) - 17$
$= x^2 - 2 \times x \times 4 + 4^2 + 2x^2 + 10x - 17$
$= x^2 - 8x + 16 + 2x^2 + 10x - 17$
$= 3x^2 + 2x - 1 = B$
$C = (3x - 1)(x + 1) = 3x^2 + 3x - x - 1$
$= 3x^2 + 2x - 1 = B$
Conclusion : les trois expressions A, B et C sont égales.

8. Fractions (p. 23)

1 $\frac{14}{45} \times \frac{27}{49} = \frac{2 \times 7 \times 3 \times 9}{5 \times 9 \times 7 \times 7} = \frac{2 \times 3}{5 \times 7} = \mathbf{\frac{6}{35}}$.

$\left(\frac{2}{3} - \frac{3}{2}\right) \div \frac{7}{11} = \left(\frac{2 \times 2}{3 \times 2} - \frac{3 \times 3}{2 \times 3}\right) \times \frac{11}{7} = \frac{-5}{6} \times \frac{11}{7} = \mathbf{\frac{-55}{42}}$.

2 $2 - \frac{5}{2} \times \frac{14}{15} = 2 - \frac{5 \times 2 \times 7}{2 \times 5 \times 3} = \frac{2 \times 3}{3} - \frac{7}{3} = \mathbf{\frac{-1}{3}}$.

$\frac{2}{3} - \frac{5}{3} \times \frac{21}{15} = \frac{2}{3} - \frac{5 \times 3 \times 7}{3 \times 5 \times 3} = \frac{2}{3} - \frac{7}{3} = \mathbf{\frac{-5}{3}}$.

$\frac{1}{3} - \frac{1}{3} \times \frac{4}{7} = \frac{1 \times 7}{3 \times 7} - \frac{4}{3 \times 7} = \frac{7 - 4}{3 \times 7} = \frac{3 \times 1}{3 \times 7} = \mathbf{\frac{1}{7}}$.

$\dfrac{\frac{6}{5}}{\frac{1}{15} - \frac{1}{5}} = \dfrac{\frac{6}{5}}{\frac{1}{15} - \frac{1 \times 3}{5 \times 3}} = \dfrac{\frac{6}{5}}{\frac{-2}{15}} = \frac{2 \times 3}{5} \times \frac{5 \times 3}{-2} = -9$.

3 $\left(\frac{6}{7} \times \frac{1}{5}\right) - \left(\frac{2}{5} \div \frac{1}{4}\right) = \frac{6}{35} - \frac{2}{5} \times \frac{4}{1} \times \frac{7}{7} = \frac{6}{35} - \frac{56}{35}$
$= \frac{-50}{35} = \mathbf{\frac{-10}{7}}$.

$\frac{6}{7} \times \left[\left(\frac{1}{5} - \frac{2}{5}\right) \div \frac{1}{4}\right] = \frac{6}{7} \times \left[\frac{-1}{5} \times \frac{4}{1}\right] = \frac{-24}{35}$.

4 Une fois les deux premières personnes servies, il reste $1 - \frac{1}{3} - \frac{1}{4}$, soit $\frac{12}{12} - \frac{4}{12} - \frac{3}{12}$ ou encore $\frac{5}{12}$ à partager entre la troisième et la quatrième personne.

On a : $\frac{5}{12} \times \frac{1}{2} = \frac{5}{24}$.

La part du troisième est de cinq vingt-quatrièmes.

9. Inéquations (p. 24)

1 $2x - 3 > 7$. On a $2x > 7 + 3$, soit $2x > 10$, donc $x > 10 \div 2$.

Les solutions sont les nombres supérieurs à 5.

$3x + 4 < 2x - 5$. On a $3x - 2x < -5 - 4$, soit $x < -9$.

Les solutions sont les nombres inférieurs à – 9.

2 **a.** $x \geqslant -2$

b. $x < 1$

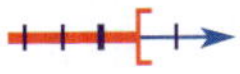

c. $2 < x$

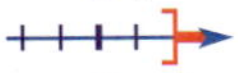

3 **a.** $x \leqslant -2$; **b.** $x < 1$; **c.** $x \geqslant 0$; **d.** $3 \geqslant x$.

4 $-4x + 2 \leqslant 10$. On a $-4x \leqslant 10 - 2$, soit $-4x \leqslant 8$. On fait $x \geqslant 8 \div (-4)$. **Les solutions sont les nombres supérieurs ou égaux à – 2.**

$4x + 5 > 5x$. On a $5 > 5x - 4x$, soit $5 > x$.

Les solutions sont les nombres inférieurs à 5.

5 L'aire de la maison est $BE \times BG$, soit $8x$.

Il faut $8x \geqslant 60$, soit $x \geqslant 60 \div 8$.

***x* vaut au minimum 7,5.**

10. Équations produits (p. 25)

1 Par théorème, on a $x + 3 = 0$ ou $2x + 5 = 0$, soit $x = -3$ ou $2x = -5$.

Les solutions sont – 3 et – 2,5.

Par théorème, on a $x - 4 = 0$ ou $5 - x = 0$, soit $x = 4$ ou $5 = x$.

Les solutions sont 4 et 5.

Par théorème, on a $5x = 0$ ou $x + 1 = 0$ ou $2x + 3 = 0$, soit $x = 0 \div 5$ ou $x = -1$ ou $2x = -3$.

Les solutions sont 0, – 1 et – 1,5.

2 **a.** $(x + 3)(2x + 5) + (x + 3)(2x - 7) = (x + 3)[(2x + 5) + (2x - 7)] = \mathbf{(x + 3)(4x - 2)}$.

b. L'équation s'écrit donc $(x + 3)(4x - 2) = 0$, soit par théorème $x + 3 = 0$ ou $4x - 2 = 0$.

On a $x = -3$ ou $x = 2 \div 4$.

Les solutions sont – 3 et 0,5.

3 On a $(2x + 3)[(2x + 5) - (x - 4)] = 0$, soit $(2x + 3)(x + 9) = 0$.

Par théorème, on a $2x + 3 = 0$ ou $x + 9 = 0$.

Les solutions sont – 1,5 et – 9.

On a $(3x - 5)(x - 2) - 2(3x - 5) = 0$, soit $(3x - 5)(x - 4) = 0$.

Par théorème, on a $3x - 5 = 0$ ou $x - 4 = 0$, soit $3x = 5$ ou $x = 4$.

Les solutions sont $\frac{5}{3}$ et 4.

4 **a.** $(2x - 1)^2 - 36 = (2x - 1)^2 - 6^2 = (2x - 1 + 6)(2x - 1 - 6) = \mathbf{(2x + 5)(2x - 7)}$.

b. Par théorème, on a $2x + 5 = 0$ ou $2x - 7 = 0$, soit $2x = -5$ ou $2x = 7$. **Les solutions sont – 2,5 et 3,5.**

11. Comparaisons – Puissances – Notations scientifiques (p. 26)

1 $6^3 \times 6^2 = 6^5$; $7^6 \div 7^4 = 7^2$; $3 \times 3^3 = 3^4$; $5^{-2} \times 5^5 = 5^3$.

2 $a = 3 \times 4^2 + 5 = 3 \times 16 + 5 = 48 + 5 = \mathbf{53}$.

$b = 2^4 - 2^3 \times 3 = 16 - 8 \times 3 = 16 - 24 = \mathbf{-8}$.

$c = (11 - 6)^2 \times 4 = 5^2 \times 4 = 25 \times 4 = \mathbf{100}$.

$d = 6^3 \div 3^3 - (-2)^3 = (6 \div 3)^3 - (-8)$

$= 2^3 + 8 = 8 + 8 = \mathbf{16}$.

$e = 5^2 + 2 \times 3^3 - 24 \div 2^2 = 25 + 2 \times 27 - 24 \div 4 = \mathbf{73}$.

3 $A = 0{,}002\,345 = \mathbf{2{,}34\,5 \times 10^{-3}}$.

$B = 645{,}3 \times 10^5 = 6{,}453 \times 10^2 \times 10^5 = \mathbf{6{,}453 \times 10^7}$.

4 $C = \frac{49 \times 10^3 \times 6 \times 10^{-10}}{14 \times 10^{-2}} = \frac{7 \times 7 \times 3 \times 2}{7 \times 2} \times 10^{3+(-10)-(-2)}$

$= 21 \times 10^{-5} = 2{,}1 \times 10^1 \times 10^{-5}$

L'écriture scientifique de $C = 2{,}1 \times 10^{-4}$.

5 **a.** $10^{-6} = 0{,}000\,001$ et $10^{-7} = 0{,}000\,000\,1$ donc $\mathbf{10^{-6} > 10^{-7}}$.

b. $\frac{5 + 10^{-6}}{5 + 10^{-7}} - 1 = \frac{5 + 10^{-6} - (5 + 10^{-7})}{5 + 10^{-7}} = \frac{10^{-6} - 10^{-7}}{5 + 10^{-7}}$.

Or $10^{-6} > 10^{-7}$ donc $10^{-6} - 10^{-7} > 0$ et $5 + 10^{-7} > 0$.

Leur quotient est positif, donc $\mathbf{\frac{5 + 10^{-6}}{5 + 10^{-7}} - 1}$ **est positif.**

c. On peut en déduire que le nombre $\frac{5 + 10^{-6}}{5 + 10^{-7}}$ est supérieur à 1.

12. Statistiques (p. 27)

1 **L'étendue de la série est** 89 – 6, soit **83**.

2 $\frac{54 + 12 + 78 + 6 + 63 + 89 + 46 + 10}{8} = \frac{358}{8}$.

La moyenne est donc **44,75.**

3 **a.** La moyenne de Caroline est

$\frac{7 \times 6 + 13 \times 4}{6 + 4} = \frac{94}{10} = 9{,}4$.

Caroline n'est pas reçue à l'examen.

b. Soit x la note de l'écrit.

On veut $\frac{x \times 6 + 7 \times 4}{6 + 4} = 10$ soit $6x + 28 = 100$, d'où $x = (100 - 28) \div 6 = 12$. **Il doit avoir 12 à l'écrit pour être reçu avec 10 de moyenne.**

4 $\frac{1\,100 \times 550 + 1\,300 \times 1\,460 + 1\,500 \times 1920 + 1\,700 \times 1\,640 + 1900 \times 430}{6\,000}$

$= \frac{8\,988\,000}{6\,000} = 1\,498$.

La durée de vie moyenne d'une ampoule testée est de 1 498 heures.

13. Médianes (p. 28)

1 Il y a 9 valeurs dans la série ordonnée : $(9 + 1) \div 2 = 5$.

La médiane est donc la 5e valeur, soit **11.**

2 La série est ordonnée et il y a 8 valeurs. Pour la **médiane**, on peut prendre la moyenne entre la

4e valeur et la 5e valeur. C'est (24 + 20) ÷ 2, soit **22.**

3 On ordonne la série « 1 – 12 – 13 – 24 – 34 – 36 – 78 – 98 – 456 – 532 – 556 ». Il y a 11 valeurs.
La médiane est donc la 6e valeur, soit **36.**

4 a.

note	1	2	3	4	5	6	7	8
effectif	2	1	3	5	2	6	2	4
ECC	**2**	**3**	**6**	**11**	**13**	**19**	**21**	**25**

b. **Il y a 25 notes en tout.**
c. **La note médiane est** la 13e note qui est un **5.**

14. Fréquences – Variations en pourcentage (p. 29)

1 On a 30 % de remise sur l'article à 80 €.
Diminuer une valeur de a % revient à la multiplier par $\left(1 - \frac{a}{100}\right)$. On a : $80 \times \left(1 - \frac{30}{100}\right) = 56$.
L'article coûte 56 €.

2 Le salaire augmente de 3,7 %.
Augmenter une valeur de a % revient à la multiplier par $\left(1 + \frac{a}{100}\right)$. On a : $1\,100 \times \left(1 + \frac{3{,}7}{100}\right) = 1\,140{,}7$.
Le nouveau salaire est de 1 140,70 €.

3 Le nombre de voitures étrangères est 2 134 – 602 – 398 – 262, soit 872 en milliers.
La fréquence est 872 ÷ 2 134 × 100 %, soit **41 % à 1 % près.**

4 Soit x le prix du téléviseur avant augmentation ; on veut : $1{,}08x = 540$, soit $x = 540 \div 1{,}08 = 500$.
Avant augmentation, le téléviseur coûtait 500 euros.

15. Proportionnalité – Fonctions linéaires (p. 30)

1 a. $y = 7{,}50x$.

b.

nombre de bouteilles	prix en euros
5	**37,50**
10	**75**
20	150
32	240
43	322,50

c. À l'aide du tableau, on voit qu'**il faut vendre 43 bouteilles pour avoir une recette de 322,50 euros.**

2 $f(x) = 12x + 6 - 4x - 6 = 8x$: **f est linéaire.**
$f(x) = x^2 - 2x + x - 2 = x^2 - x - 2$: **f n'est pas linéaire.**
$f(x) = 4x^2 + 12x + 9 - 4x^2 - 9 = 12x$: **f est linéaire.**

3 a. **On a** $f(x) = ax$, avec $f(5) = 3$, donc $5a = 3$ et $a = 3 \div 5$: $\boldsymbol{f(x) = 0{,}6x}$.
b. Graphiquement, **l'image de 3 par f est 1,8.**
c. Graphiquement, **l'antécédent de 4 par f est environ 6,7.**

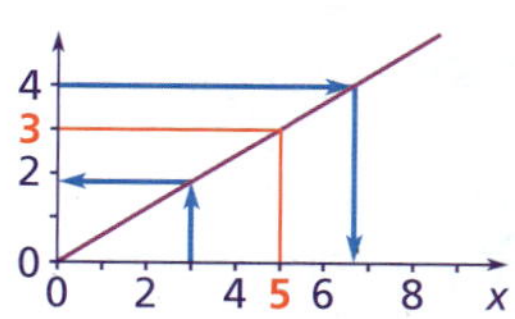

16. Fonctions affines (1) (p. 31)

1

fonction	coefficient a	nombre b
$f(x) = 5x - 1$	**5**	**– 1**
$f(x) = 3 - x$	**– 1**	**3**
$f(x) = (x - 3)(x - 2) - x^2$	**– 5**	**6**

2 $f(x) = 2x - 3$.
f est affine et représentée par une droite D.
$f(0) = 2 \times 0 - 3 = -3$: $A(0\,;-3)$ est sur D.
$f(2) = 2 \times 2 - 3 = 1$: $B(2\,;1)$ est sur D.
$g(x) = -0{,}5x + 2$.
g est affine et représentée par une droite d.
$g(0) = -0{,}5 \times 0 + 2 = 2$: $E(0\,;2)$ est sur d.
$g(4) = -0{,}5 \times 4 + 2 = 0$: $F(4\,;0)$ est sur d.

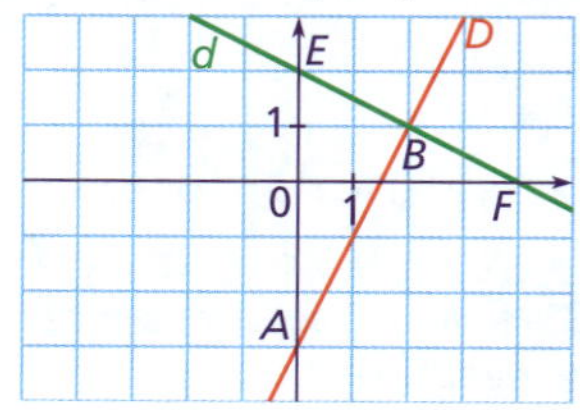

3 a. $\boldsymbol{y_A = 60x}$ et $\boldsymbol{y_B = 300 + 30x}$.
b. f est linéaire et représentée par une droite D passant par l'origine, et on a $f(10) = 600$, donc $A(10\,;600)$ est sur D. g est affine et représentée par une droite d.
$g(0) = 300$ et $g(5) = 300 + 30 \times 5 = 450$, donc $B(0\,;300)$ et $C(5\,;450)$ sont sur d.

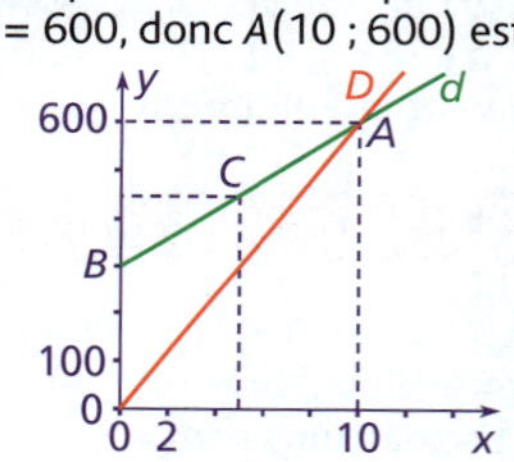

17. Fonctions affines (2) (p. 32)

1 f étant affine, elle est représentée par une droite qui passe par $A(1\,;f(1))$, soit $A(1\,;1)$ et par $B(-2\,;f(-2))$, soit $B(-2\,;-5)$.

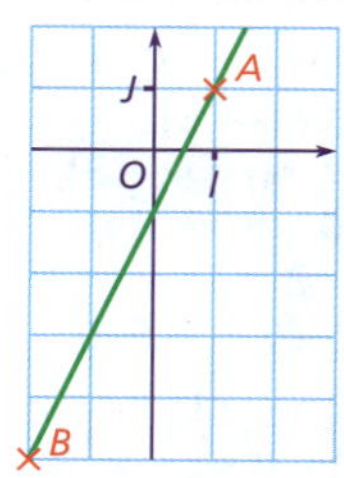

2 a. On a $a = \frac{f(-2) - f(1)}{-2 - 1} = \frac{-5 - 1}{-3} = \frac{-6}{-3} = 2$.
Donc $f(x) = 2x + b$.
En particulier $f(1) = 1$, donc $2 + b = 1$.
On a $b = 1 - 2 = -1$. $\boldsymbol{f(x) = 2x - 1}$.
b. Le coefficient de f étant 2, **f est croissante.**

3 a. **D représente une fonction affine.**
b. On a donc $f(x) = ax + b$, avec $f(-1) = 3$ et $f(3) = 1$.
On a $a = \frac{f(3) - f(-1)}{3 - (-1)} = \frac{1 - 3}{4} = \frac{-2}{4} = -0{,}5$.

$f(x) = -0{,}5x + b$, avec $-0{,}5 \times 3 + b = 1$,
d'où $b = 1 + 1{,}5 = 2{,}5$. On a $\mathbf{f(x) = -0{,}5x + 2{,}5}$.
c. $f(5) = -0{,}5 \times 5 + 2{,}5 = 0$. ***C* est à l'intersection de *D* et de l'axe des abscisses.**

18. Probabilités à une épreuve (p. 33)

1 a. • $13 + 3 + 5 + 2 = 23$; **Pierre possède 23 billes.**
• On a : $\mathbf{f(\text{rouge}) = \frac{13}{23}}$; $\mathbf{f(\text{bleu}) = \frac{3}{23}}$; $\mathbf{f(\text{vert}) = \frac{5}{23}}$ et $\mathbf{f(\text{mauve}) = \frac{2}{23}}$.
b. Les probabilités sont égales aux fréquences, donc $\mathbf{p(R) = \frac{13}{23}}$ et $\mathbf{p(V) = \frac{5}{23}}$.
c. Les événements *R* et *V* ne peuvent pas se réaliser en **même temps.** On dit qu'ils sont **incompatibles.**
On a donc : $p(R \text{ ou } V) = \mathbf{p(R) + p(V)} = \mathbf{\frac{13}{23} + \frac{5}{23} = \frac{18}{23}}$.

2 a. $\mathbf{p(A)} = \frac{8}{32} = \mathbf{\frac{1}{4}}$ et $\mathbf{p(B)} = \frac{12}{32} = \mathbf{\frac{3}{8}}$.
b. L'événement *non A* est « ne pas avoir tiré un cœur ».
L'événement *non B* est « ne pas avoir tiré une figure ».
c. $\mathbf{p(\text{non } A)} = 1 - p(A) = \mathbf{\frac{3}{4}}$ et $\mathbf{p(\text{non } B)} = 1 - p(B) = \mathbf{\frac{5}{8}}$.

19. Probabilités à deux épreuves (p. 34)

1 **a. La probabilité d'obtenir « *T* » au premier lancer et « non *T* » au second lancer est $\frac{1}{3} \times \frac{2}{3} = \frac{2}{9}$.**
b. La probabilité d'obtenir « *T* » au premier lancer, puis « *T* » au second lancer est $\frac{1}{3} \times \frac{1}{3} = \frac{1}{9}$.
c. La probabilité d'obtenir « non *T* » au premier lancer, puis « non *T* » au second lancer est $\frac{2}{3} \times \frac{2}{3} = \frac{4}{9}$.

2 a.

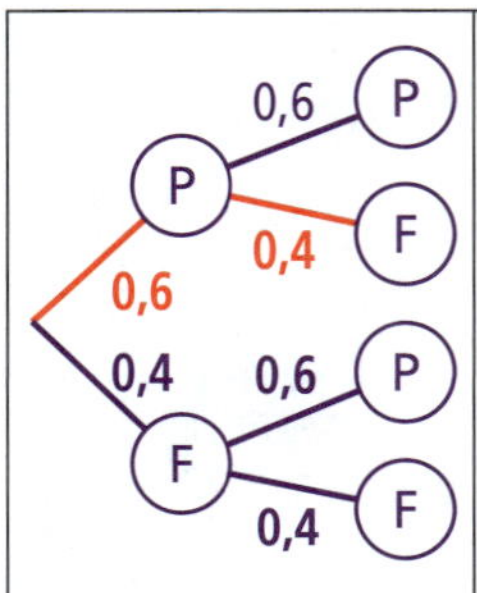

Résultat	Probabilité
PP	**0,36**
PF	0,24
FP	**0,24**
FF	**0,16**

b. Les résultats PP et FF sont incompatibles,
donc $p(\text{PP ou FF}) = 0{,}36 + 0{,}16 = 0{,}52$.
Les résultats PF et FP sont incompatibles,
donc $p(\text{PF ou FP}) = 0{,}24 + 0{,}24 = 0{,}48$.
On a $\mathbf{p(\text{PP ou FF}) > p(\text{PF ou FP})}$.

20. Principe de démonstration (p. 35)

1 **a.** *ABC* est un triangle. Les hauteurs issues de *A* et de *B* se coupent en *H*.
• Si une figure est un triangle, alors **les trois hauteurs sont concourantes en l'orthocentre du triangle.**
• Donc *H* est **l'orthocentre de *ABC*.**
b. • D'après le théorème précédent, (*CH*) est **la hauteur de *ABC* issue de *C*.**
• Par définition d'une hauteur, (*CH*) et (*AB*) sont **perpendiculaires.**

2 On a a) – 3), b) – 2) et c) – 1).

3 La conclusion du théorème ne correspond pas à la réponse. Il faut utiliser :
« Si une figure est un losange, alors **ses diagonales sont perpendiculaires.** »

21. Démonstrations (p. 36)

1 **a.** *A* et *B* sont sur le cercle de centre *O*, donc $OA = OB$: ***AOB* est isocèle en *O*.**
b. (*OI*) est la hauteur principale de *AOB*. Or, dans un triangle isocèle, la hauteur principale est aussi la médiatrice principale. **(*OI*)** est donc **la médiatrice de [*AB*].**

2

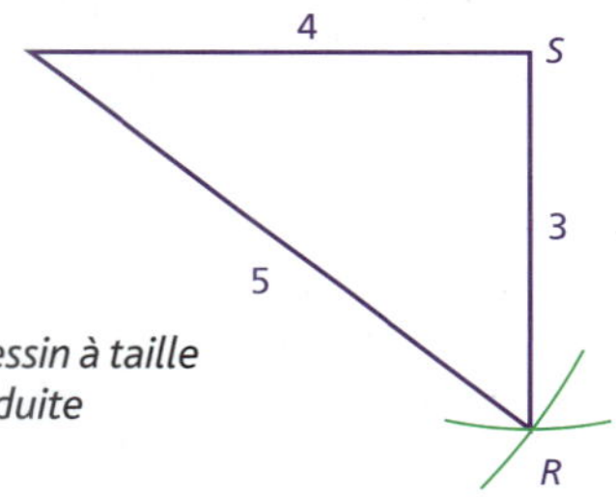

Dessin à taille réduite

On a $RT^2 = 5^2 = 25$ et $RS^2 + ST^2 = 3^2 + 4^2 = 25$; on constate que $RT^2 = RS^2 + ST^2$.
D'après la réciproque du théorème de Pythagore, ***RST* est rectangle en *S*.**

3 **a.**

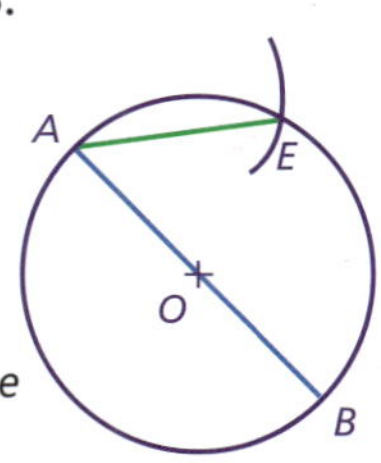

Dessin à taille réduite

b. [*AB*] est un diamètre du cercle circonscrit à *ABE*.
Si un côté d'un triangle est un diamètre de son cercle circonscrit, alors ce triangle est rectangle au sommet opposé au côté diamètre. ***ABE* est rectangle en *E*.**
c. D'après le théorème de Pythagore,
on a $AB^2 = AE^2 + EB^2$, soit $2{,}5^2 = 1{,}5^2 + EB^2$,
d'où $6{,}25 - 2{,}25 = EB^2$.
On fait $BE = \sqrt{4}$, car c'est une longueur. $\mathbf{BE = 2}$.

22. Dans le triangle rectangle (p. 37)

1 *ABC* est rectangle en *A*.
D'après le théorème de Pythagore,
on a $BC^2 = BA^2 + AC^2$, soit $BC^2 = 12^2 + 5^2 = 169$.
On fait $BC = \sqrt{169}$, car c'est une longueur.
On obtient $BC = 13$.

2 *RST* est rectangle en *S*.
D'après le théorème de Pythagore,
on a $RT^2 = ST^2 + RS^2$, soit $11^2 = 7^2 + RS^2$.
On a $121 - 49 = RS^2$.
On fait $RS = \sqrt{72}$, car c'est une longueur.
On obtient RS = 8,5 cm au millimètre près.

3 *MNP* est rectangle en *M*.
D'après le théorème de Pythagore,
on a $NP^2 = MN^2 + MP^2$, soit $NP^2 = 5{,}6^2 + 4{,}2^2 = 49$.
On fait $NP = \sqrt{49}$, car c'est une longueur.
On obtient NP = 7.

4 **a.** Dans *MNP* rectangle en *M*, *I* est le milieu de [*NP*], donc [*MI*] est la médiane issue de *M*.
Si un triangle est rectangle, alors la longueur de la médiane issue de l'angle droit est la moitié de celle de l'hypoténuse.
Donc **$MI = NP \div 2$ = 3,5 cm.**
b. *I* est le milieu de [*NP*], donc $NI = IP = NP \div 2 = MI$.
***I* est le centre du cercle circonscrit au triangle *MNP*.**

23. Vers le triangle rectangle (p. 38)

1 Dans *BDC*, le plus grand côté est [*DB*], avec
$DB^2 = 5{,}2^2 = \mathbf{27{,}04}$ et $DC^2 + BC^2 = 2^2 + 4{,}8^2 = \mathbf{27{,}04}$.
On constate que $DB^2 = DC^2 + BC^2$.
D'après **la réciproque du théorème de Pythagore**, *DBC* est **rectangle** en ***C***.

2 **a.** Dans *MNP*, **(*OP*) est la médiane issue de *P*.**
b. Dans *MNP*, on a $OP = 5 \text{ cm} = \dfrac{MN}{2}$.
Si, dans un triangle, la longueur d'une médiane est la moitié de celle du côté correspondant, alors ce triangle est rectangle au sommet dont est issue la médiane.
***MNP* est rectangle en *P* et les côtés de l'angle droit sont [*PM*] et [*PN*].**

3 [*AB*] est un diamètre du cercle circonscrit à *ABE*.
Si un côté d'un triangle est un diamètre de son cercle circonscrit, alors ce triangle est rectangle au sommet opposé au côté diamètre.
***ABE* est rectangle en *E*.**
D'après le théorème de Pythagore, on a
$AB^2 = BE^2 + AE^2$, soit $5^2 = 3^2 + AE^2$.
On a $25 - 9 = AE^2$, soit $\sqrt{16} = AE$, car c'est une longueur.
On a AE = 4 cm.

24. Homothétie (1) (p. 39)

1

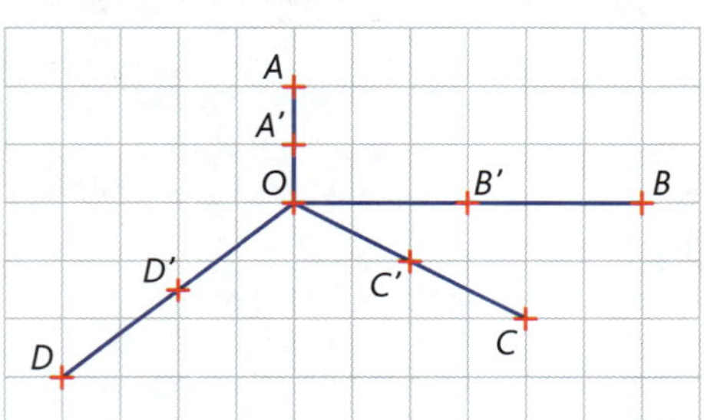

2

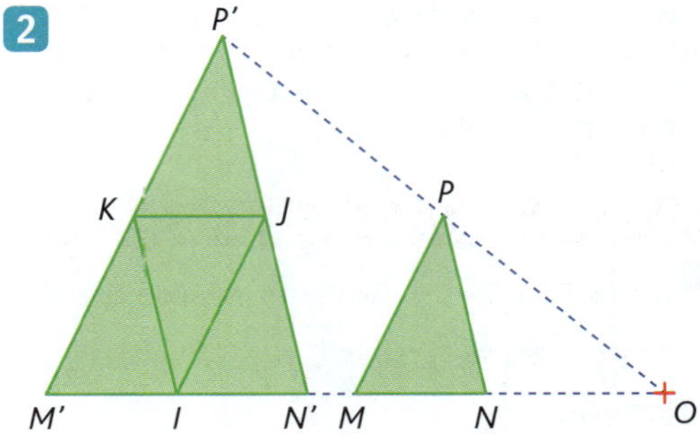

c. On constate que le triangle *M'N'P'* contient 4 triangles superposables au triangle *MNP*, donc le quotient de l'aire du triangle *M'N'P'* par l'aire du triangle *MNP* vaut **4 comme le carré du rapport de l'homothétie.**

3 **a.** Le rapport est $\dfrac{AC}{AB} = \dfrac{5}{2} = \mathbf{2{,}5}$.

b. Le rapport est $\dfrac{AB}{AC} = \dfrac{2}{5} = \mathbf{0{,}4}$.

25. Homothétie (2) (p. 40)

1

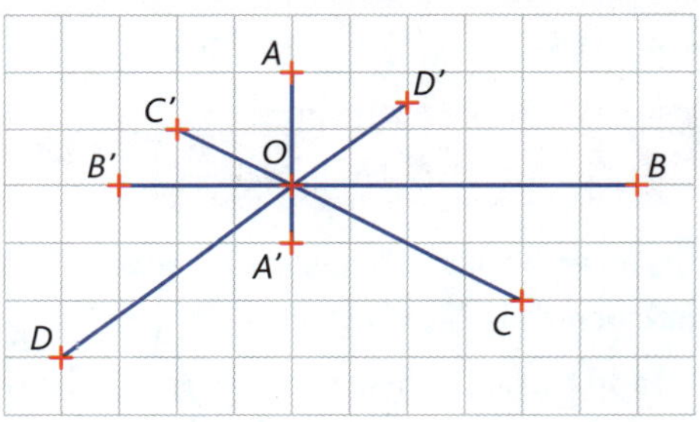

2

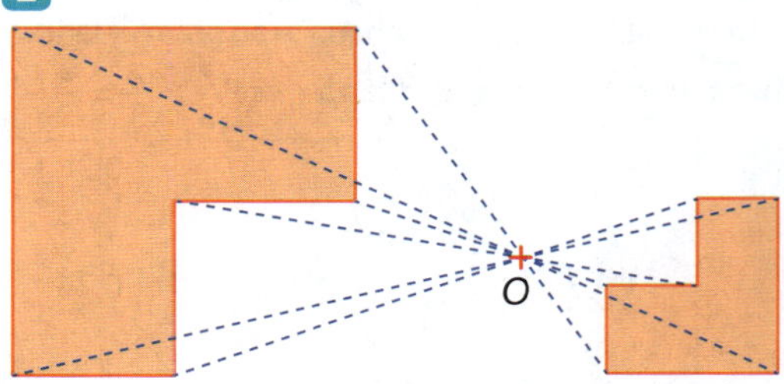

3 **a.**

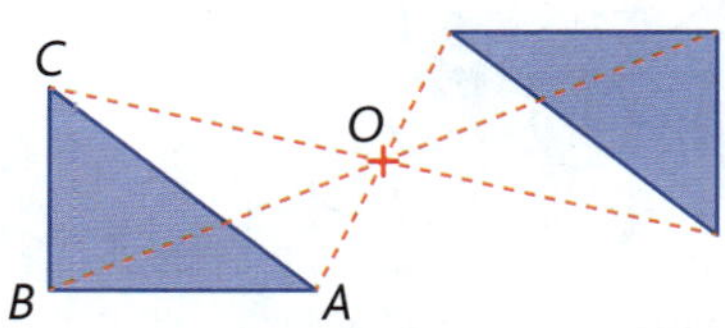

b. Une homothétie de centre *O* et de rayon –1 se nomme aussi symétrie de centre *O*, ou encore rotation de centre *O* et d'angle 180°.

26. Théorème de Thalès (p. 41)

1 *ABC* est un triangle, avec *E* sur (*AC*), *F* sur (*AB*) et (*EF*) parallèle à (*BC*).
D'après le théorème de Thalès, on a $\dfrac{AE}{AC} = \dfrac{AF}{AB} = \dfrac{EF}{CB}$.

2 **a.** Des rapports de l'exercice 1, $\frac{AE}{AC} = \frac{AF}{AB} = \frac{EF}{CB}$, on tire ① $\frac{AE}{AC} = \frac{5}{6} = \frac{FE}{3}$. On a ainsi $\frac{5}{6} \times 3 = FE$, soit

$\boldsymbol{FE = 2{,}5}$ **cm.**

b. Comme E est sur $[AC]$, on a $AC = AE + EC = x + 1$.

① donne $\frac{x}{x+1} = \frac{5}{6}$.

Par produit en croix, on obtient $6x = 5(x + 1)$, d'où $6x = 5x + 5$ ou encore $x = 5$. $\boldsymbol{AE = 5}$ **cm.**

3 *MNO* est un triangle avec *P* sur (*OM*), *Q* sur (*ON*) et (*PQ*) parallèle à (*MN*).

D'après le théorème de Thalès, on a $\frac{OP}{OM} = \frac{OQ}{ON} = \frac{PQ}{MN}$, soit ② $\frac{OP}{3} = \frac{OQ}{4} = \frac{6}{5}$.

② donne $OP = \frac{6}{5} \times 3$, soit $\boldsymbol{OP = 3{,}6}$ **cm.**

4 Dans *AUE*, on a *S* sur [*AU*] et *T* sur [*AE*], avec (*ST*) parallèle à (*UE*). D'après le théorème de Thalès, on a

① $\frac{AS}{AU} = \frac{AT}{AE} = \frac{ST}{UE}$.

Dans *ASE*, on a *G* sur [*AS*] et *T* sur [*AE*], avec (*GT*) parallèle à (*SE*). D'après le théorème de Thalès, on a

② $\frac{AG}{AS} = \frac{AT}{AE} = \frac{GT}{SE}$.

① et ② donnent $\frac{AS}{AU} = \frac{AG}{AS}\left(= \frac{AT}{AE}\right)$.

Par produit en croix, on a $\boldsymbol{AG \times AU = AS^2}$.

27. Réciproque du théorème de Thalès (p. 42)

1 On a *A* sur [*OM*], donc $OM = OA + AM = 6$.
On a *B* sur [*ON*], donc $ON = OB + BN = 4$.

On a $\frac{OA}{OM} = \frac{2}{6} = \frac{1}{3}$ et $\frac{OB}{ON} = \frac{1}{4}$.

On conclut que $\boldsymbol{\frac{OA}{OM} \neq \frac{OB}{ON}}$.

2 *ABC* est un triangle, avec *D* sur (*AC*) et *E* sur (*BC*).

On a $\frac{DC}{AC} = \frac{12}{18} = \frac{2}{3}$ et $\frac{EC}{BC} = \frac{5}{7{,}5} = \frac{2{,}5 \times 2}{2{,}5 \times 3} = \frac{2}{3}$.

On constate que $\frac{DC}{AC} = \frac{EC}{BC}$.

De plus, *D*, *C* et *A* sont dans le même ordre relatif que *E*, *C* et *B*. D'après la réciproque du théorème de Thalès, **on a (*DE*) et (*AB*) parallèles.**

3 **a.** Dans *NRT* rectangle en *R*, d'après le théorème de Pythagore, on a $NT^2 = NR^2 + RT^2$, soit $10{,}2^2 = 9^2 + RT^2$, donc $RT^2 = 104{,}04 - 81$. Comme *RT* est une longueur, on a $RT = \sqrt{23{,}04}$; $\boldsymbol{RT = 4{,}8}$ **cm.**

b. *RNT* est un triangle, avec *A* sur [*RN*], *B* sur [*RT*].

On a $\frac{RN}{RA} = \frac{9}{6} = 1{,}5$ et $\frac{RT}{RB} = \frac{5}{7{,}5} = \frac{2{,}5 \times 2}{2{,}5 \times 3} = \frac{2}{3}$.

On constate que $\frac{RN}{RA} = \frac{RT}{RB}$.

De plus, *R*, *N* et *A* sont alignés dans le même ordre relatif que *R*, *T* et *B*. D'après la réciproque du théorème de Thalès, **on a (*AB*) et (*NT*) parallèles.**

28. Points alignés (p. 43)

1 *S*, *T* et *U* sont alignés, donc $\widehat{STU} = 180°$.
On a $\widehat{STR} = \widehat{STU} - \widehat{UTR} = 180° - 45° = \boldsymbol{135°}$.

2 **a.** *I* étant le milieu de [*MN*], *M* et *N* sont symétriques par rapport à *I*, comme *R* et *O*. Les droites (*RM*) et (*NO*) sont symétriques par rapport à *I*. Or, deux droites symétriques par rapport à un point sont parallèles. **On a (*RM*) et (*NO*) parallèles.**
b. On a aussi (*MP*) parallèle à (*NO*), car *MNOP* est un parallélogramme. Deux droites parallèles à une même troisième droite sont parallèles entre elles.
(*MP*) et (*MR*) sont parallèles, avec *M* en commun ; elles sont confondues, donc ***M*, *P* et *R* sont alignés.**

3 **a.** Comme $2 + 5 = 7$, on a $BC = AB + AC$, donc ***A*, *B* et *C* sont alignés, avec *A* entre *B* et *C*.**

On a $DE = \frac{1}{6}$, $EF = \frac{2}{3} = \frac{4}{6}$ et $DF = \frac{1}{2} = \frac{3}{6}$.

On a $\frac{4}{6} = \frac{1}{6} + \frac{3}{6}$, soit $EF = ED + DF$, donc ***D*, *E* et *F* sont alignés avec *D* entre *E* et *F*.**

29. Raisonnement par l'absurde (p. 44)

1 Dans *ABC*, on a $AC^2 = \boldsymbol{6^2 = 36}$ et
$AB^2 + BC^2 = \boldsymbol{4^2 + 5^2 = 41}$.
On constate que $\boldsymbol{AC^2 \neq AB^2 + BC^2}$. On raisonne par l'absurde en supposant que *ABC* soit rectangle.
[*AC*] le plus grand côté serait **l'hypoténuse.**
D'après le théorème de **Pythagore**, on aurait
$AC^2 = AB^2 + BC^2$, ce qui est faux.
La supposition est **fausse**, donc ***ABC* n'est pas rectangle.**

2 *AOB* est un **triangle**, avec *M* sur **(*BO*)** et *N* sur **(*AO*)**.

On a $\frac{BO}{MO} = \boldsymbol{\frac{3}{5} = 0{,}6}$ **et** $\frac{AO}{NO} = \boldsymbol{\frac{5}{8} = 0{,}625}$.

On constate que $\boldsymbol{\frac{BO}{MO} \neq \frac{AO}{NO}}$ et on raisonne par l'absurde.

On suppose que **(*AB*) et (*MN*) soient parallèles.**

D'après le théorème de Thalès, on aurait $\boldsymbol{\frac{BO}{MO} = \frac{AO}{NO}}$, ce qui est **faux.**
Donc **la supposition est fausse et (*AB*) et (*MN*) ne sont pas parallèles.**

3 On suppose que ***MNPR* soit un rectangle.**
Si **une figure est un rectangle,**
alors **ses diagonales ont la même longueur.**
On aurait ***MP* = *NR*, ce qui est faux car 4 ≠ 4,2.**
Donc ***MNPR* n'est pas un rectangle.**

30. Trigonométrie : calcul de longueurs (p. 45)

1 Dans *MNO* rectangle en *N*, on a

$\tan(\widehat{NMO}) = \frac{NO}{NM}$, soit $\tan(40°) = \frac{5}{MN}$.

On a $MN \times \tan(40°) = 5$, soit $MN = \dfrac{5}{\tan(40°)}$.
MN = 5,96 cm à 0,01 près.

2 Dans MNO rectangle en N, on a
$\sin(\widehat{NMO}) = \dfrac{ON}{OM}$, soit $\sin(40°) = \dfrac{5}{OM}$.
On a $OM \times \sin(40°) = 5$, soit $OM = \dfrac{5}{\sin(40°)}$.
OM = 7,78 cm à 0,01 près.

3 Dans OBC rectangle en B, on a
$\tan(\widehat{BOC}) = \dfrac{BC}{OB}$, soit $\tan(59°) = \dfrac{BC}{85}$,
donc $85 \times \tan(59°) = BC$; BC = 141,5 m à 0,1 près.
La hauteur de la cathédrale est 141,5 m + 1,5 m, soit **143 m.**

4 **a.** H étant le pied de la hauteur issue de A dans ABC, le triangle ABH est rectangle en H.
On a $\sin(\widehat{ABH}) = \dfrac{AH}{AB}$, soit $\sin(35°) = \dfrac{AH}{5}$,
donc $5 \times \sin(35°) = AH$. **AH = 2,9 cm à 0,1 près.**
b. Dans ABH rectangle en H, on a $\cos(\widehat{ABH}) = \dfrac{BH}{AB}$,
soit $\cos(35°) = \dfrac{BH}{5}$,
donc $5 \times \cos(35°) = BH$. **BH = 4,1 cm à 0,1 près.**

31. Trigonométrie : calcul d'angles (p. 46)

1 À un degré près :
$\cos(x) = 0{,}6$: on a $x = \cos^{-1}(0{,}6)$, soit **x = 53°** ;
$\sin(x) = 0{,}18$: on a $x = \sin^{-1}(0{,}18)$, soit **x = 10°** ;
$\tan(x) = \dfrac{2}{3}$: on a $x = \tan^{-1}\left(\dfrac{2}{3}\right)$, soit **$x$ = 34°** ;
$\tan(x) = 4$: on a $x = \tan^{-1}(4)$, soit **x = 76°**.

2 **a.** Dans IJK rectangle en I, on a
$\tan(\widehat{IJK}) = \dfrac{\text{côté opposé à } \widehat{J}}{\text{côté adjacent à } \widehat{J}} = \dfrac{IK}{IJ} = \dfrac{6}{9}$, soit **$\tan(\widehat{IJK}) = \dfrac{2}{3}$.**
b. On a $\widehat{IJK} = \tan^{-1}\left(\dfrac{2}{3}\right)$, donc **$\widehat{IJK}$ = 34° à 1° près.**

3 Dans PSC rectangle en S, on a
$\sin(\widehat{SPC}) = \dfrac{\text{côté opposé à } \widehat{P}}{\text{hypoténuse}} = \dfrac{SC}{PC}$.
$\widehat{SPC} = \sin^{-1}\left(\dfrac{SC}{PC}\right) = \sin^{-1}\left(\dfrac{2{,}8}{3}\right) = 69°$ à 1° près.
L'échelle fait un angle de 69° avec le sol.

4 **a.** $ABCD$, face du cube, est un carré, donc ABC est un triangle rectangle en B. D'après le théorème de Pythagore, on a $AC^2 = AB^2 + BC^2 = 5^2 + 5^2 = 50$.
Comme c'est une longueur, on a **$AC = \sqrt{50}$ cm.**
b. Dans ACG rectangle en C, on a
$\tan(\widehat{CAG}) = \dfrac{CG}{AC} = \dfrac{5}{\sqrt{50}}$, donc $\widehat{CAG} = \tan^{-1}\left(\dfrac{5}{\sqrt{50}}\right)$.
On a **$\widehat{CAG}$ = 35,3°** à 0,1 près.

32. Relations trigonométriques (p. 47)

1 On a $\cos^2(x) + \sin^2(x) = 1$, soit $0{,}8^2 + \sin^2(x) = 1$, donc $\sin^2(x) = 1 - 0{,}64 = 0{,}36$.
On fait $\sin(x) = \sqrt{0{,}36}$, donc **$\sin(x) = 0{,}6$.**
On a $\tan(x) = \dfrac{\sin(x)}{\cos(x)} = \dfrac{0{,}6}{0{,}8}$, soit **$\tan(x) = 0{,}75$.**

2 On a $\cos^2(x) + \sin^2(x) = 1$, soit $\cos^2(x) + \left(\dfrac{12}{13}\right)^2 = 1$.
On a donc $\cos^2(x) = \dfrac{169}{169} - \dfrac{144}{169} = \dfrac{25}{169}$.
On fait $\cos(x) = \sqrt{\dfrac{25}{169}}$, donc **$\cos(x) = \dfrac{5}{13}$.**
On a $\tan(x) = \dfrac{\sin(x)}{\cos(x)} = \dfrac{\frac{12}{13}}{\frac{5}{13}} = \dfrac{12}{13} \times \dfrac{13}{5}$, soit **$\tan(x) = \dfrac{12}{5}$.**

3 Pour tout angle aigu x, on a
$[\cos(x) + \sin(x)]^2 - 2\sin(x)\cos(x)$
$= \cos^2(x) + 2\sin(x)\cos(x) + \sin^2(x) - 2\sin(x)\cos(x)$
$= \cos^2(x) + \sin^2(x) = 1$.

4 Pour tout angle aigu x, on a
$\tan^2(x) + 1 = \left(\dfrac{\sin(x)}{\cos(x)}\right)^2 + 1 = \dfrac{\sin^2(x)}{\cos^2(x)} + \dfrac{\cos^2(x)}{\cos^2(x)} = \dfrac{1}{\cos^2(x)}$.

5 **a.** On a $\sin^2(60°) + \cos^2(60°) = 1$,
soit $\sin^2(60°) + \left(\dfrac{1}{2}\right)^2 = 1$, donc $\sin^2(60°) = \dfrac{4}{4} - \dfrac{1}{4} = \dfrac{3}{4}$.
On fait **$\sin(60°)$** $= \sqrt{\dfrac{3}{4}} = \mathbf{\dfrac{\sqrt{3}}{2}}$.
b. Des angles de 30° et de 60° sont complémentaires.
On a **$\sin(30°)$** $= \cos(60°) = \dfrac{1}{2}$
et **$\cos(30°)$** $= \sin(60°) = \dfrac{\sqrt{3}}{2}$.

33. Effet d'un déplacement (p. 48)

1 **a.** $[BQ]$ est l'image de $[AP]$ par la translation qui transforme A en B.
On a donc **$AP = BQ = 3$.**
b. Dans le triangle AMP, on a $MP^2 = 5^2 = 25$ et $AP^2 + AM^2 = 4^2 + 3^2 = 25$.
On constate que $MP^2 = AP^2 + AM^2$. D'après la réciproque du théorème de Pythagore, **le triangle AMP est rectangle en M.**
c. Comme BNQ est l'image de AMP par une translation qui conserve les mesures d'angle, **BNQ est rectangle en B**, comme AMP est rectangle en A.

2 **a.** $\widehat{A'OB'}$ est l'image de $\widehat{AOB}$ par une rotation qui conserve les mesures d'angles, donc **les angles $\widehat{AOB}$ et $\widehat{A'OB'}$ ont la même mesure.**
b. Comme $\widehat{AOB'}$ mesure 60° et que $\widehat{AOB}$ et $\widehat{A'OB'}$ ont la même mesure, $\widehat{AOB}$ mesure 60° ÷ 2, soit **30°**.
c. Le triangle $OA'B'$ étant l'image de OAB par une rotation, donc ses angles ont les mêmes mesures que ceux de OAB. $OA'B'$ possède donc **en O un angle de 90°, en A' un angle de 30° et en B' un angle de 60°** car la somme de ses angles vaut 180°.

34. Polygones réguliers (p. 49)

1 Angle au centre
$= 360° \div 4 =$ **90°.**

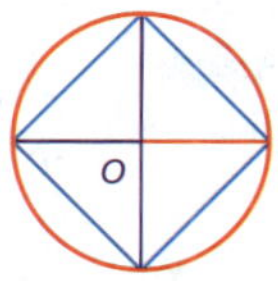

2 Angle au centre
$= 360° \div 3 =$ **120°.**

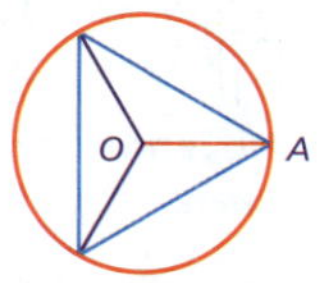

3 Angle au centre
$= 360° \div 5 =$ **72°.**

4 **a.** On a $\widehat{AOB} = 360° \div n$. Comme AOB est isocèle en O, on a $\widehat{ABO} = (180° - \widehat{AOB}) \div 2$, donc

$\widehat{ABO} = 90° - \dfrac{180°}{n}$ et $\widehat{ABC} = 2 \times \widehat{ABO} = 180° - 360° \div n$.

b. La somme des n angles de même mesure est $n(180° - 360° \div n) = n \times 180° - 360° =$ **$180°(n - 2)$.**

35. Pyramides régulières (p. 50)

1 $V = \dfrac{\text{aire de base} \times \text{hauteur}}{3} = \dfrac{4 \times 4 \times 3}{3}$

Le volume de la pyramide est de 16 cm³.

2 **a.**

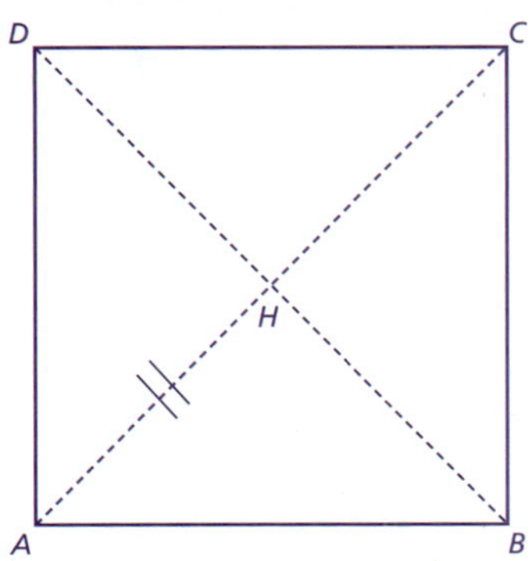

b. Dans ABC rectangle en B, d'après le théorème de Pythagore, on a $AC^2 = AB^2 + BC^2 = 4^2 + 4^2 = 32$.

$AC = \sqrt{32} = 4\sqrt{2}$ en centimètres.

c. On utilise la longueur AH du dessin précédent.

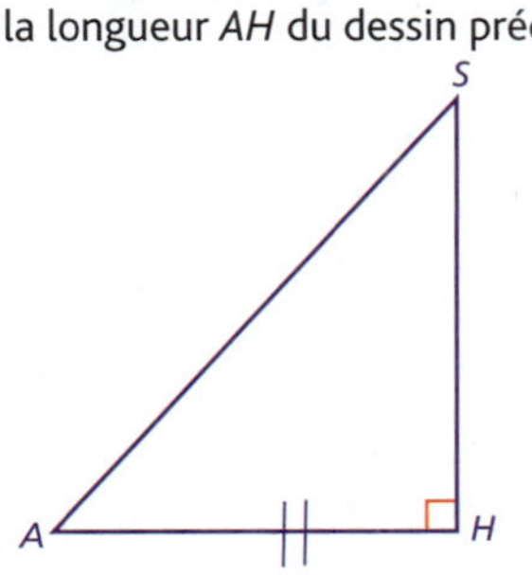

d. Dans AHS rectangle en H, on a

$\tan(\widehat{ASH}) = \dfrac{AH}{SH} = \dfrac{2\sqrt{2}}{3}$

donc $\widehat{ASH} = \tan^{-1}\left(\dfrac{2\sqrt{2}}{3}\right)$.

$\widehat{ASH} = 43°$ à 1° près.

3

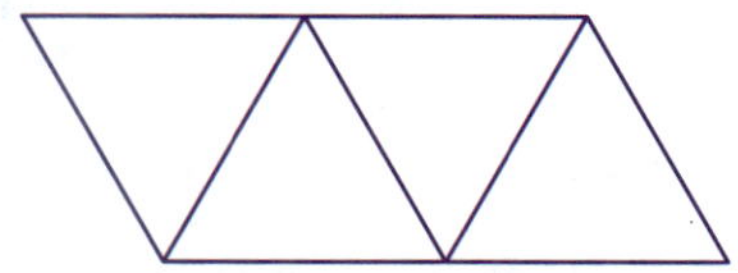

36. Sections d'un solide (p. 51)

1 **a.** Dans AOB rectangle en A, d'après le théorème de Pythagore, on a $AB^2 = BO^2 - AO^2 = 1 - 0{,}36 = 0{,}64$, donc $AB = \sqrt{0{,}64}$. **$AB = 0{,}8$ cm.**

b. La section est un rectangle d'aire 3 cm × 1,6 cm, soit **4,8 cm².**

2 **a. Le 45° parallèle est un cercle de centre O'.**

b. $\widehat{OO'B} =$ **90°** et $\widehat{BOO'} = 90° - 45° =$ **45°.**

c. Dans OBO' rectangle en O', on a $\sin(\widehat{BOO'}) = \dfrac{O'B}{OB}$, soit $\sin(45°) \times OB = O'B = \sin(45°) \times 6\,400$ km.

$BO' = 4\,525{,}5$ km à 0,1 près.

37. Agrandissements (p. 52)

1 En multipliant les dimensions par 2, on effectue un **agrandissement** de coefficient **2.**
Dans un agrandissement de coefficient k, les volumes sont **multipliés par k^3.**
Le volume du parallélépipède est **multiplié** par **2^3**, soit par **8**. Le volume du nouvel objet est 125 cm³ × **8**, soit **1 000 cm³.**

2 Le coefficient d'agrandissement est $\dfrac{DE}{AC} = \dfrac{21}{15} = 1{,}4$.
On a $DF = AB \times 1{,}4 = 23{,}8$ mm
et $FE = BC \times 1{,}4 = 11{,}2$ mm.
Le périmètre de DEF est $DE + EF + DF$, soit **56 mm.**

3 13,5 dm³ = 13 500 cm³. Soit k le coefficient d'agrandissement. On a $k^3 = \dfrac{13\,500}{4} = 3\,375$.
Par essais, on trouve que $15^3 = 3\,375$.
Le coefficient d'agrandissement est 15.

4 **a.** On a $4\pi \times r^3 \div 3 = 288\pi$,
soit $r^3 = 288 \times 3 \div 4 = 216 = 6^3$.
Le rayon du ballon est 6 cm. Son aire est $4\pi \times 6^2$, soit **144π cm².**

b. • Dans un agrandissement de rapport k, les aires sont multipliées par k^2. On a $k^2 = 4$, donc $k = 2$.
C'est un agrandissement de rapport 2.
Le nouveau rayon est 6 cm × 2, soit **12 cm.**
• Dans un agrandissement de rapport k, les volumes sont multipliés par k^3.
Le nouveau volume est $288\pi \times 2^3$, soit **$2\,304\pi$ cm³.**

38. Réductions (p. 53)

1 On a $\frac{OM}{OI} = \frac{2}{4} = 0{,}5$ et $\frac{OT}{OL} = \frac{2{,}5}{5} = 0{,}5$, donc $\frac{OM}{OI} = \frac{OT}{OL}$.
Le triangle *MOT* est une réduction du triangle *LOI* de coefficient 0,5.

2 Dans la réduction de coefficient 0,25, l'aire est multipliée par $0{,}25^2$.
$32 \times 0{,}25^2 = 2$; **l'aire de la réduction est 2 cm².**

3 **a.** $V = \frac{AB \times BC \times AE}{3} = \frac{4 \times 4 \times 6}{3}$. **$V$ = 32 cm³.**

b. • ***A'B'C'D'* est une réduction de *ABCD*.**
• **Le coefficient de réduction est :**
$EA' \div EA = 2{,}4 \div 6 =$ **0,4.**
• Dans une réduction de rapport k, les volumes sont multipliés par k^3 : $V' = V \times 0{,}4^3 = 32 \times 0{,}4^3$.
V' = 2,048 cm³.
• $V'' = V - V' = 32$ cm³ $- 2{,}048$ cm³ $=$ **29,952 cm³.**

39. Grandeurs composées (p. 54)

1 **a.** $v = \frac{\text{volume}}{\text{temps}} = \frac{348 \text{ m}^2}{10 \text{ h}} = 34{,}8$ m³/h :
la vitesse d'écoulement est 34,8 m³/h.
b. Or 1 m³ = 1 000 L et 1 h = 60 min :
$v = 34{,}8 \times 1\,000$ L $\div$ 60 min = **580 L/min.**

2 Réfrigérateur : 60 W × 24 h = 0,06 kW × 24 h
= 1,44 kWh.
Lave-vaisselle : 1,2 kW × 1 h = 1,2 kWh.
Four : 2 000 W × 0,75 h = 2 kW × 0,75 h = 1,5 kWh.
Éclairage : 75 W × 1,5 h = 0,075 kW × 1,5 h
= 0,112 5 kWh.

Consommation totale :
1,44 + 1,2 + 1,5 + 0,112 5, soit **4,252 5 kWh.**

3 **a.** 7 h 21 min – 6 h 15 min = 1 h 6 min
$= 1 \text{ h} + \frac{6}{60} \text{ h} = 1 \text{ h} + \frac{1}{10} \text{ h} = \frac{11}{10}$ **h : c'est la durée du trajet.**

b. $v = \frac{d}{t} = \frac{132 \text{ km}}{\frac{11}{10}\text{h}} = 132 \times \frac{10}{11}$ km/h = 120 km/h

Sa vitesse moyenne, arrêts compris, sur le trajet Cherbourg-Caen, est de 120 km/h.

40. Sphères – Boules (p. 55)

1 **a.** $V = 4\pi r^3 \div 3 = 4\pi \times 5^3 \div 3$:
le volume est 523,6 cm³ à 0,1 près.
b. Le rayon mesure 3 dm et $V = 4\pi \times 3^3 \div 3$:
$V = 36\pi$ dm³.

2 r = 12 cm = 1,2 dm et $A = 4\pi r^2 = 4\pi \times 1{,}2^2$:
l'aire est de 18,10 dm² à 0,01 près.

3 Soit r le rayon. On a $V = 4\pi r^3 \div 3 = 121{,}5\pi$, soit $r^3 = 121{,}5 \times 3 \div 4 = 91{,}125$. Par essais successifs, on trouve que $4{,}5^3 = 91{,}125$: **le rayon est 4,5 cm.**

4 **a.** L'équateur est un cercle de rayon 6 370 km. **Sa longueur est** $2\pi \times 6\,370$ km, soit **40 024 km à 1 près.**
b. $\widehat{AOB} = \widehat{GOA} - \widehat{GOB} = 42° - 9° = 33°$.
La longueur de l'arc $\overset{\frown}{AB}$ est :
33° × 40 024 km ÷ 360°, soit **3 669 km.**

PHYSIQUE-CHIMIE – TECHNOLOGIE

1. Les constituants de l'atome (p. 60)

1 **a.** Vrai ; **b.** Faux ; **c.** Faux ; **d.** Vrai ; **e.** Vrai ; **f.** Faux.

2 **a.** L'oxygène possède le numéro atomique 8. Il possède donc 8 charges positives et 8 électrons.

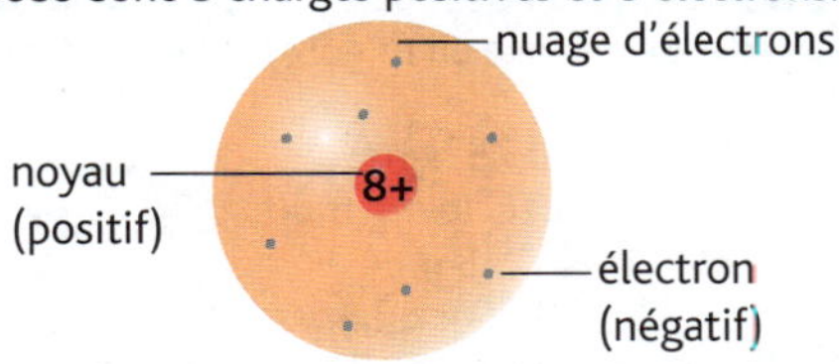

b. L'atome d'oxygène est électriquement neutre car il contient autant de charges positives (protons) dans son noyau que d'électrons (négatif) dans son nuage d'électrons.

c. Le diamètre d'un atome est égal à 2 fois son rayon.
$d_{atome} = 2 \times r = 2 \times 1,2 \times 10^{-10}$ m $= 2,4 \times 10^{-10}$ m
Le noyau d'un atome est 100 000 fois plus petit que l'atome.
$d_{noyau} = d_{atome}$ / 100 000
$d_{noyau} = 2,4 \times 10^{-10}$ / 100 000
$d_{noyau} = 2,4 \times 10^{-15}$ m

2. Transformations physique et chimique (p. 61)

1 **a.** Lors d'une transformation chimique, il y a conservation des **atomes**. **b.** Lors d'une transformation physique, il y a conservation des **molécules**. **c.** La solidification est une transformation **physique**. **d.** La combustion d'une allumette est une transformation **chimique**.

2 **a.** Réactifs : acide nitrique et benzène. Produits : nitrobenzène et eau.
b. $HNO_3 + C_6H_6 \rightarrow C_6H_5NO_2 + H_2O$. L'équation de réaction est ajustée.
c. La masse totale se conserve lors d'une transformation chimique. La masse des réactifs utilisés est égale à la masse des produits formés.

$m_{acide\ nitrique} + m_{benzène} = m_{nitrobenzène} + m_{eau}$
$m_{nitrobenzène} = m_{acide\ nitrique} + m_{benzène} - m_{eau}$
$m_{nitrobenzène} = 63 + 78 - 18$
$m_{nitrobenzène} = 123$ g

3. La masse volumique (p. 62)

1 **a.** L'expérience 1 permet de déterminer la masse de l'objet. L'appareil est une balance. Elle indique la masse $m = 218,7$ g.
L'expérience 2 permet de déterminer le volume de l'objet par déplacement d'eau. L'appareil est une éprouvette graduée. Le volume est $V = 215 - 134 = 81$ mL.
b. On utilise la formule de la masse volumique $\rho = \frac{m}{V}$.
$\rho = 218,7 / 81$
$\rho = 2,7$ g/mL, soit 2,7 g/cm³, car 1 cm³ = 1 mL
L'échantillon est donc en aluminium.

2 **a.** Pour calculer le volume maximal de sable, on va utiliser la formule $\rho = \frac{m}{V}$.
Ici, on cherche V donc la formule devient $V = \frac{m}{\rho}$.
$V = 800 / 1\,600$
$V = 0,5$ m³
1m³ = 1 000 L, donc $V = 500$ L
Antoine peut mettre au maximum 0,5 m³ soit 500 L de sable dans sa remorque.
b. Antoine veut rapporter 3 m³. Sa remorque peut contenir 0,5 m³ au maximum.
Il doit donc faire 3 / 0,5 = 6 voyages.

4. Le pH des solutions (p. 63)

1

Jus de citron	Acide chlorhydrique	Soude	Eau	Vinaigre	Soda
2,3	1,5	13	7	2,9	2,5
acide	**acide**	**basique**	**neutre**	**acide**	**acide**

2 La mesure du pH d'une solution aqueuse peut être obtenue en utilisant un papier indicateur de pH ou un pH-mètre.

3 **a.** Ces trois solutions ont un pH < 7. Elles sont donc acides. L'ion majoritaire dans une solution acide est l'ion hydrogène, de formule chimique H^+.
b. Classer par acidité croissante revient à classer les solutions de la moins acide à la plus acide, donc du pH le plus élevé au pH le plus faible. La solution la moins acide a le pH le plus élevé, c'est donc la solution 2. La solution la plus acide a le pH le plus faible, c'est la solution 3. Le classement par acidité croissante est donc : **1.** solution 2 (pH = 5) ; **2.** solution 1 (pH = 3) ; **3.** solution 3 (pH = 2).

5. Formation et identification des ions (p. 64)

1 **a.** C'est une réaction de précipitation. Il se forme un précipité de couleur rouille.
b. Le réactif utilisé est la soude.
c. Le précipité est de couleur rouille, donc cela met en évidence la présence d'ion fer III de formule chimique Fe^{3+}.
d. Il y a eu formation de l'ion Fe^{3+}. C'est un ion positif. Il provient donc d'un atome de fer ayant perdu 3 électrons : $Fe \rightarrow Fe^{3+} + 3$ électrons.

6. Réaction entre l'acide chlorhydrique et les métaux (p. 65)

1 **a.** L'action de la soude sur la solution fait apparaître un précipité vert. Il permet d'identifier la présence d'ions fer II, de formule chimique Fe^{2+}. Le métal utilisé est donc du fer.
b. Le gaz formé est le dihydrogène, de formule chimique H_2. En présence d'une flamme, il brûle en produisant une légère détonation.

2 **a.**

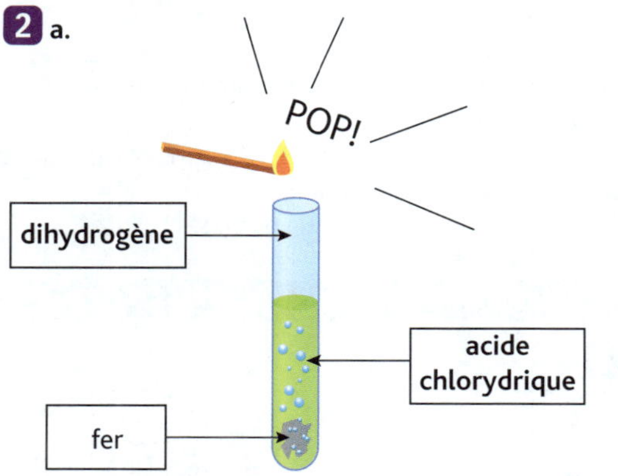

Acide chlorhydrique + fer → dihydrogène + chlorure de fer II

réactifs — produits

b. Le fer se trouve sous forme d'ions fer II. Il peut être mis en évidence en ajoutant de la soude dans le tube à essais. Il se forme alors un précipité vert : c'est une réaction de précipitation.

7. L'énergie sous toutes ses formes (p. 66)

1 **a.** Le ventilateur transforme l'énergie électrique qu'il reçoit en mouvement, c'est-à-dire en énergie mécanique. Cela permet de créer un courant d'air.
b. Le moteur chauffe lorsque le ventilateur fonctionne. En chauffant, de l'énergie est perdue sous forme thermique.
c.

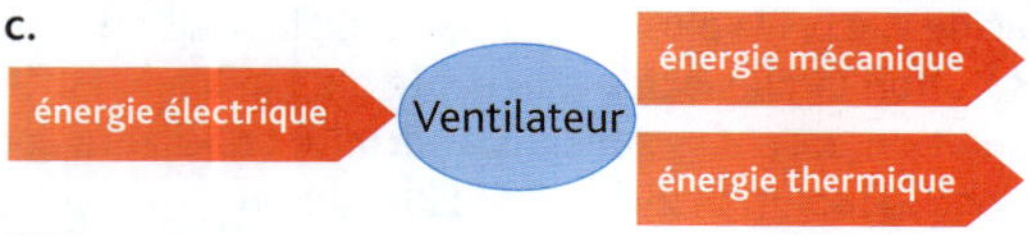

2 **a.** Cette personne possède une énergie due à sa position sur le pont. Elle possède donc une énergie potentielle.
b. Lorsqu'une personne saute, elle acquiert de la vitesse. Elle possède donc de l'énergie cinétique.
c. Lors du saut, l'énergie potentielle du sauteur diminue et son énergie cinétique augmente. Il y a conservation de l'énergie mécanique, car $E_M = E_p + E_c$.

8. Vitesse et énergie cinétique (p. 67)

1 **a.** On applique la formule $v = \frac{d}{\Delta t}$ avec $d = 270$ km et $\Delta t = 3$ h.

$v = \frac{d}{\Delta t} = 270 / 3 = 90$ km/h

La vitesse de la voiture est de 90 kilomètres par heure.
b. La vitesse calculée précédemment est en kilomètre par heure.
Pour convertir cette vitesse en mètre par seconde, on la divise par 3,6.
90 / 3,6 = 25
La vitesse de la voiture est de 25 mètres par seconde.
c. La durée est exprimée en minutes, il faut la convertir en heure.
45 min = 45 / 60 = 0,75 heure
On applique ensuite la formule $d = v \cdot \Delta t$ avec $v = 110$ km/h et $t = 0{,}75$ h.
$d = v \times \Delta t = 110 \times 0{,}75 = 82{,}5$ km
La distance parcourue est de 82,5 kilomètres.

2 **a.** $E_c = \frac{1}{2} m \cdot v^2$

La masse doit être exprimée en kilogramme. Ici $m = 900$ kg. La vitesse doit être exprimée en m/s. Il faut donc la convertir.
54 km/h = 54 / 3,6 = 15 m/s
On applique la formule $E_c = \frac{1}{2} m \cdot v^2$.

$E_c = \frac{1}{2} \times 900 \times 15^2$

$E_c = 101\,250$ J

L'énergie cinétique de la voiture est de 101 250 joules.
b. 1 kJ = 1 000 J
Il faut donc diviser par 1 000 le résultat précédent.
101 250 / 1 000 = 101,25
$E_c = 101{,}25$ kJ

9. Actions mécaniques et forces (p. 68)

1

Action de contact	Action à distance
B – D – G	A – C – E – F

2 **a.** Le vent appuie sur la voile de la planche. C'est donc une action de contact. Elle est répartie.
b. L'action du vent sur la voile peut modifier le mouvement de la planche, sa trajectoire, sa vitesse.

3 **a.** 1 kN = 1 000 N
Donc 12 000 kN = 12 000 000 N.
b. Point d'application : le centre du moteur. Direction : la verticale. Sens : vers le haut. Valeur : 12 millions de newtons.

10. Poids et masse d'un corps (p. 69)

1 **a.** $m_{totale} = m_{astronaute} + m_{équipement}$

$m_{totale} = 81 + 69$

$m_{totale} = 150$ kg

La masse de l'astronaute avec son équipement est de 150 kg.
b.

$P = m \cdot g$

P : N ; m : kg ; g : N/kg

c. $P = m_{totale} \times g_{Terre}$

$P = 150 \times 9{,}8$

$P = 1\,470$ N

Le poids de l'astronaute avec son équipement sur la Terre est de 1 470 N.

d. $P = m_{totale} \times g_{Lune}$

$P = 150 \times 1{,}6$

$P = 240$ N

Le poids de l'astronaute avec son équipement sur la Lune est de 240 N.

e. Pour comparer le poids de l'astronaute sur la Terre et sur la Lune, on va calculer le rapport $P_{Terre}/P_{Lune} = 1\,470 / 240 \approx 6$. Le poids de l'astronaute est 6 fois plus important sur la Terre que sur la Lune.

f. $P_{astronaute} = 240$ N

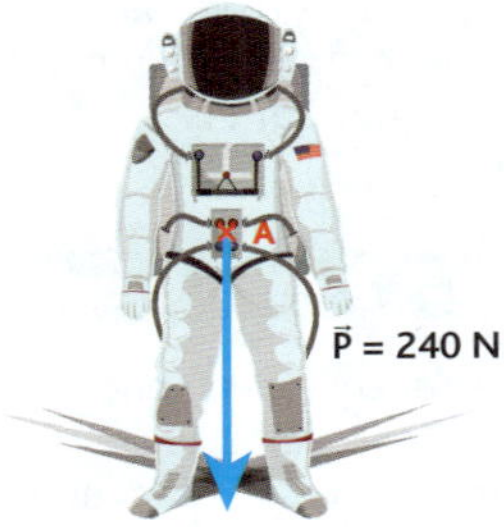

L'échelle indique 1 cm ⇔ 100 N.

Le segment fléché va donc mesurer :

240 / 100 = 2,4 cm.

$\vec{P}_{astronaute} = 2{,}4$ cm

Ce segment fléché a pour :

– point d'application : le point A ;

– direction : la verticale ;

– sens : vers le bas ;

– longueur : 2,4 cm.

11. La résistance électrique (p. 70)

1 L'intensité est la plus faible dans le circuit 1, car dans c'est dans ce circuit que la résistance électrique est la plus grande.

2 On utilise la loi d'ohm :

$U = R \cdot I$

$U = 220 \times 0{,}04$

$U = 8{,}8$ V

La tension aux bornes du conducteur ohmique est de 8,8 volts.

3 On utilise la loi d'ohm en faisant apparaître I :

$I = U / R$

$I = 11{,}2 / 560$

$I = 0{,}02$ A

L'intensité du courant qui traverse ce dipôle est de 0,02 ampère.

4 La caractéristique de ce dipôle est une droite passant par l'origine. Le dipôle est donc un conducteur ohmique. Il répond donc à la loi d'ohm. On relève un couple de point sur le graphique. Pour $U = 3$ V, on lit $I = 0{,}075$ A.

Appliquons la loi d'ohm : $R = U / I = 3 / 0{,}075 = 40\ \Omega$.

La résistance électrique de ce conducteur ohmique est de 40 ohms.

12. La puissance électrique (p. 71)

1 On applique la relation $P = U \times I$ avec $U = 230$ V et $I = 7$ A.

$P = U \times I$

$P = 230 \times 7$

$P = 1\,610$ W

La puissance électrique du radiateur est de 1 610 watts. Pour obtenir la puissance en kilowatt, on divise le résultat précédent par 1 000, puisque 1 kW = 1 000 W.

1 610 / 1 000 = 1,61

$P = 1{,}61$ kW

2 On applique la relation $P = U \cdot I$ avec $U = 230$ V et $P = 250$ W.

$P = U \times I$ donc $I = P / U$

$I = 2\,500 / 230$

$I = 10{,}9$ A

L'intensité du courant est de 10,9 ampères.

3 **a.** La puissance reçue par une installation électrique est égale à la somme des puissances des appareils fonctionnant simultanément.

$P_{totale} = 400 + 150 + 50 + 60 = 660$ W

La puissance totale est de 660 watts.

b. Pour obtenir la puissance en kilowatt, on divise le résultat précédent par 1 000.

660 / 1 000 = 0,66

$P = 0{,}66$ kW

c. Il faut calculer l'intensité reçue par la multiprise et la comparer à la valeur du fusible.

$I = P / U$

$I = 660 / 230$

$I = 2{,}9$ A

$2{,}9 < 5$

L'intensité est inférieure à la valeur du fusible. Il est possible d'utiliser ces quatre appareils simultanément.

13. L'énergie électrique (p. 72)

1 On applique la formule $E = P \cdot \Delta t$ avec $P = 3\,000$ W et $\Delta t = 1$ h 30 min.

La durée doit être exprimée en heure

1 h 30 min = 1 h + 30 / 60 h = 1,5 h

$E = P \cdot \Delta t$

$E = 3\,000 \times 1{,}5$

$E = 4\,500$ Wh

On sait que 1 Wh = 3 600 J.

$E = 4\,500 \times 3\,600$

$E = 16\,200\,000$ J

2 On applique la formule $E = P \cdot \Delta t$ avec $P = 1\,000$ W et $\Delta t = 4$ min.

La durée doit être exprimée en secondes :

4 min = 4 × 60 = 240 s

$E = P \cdot \Delta t$
$E = 1\,000 \times 240$
$E = 240\,000$ J

3 Pour calculer l'énergie consommée, il faut faire la différence entre l'ancien et le nouveau relevé :
$E = 19\,322 - 18\,750$
$E = 572$ kWh
1 kWh coûte 0,15 €.
Pour calculer le montant de la facture, on multiplie la consommation par le prix d'un kWh.
Montant de la facture = 572 × 0,15
Montant de la facture = 85,8 €

14. Signaux lumineux et sonores (p. 73)

1 **a.** Sur le graphique, la période est de 4 divisions. Une division représente 0,001 seconde.
$T = 4 \times 0{,}001 = 0{,}004$ s
b. $f = \frac{1}{T} = 1 / 0{,}004 = 250$ Hz
c. Ce son est audible, car il est compris entre 20 et 20 000 Hz.
d. Ce son pourrait se propager dans un milieu matériel comme l'air ou l'eau, mais pas dans le vide.

2 **a.** L'année de lumière (a.l.) est la distance parcourue par la lumière en une année, soit 9 500 milliards de kilomètres : 1 a.l. ≈ $9{,}5 \times 10^{12}$ km.
Pour convertir une distance en année de lumière, il faut diviser cette distance par $9{,}5 \times 10^{12}$ km.
$d_{\text{Terre-Véga}} = 2{,}37 \times 10^{14} / 9{,}5 \times 10^{12}$
$d_{\text{Terre-Véga}} \approx 25$ a.l.

La distance entre la Terre et Véga est d'environ 25 années de lumière.
b. La lumière produite par Véga a voyagé pendant 25 années avant d'arriver sur Terre. Si on observe Véga en 2023, la lumière reçue a été émise en 1998 (2023 – 25 = 1998).

15. Matériaux et objet technique (p. 74)

1 **a.** Le PVC fait partie de la famille des pastiques. L'aluminium fait partie de la famille des métaux. Le verre fait partie de la famille des minéraux.
b. Le scooter sert à déplacer des personnes : c'est sa fonction d'usage.
c. Les fonctions d'estime du scooter sont : la couleur du scooter, son prix, et son design.
d. Le scooter doit pouvoir être mis en mouvement, se diriger, et freiner.

2 Ces trois objets ont une fonction d'usage, car ils permettent de se déplacer. Ils n'ont pas une même fonction d'estime, car ils n'ont pas le même prix, ni le même design. Ces objets n'ont pas non plus une même fonction technique, car ils n'ont pas le même fonctionnement.

16. Sources et formes d'énergie (p. 75)

1 **a.** En France, l'énergie électrique est principalement obtenue grâce à l'énergie nucléaire (74,8 %). Ce n'est pas une énergie renouvelable car l'utilisation de l'uranium entraîne la diminution de sa réserve.
b. La cellule C6 indique le pourcentage d'énergie obtenue par l'éolien.
c. La cellule B3 indique la quantité d'énergie produite par l'hydraulique.
d. Dans une centrale hydraulique, on utilise la force de l'eau pour obtenir de l'énergie électrique. D'un point de vue énergétique, une centrale hydraulique est donc un convertisseur d'énergie.
e. Il fallait cocher la proposition 1 et 3.

SCIENCES DE LA VIE ET DE LA TERRE

1. Support et maintien de l'information héréditaire d'un individu (p. 80)

1 **a.** Les cellules issues de la cellule-œuf par mitoses successives contiennent une information héréditaire identique.
b. Au cours de la préparation de la mitose, s'effectue la copie de chacun des chromosomes d'une cellule.

2 **a.** Le titre qui convient est : Évolution de la quantité d'ADN dans une cellule en fonction du temps.
b. À partir du graphe, on peut dire que la mitose se produit :
– entre 20 h et 22 h.
c. La cellule schématisée peut être placée :
– au niveau du C.

2. La diversité génétique des individus (p. 81)

1 **b.** La bonne représentation est la paire 2, car les gènes sont placés dans le même ordre et au même emplacement sur les deux chromosomes de la paire.
c. La paire 3 ne peut pas être la bonne représentation, car les gènes B et C, en double exemplaire sur un chromosome, ne sont pas présents sur l'autre et le gène A n'est pas à la même place sur les deux chromosomes.

2 Un individu de groupe O possède obligatoirement 2 allèles O sur sa paire de chromosomes 9.

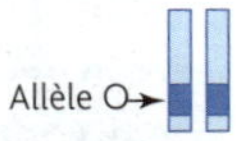

Un individu de groupe AB possède un allèle A et un allèle B, seule possibilité pour la présence simultanée des marqueurs A et B sur la membrane des globules rouges.
Par contre, un individu de groupe A peut posséder deux allèles A ou un allèle A et un allèle O. Dans les deux cas, il ne fabriquera que des marqueurs A.
Un individu de groupe B peut posséder deux allèles B ou un allèle B et un allèle O. Dans les deux cas, il ne fabriquera que des marqueurs B.

3. La reproduction sexuée, source de diversité chez les êtres vivants (p. 82)

1 **a.** La reproduction sexuée :
– est source de diversité génétique au sein des populations.
b. Au cours de la reproduction sexuée, le hasard joue un rôle important :
– au moment de la méiose, puis de la fécondation.

2 **a.** Les parents :
– coqs blancs possèdent 2 allèles B dans leurs cellules ;
– poules noires possèdent 2 allèles N dans leurs cellules.
b. Le mâle (coq) a transmis un allèle B et la femelle (poule), un allèle N.
c. Les deux allèles s'expriment, car les poulets ne sont ni blancs (ce qui suggérerait que seul l'allèle B s'exprime), ni noirs.
d. La reproduction séxuée a fait apparaître un caractère (couleur du plumage) différent de celui des parents. Elle est source de diversité.

4. Parenté des êtres vivants et évolution (p. 83)

1 **a.** La comparaison des membres des trois animaux montre que :
– la sardine et le cœlacanthe ont des rayons osseux ;
– la grenouille et le cœlacanthe ont une pièce basale unique.
b. L'innovation génétique indiquée du document 2 correspond :
– à l'apparition d'une pièce basale unique.
c. Cet arbre évolutif montre que :
– la grenouille et le cœlacanthe ont un ancêtre commun qu'ils ne partagent pas avec la sardine ;
– la grenouille et le cœlacanthe sont plus proches parents que le cœlacanthe et la sardine.

5. Les mécanismes de l'évolution (p. 84)

1 L'espèce humaine :
– partage de nombreuses innovations évolutives avec les autres êtres vivants ;
– a une parenté plus étroite avec le chimpanzé qu'avec les autres espèces actuelles.

2 **a.** Dans la population vivant sur sols sombres, l'allèle D est plus fréquent que l'allèle d. Dans la population vivant sur sols clairs, l'allèle d est plus fréquent que l'allèle D.
b. Les souris sont les proies du grand hibou à cornes. Ce dernier a influencé les variations de fréquences des allèles en prélevant les souris les plus visibles dans leur environnement. La fréquence des allèles avantageux pouvant favoriser la survie de l'individu a alors augmenté (allèle D dans la région à sols foncés et allèle d dans la région à sols clairs).
c. Le phénomène illustré ici est celui de la sélection naturelle.

6. La nutrition à l'échelle cellulaire (p. 85)

1 **a.** Les cellules utilisent les nutriments pour synthétiser de nouvelles molécules au cours de l'assimilation.
b. Dans les cellules, des réactions chimiques entre le dioxygène et les nutriments, libèrent de l'énergie.

2 **a.** La radioactivité des protéines du foie augmente au cours du temps.
b. L'assemblage des acides aminés issus de la digestion des protéines permet la fabrication de nouvelles protéines dans l'organisme, selon le programme génétique de chaque individu. Ainsi, dans cet exemple, les acides aminés radioactifs sont progressivement intégrés dans de nouvelles protéines.

7. La nutrition en association avec les micro-organismes (p. 86)

1 Les plants de basilic, dans une terre avec champignons à mycorhizes, ont une croissance plus rapide et plus importante que ceux qui se développent en absence de mycorhizes. Les mycorhizes augmentent les capacités d'absorption de l'eau et des sels minéraux par les plantes, et donc leur croissance.

2 Une symbiose est une association durable, avantageuse pour les deux organismes vivants impliqués. L'algue fournissant au champignon une partie de la matière organique qu'elle fabrique et le champignon fournissant à l'algue de la matière minérale, ainsi que des substances fixatrices et protectrices, il s'agit bien d'une symbiose.

8. Ubiquité du monde bactérien et mesures préventives (p. 87)

1 L'agent invisible évoqué par Semmelweis devait être un ensemble de micro-organismes pathogènes présents sur les mains des étudiants accoucheurs. La pratique de l'asepsie (lavage des mains, stérilisation des instruments…) maintenant obligatoire en milieu hospitalier a permis de réduire considérablement les risques d'infection pour les patients.

2 Les résultats obtenus montrent que la peau de nos mains abrite de nombreux micro-organismes (lame b). Il convient donc de les laver régulièrement.
Le résultat sur la lame d montre qu'un lavage des mains suivi d'un essuyage avec un torchon ne sert à rien (le torchon, souillé par plusieurs utilisateurs, est recouvert de microbes). La solution la plus efficace est le lavage des mains, suivi de l'utilisation d'une solution antiseptique (lame e).

9. Les réactions immunitaires (p. 88)

1 **a.** Les mots se rapportant à la phagocytose sont : phagocyte, réaction non spécifique, digestion des micro-organismes pathogènes.
b. Les mots se rapportant à la défense par les lymphocytes B sont : sécrétion d'anticorps, réaction spécifique, reconnaissance de l'antigène.
c. Les mots se rapportant à la défense par les lymphocytes T sont : destruction des cellules infectées, réaction spécifique, reconnaissance de l'antigène.

2

Bactéries pathogènes porteuses d'antigène	Bactérie A 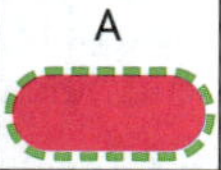	Bactérie B 	Bactérie C 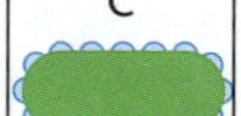
Anticorps sécrétés dans le sang pour neutraliser les bactéries		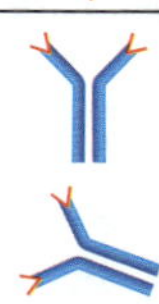	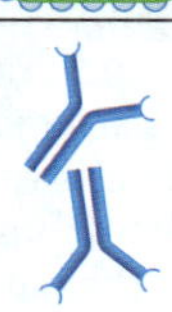

La spécificité des anticorps est ici mise en évidence.

10. La vaccination : une stimulation du système immunitaire (p. 89)

1 Un vaccin :
– déclenche la fabrication d'anticorps et de lymphocytes mémoire.

2 **a.** Chez la personne vaccinée, la production d'anticorps est plus rapide (1 jour contre 6 jours chez la personne non vaccinée) et la quantité d'anticorps produits est beaucoup plus importante.
b. Comme les anticorps sont produits très rapidement et en grande quantité chez une personne vaccinée, ils neutralisent les antigènes avant que les symptômes ne s'installent.

11. Antiseptiques et antibiotiques (p. 90)

1 Ce test permet de savoir si l'angine est d'origine bactérienne ou virale, et donc de prescrire ou non des antibiotiques. En effet, les antibiotiques sont inefficaces contre les virus et leur utilisation abusive et à tort, favorise le développement de bactéries résistantes, ce qui est dangereux pour le traitement des populations.

2 Des trois pays étudiés, la France est la plus grande consommatrice d'antibiotiques. C'est également en France que sont apparues le plus de bactéries résistantes. L'usage abusif des antibiotiques semble donc favoriser l'apparition de bactéries résistantes.

12. Crises biologiques et découpage des temps géologiques (p. 91)

1 **a.** Les crises biologiques :
– peuvent être liées à l'activité volcanique ;
– peuvent être liées à la chute de météorites.
b. Les temps géologiques ont été découpés :
– à partir d'événements biologiques majeurs ayant affecté la surface de la Terre ;
– en ères constituées de plusieurs périodes.

2 Les cinq crises biologiques sont :
– 1re crise : au cours de l'ère primaire, il y a 435 Ma ;
– 2e crise : au cours de l'ère primaire, il y a 355 Ma ;
– 3e crise (importante) : marque le passage de l'ère primaire à l'aire secondaire (– 250 Ma) ;
– 4e crise : – 205 Ma ;
– 5e crise (connue pour la disparition des dinosaures) : marque le passage de l'ère secondaire à l'ère tertiaire (– 65 Ma).

13. Des crises récentes liées au climat (p. 92)

1 **a.** Les variations de température dans les 800 000 dernières années :
– se répètent avec une périodicité d'environ 110 000 ans ;
– sont liées à l'effet de serre.

b. La combustion des énergies fossiles entraîne :
– la libération de dioxyde de carbone ;
– accentue l'effet de serre.

2 L'étude du graphe nous montre une augmentation importante de la concentration atmosphérique en CO_2 à partir de 1850, ce qui correspond au début de l'utilisation massive des combustibles fossiles. En parallèle, nous observons une augmentation de la température liée à une augmentation de l'effet de serre par le CO_2 relâché. Les activités humaines participent au réchauffement de la planète.

14. L'influence des activités humaines sur les écosystèmes et la biodiversité (p. 93)

1 **a.** Un écosystème est :
– un ensemble constitué par un milieu, des êtres vivants et leurs relations.
b. Le maintien de la biodiversité :
– est menacé par la pêche industrielle et l'agriculture intensive ;
– est essentiel à l'équilibre des écosystèmes.

2 **a.** La cause du réchauffement et de l'acidification de l'eau des océans est le rejet de CO_2 par les activités humaines.
b. Les récifs coralliens disparaissent. La disparition des récifs coralliens entraîne une énorme perte de biodiversité, puisqu'ils abritent de très nombreuses espèces d'êtres vivants.

FRANÇAIS

1. Le présent et le futur de l'indicatif (p. 98)

1 je noircis – je négocie – je plains

2 il atteint – il répond – il distrait – il rejette

3 **a.** Le bûcheron **scie** le vieux chêne. **b.** Tu **éteins** la lumière. **c.** Ce travail **vaut** une récompense.

4 L'intrus est « il prépara ». C'est le seul verbe qui n'est pas au futur mais au passé simple.

5 je secouerai – je coudrai – je plairai – je nourrirai

2. L'imparfait et le passé simple de l'indicatif (p. 99)

1 Verbes à l'imparfait : il allait, ils couraient, je savais, nous dessinions.

2 Verbes au passé simple : nous entendîmes, il proposa, il mit, je pris.

3 **a.** Nous leur **envoyions** chaque année des fleurs. **b.** Vous **maniiez** l'épée avec adresse. **c.** Nous **voyions** le château au bout de la rue.

5 j'allai – nous revînmes – je m'assis – tu mis – il tendit – tu nourris – je m'ennuyai – vous voulûtes – j'autorisai – nous plaignîmes

3. Les temps composés de l'indicatif (p. 100)

1 elle sera partie – ils eurent entendu – nous avions dansé – ils ont craint – tu eus vécu – elles étaient parvenues

2 ils furent nés : passé antérieur – ils ont demandé : passé composé – ils seront modifiés : futur passif – ils sont repartis : passé composé – ils étaient intervenus : plus-que-parfait

3 nous avions abattu – nous avions embelli – nous étions revenu(e)s – nous étions mort(e)s – nous avions eu – nous avions été

4 **a.** Nous **sommes entré(e)s** dans la maison hantée et **avons découvert** un étrange mobilier. **b.** Nous **avons craint** et **désiré** à la fois l'apparition du fantôme. **c.** Nous **avons avancé** prudemment et nous **sommes arrivé(e)s** au pied de l'escalier.

4. L'emploi des temps de l'indicatif (p. 101)

1 **a.** futur proche ; **b.** narration ; **c.** vérité générale

2 **a.** Charles **se préparait** à partir quand son ami l'**appela**. **b.** Éva **enfila** son blouson et **prit** sa raquette. Tous les jeudis, elle **jouait** au tennis.

3 **a.** action secondaire ; **b.** habitude

4 **a.** imparfait, habitude ; **b.** futur, action à venir ; **c.** futur, ordre ; **d.** imparfait, description ; **e.** présent, vérité générale

5. Le conditionnel et l'impératif (p. 102)

1 Verbes au présent du conditionnel : il prendrait, il mourrait, il verrait, il vivrait.

2 Verbes au passé du conditionnel : il aurait vu, il serait allé, il aurait dit.

3 Je riais, je rirais – Je croyais, je croirais – J'oubliais, j'oublierais – J'employais, j'emploierais.

4 L'intrus est « nous plierons ». Ce verbe est au futur de l'indicatif.

5 Verbes qui peuvent être à l'impératif : viens, finis, cours, fais, lis, sois, mets, prends, éteins.

6. Le subjonctif (p. 103)

1 Verbes qui peuvent être au présent du subjonctif : tu donnes, nous prenions, il oublie, nous fassions, vous mettiez, je vende, tu entendes, ils finissent, nous voyions, je sache, il prenne, il coure.

2 Verbes à l'imparfait du subjonctif : il vît, je fisse, il rendît, ils apportassent, il pâlît, vous tinssiez.

3 Verbes au passé du subjonctif : il ait fini, j'aie vu, il soit venu.

4 louer : nous louons, que nous louions – payer : nous payons, que nous payions – oublier : nous oublions, que nous oubliions – finir : nous finissons, que nous finissions – rire : nous rions, que nous riions – voir : nous voyons, que nous voyions

5 que nous ayons conquis – que nous nous soyons promené(e)s – que nous ayons vu – que nous ayons soustrait – que nous soyons né(e)s – que nous ayons retenu – que nous soyons parti(e)s – que nous soyons allé(e)s

7. L'emploi des modes indicatif, conditionnel, subjonctif, impératif (p. 104)

1 nous irions – que nous finissions – nous jetons – donnons – que nous vérifiions – nous saurions

2 **a.** subjonctif ; **b.** conditionnel ; **c.** subjonctif ; **d.** subjonctif

3 **a.** conditionnel, souhait ; **b.** subjonctif, souhait ; **c.** impératif, interdiction

4 **a.** futur antérieur, aspect accompli ; **b.** futur, aspect inaccompli ; **c.** plus-que-parfait, aspect accompli ; **d.** passé simple, aspect inaccompli.

8. La voix passive (p. 105)

1 Formes verbales à la voix passive : il a été vu, il est traduit, il fut rassuré, il sera rendu, il aura été remercié.

2 elle a été entendue – elle avait été reçue – elle fut comprise – elle sera attendue – elle eut été suivie – elle est écoutée

3 on a remarqué – on considérera – on apprécia – on interroge

4 Le verbe *survivre* ne peut pas se mettre à la voix passive car il n'est pas transitif direct.

5 elle sera tombée : futur antérieur (voix active) – vous étiez dépassés : imparfait – il fut renversé : passé simple – elle fut allée : passé antérieur (voix active) – ils sont revenus : passé composé (voix active) – ils étaient appréciés : imparfait

9. Quelques verbes difficiles (p. 106)

1 pouvoir : je peux, nous pouvions, il pourra, tu pourrais – modifier : nous modifions, nous modifiions, tu modifieras, ils modifieraient – s'ennuyer : tu t'ennuies, vous vous ennuyiez, ils s'ennuieront, nous nous ennuierions – lier : il lie, nous liions, je lierai, je lierais – lire : il lit, nous lisions, je lirai, je lirais

2 Formes communes : je rougis, je saisis, je fuis, je définis.

3 je voie : subjonctif présent – tu vois : indicatif présent – vous priez : indicatif présent – vous priiez : indicatif imparfait ou subjonctif présent – je cours : indicatif présent – il courre : subjonctif présent

4 je courrais : conditionnel présent – je courais : indicatif imparfait – je courrai : indicatif futur – je narrai : indicatif passé simple – je narrais : indicatif imparfait – je narrerai : indicatif futur

10. Les classes grammaticales (natures) (p. 107)

1 Conjonctions de coordination : ni, car, mais, ou, or, et, donc.

2 Prépositions : dans, pour, vers, sous, contre, chez, malgré.

3 Adverbes : véritablement, hier, mieux, jamais, peut-être, plus, naturellement, tout à fait.

4 **a.** Ce soldat du Premier Empire est un vaillant colonel ; le connaissez-vous ? **b.** Certaines personnes ont intérêt à ce que ce colonel reste mort aux yeux de la société. **c.** Balzac est un romancier réaliste qui représente la société de son temps.

5 **a.** As-tu lu ce roman ? Je te le prête. **b.** Ma session est bloquée, mais la tienne fonctionne. Je leur ai demandé leur aide.

6 Vers : préposition – prétendu : adjectif qualificatif – de : préposition

11. Les fonctions (p. 108)

1 **a.** verbe ; **b.** nom (Nemo) ; **c.** nom ; **d.** nom, verbe ; **e.** nom ; **f.** adjectif

2 **a.** Il appelle le médecin. / Il sera <u>médecin</u>. **b.** Il reste <u>fatigué</u>. / Il reste à la maison. **c.** Il écoute son délégué. / Il est élu <u>délégué</u>.

3 **a.** en ballon : CdN *expédition* – périlleuse : attribut du sujet *expédition* ; **b.** l'Afrique : COD du verbe *traverser* – jusqu'aux sources du Nil : CC de lieu ; **c.** de Jules Verne : CdN *personnages* – à prendre des risques : complément de l'adjectif *prêts*

12. Le groupe nominal minimal et les reprises pronominales (p. 109)

1 **a.** Connais-tu la maison dont nous apercevons le toit ? **b.** Cette maison est si mystérieuse que je la surveille. **c.** Jules m'a rendu mon stylo. **d.** Ce film est très bon, Théo me le conseille. e. Il a lu ce livre et en parle souvent.

2 **a.** tu : sujet du verbe *connaître* – dont : complément du nom *toit* – nous : sujet du verbe *apercevoir* ; **b.** je : sujet du verbe *surveiller* – la : COD du verbe *surveiller* ; **c.** m' : COI du verbe *rendre* – **d.** me : COI du verbe *conseiller* – le : COD du verbe *conseiller* ; **e.** il : sujet du verbe *lire* – en : COI du verbe *parler*

3 **Au** *(article défini contracté : à + le)* bout d'**une** *(article indéfini)* semaine de **ce** *(déterminant démonstratif)* régime, **les** *(article défini)* nouveaux furent capables d'affronter **l'** *(article défini élidé)* épreuve **du** *(article défini contracté : de + le)* parachute.

13. Le groupe nominal enrichi (p. 110)

1 **a.** Le réalisme **balzacien** est une nouveauté. **b.** **Ambitieuse**, la fresque **romanesque** dépeint la société de la Restauration. **c.** Ce **court** roman est **passionnant**.

2 **a.** à Madame Hanska : COI du verbe *écrire* ; **b.** à écrire : COI du verbe *s'épuiser* ; **c.** à écrire : CdN *machines* – à cette époque : CC de temps

3 **a.** Avant d'écrire les **romans** <u>qui l'ont rendu célèbre</u> (complément de l'antécédent *romans*), Balzac a rédigé des **romans** à quatre <u>sous</u> (CdN *romans*). **b.** Les <u>grands</u> (épithète du nom *romans*) **romans** <u>du XIX siècle</u> (CdN *romans*) nous intéressent toujours aujourd'hui.

14. L'énonciation (p. 111)

1 **a.** Je préfère le bord de mer. / <u>Il préfère le bord de mer</u>. **b.** <u>Ils partirent deux mois</u>. / Ils partiront dans deux mois. **c.** <u>Il arriva le lendemain</u>. / Il arrive demain. **d.** Il viendra le mois prochain. / <u>Il était venu en hiver</u>.

2 Les énoncés **a**, **b** et **d** sont ancrés dans la situation d'énonciation.

3 **a.** Je préfère le bord de mer. **b.** Ils partiront dans deux mois. **c.** Il arrive demain. **d.** Il viendra le mois prochain.

4 Indices du locuteur : ma maison, je viens, moi.
Indices du destinataire : ton frère, tu pars, ta voiture, votre idée, la vôtre.
Temps de l'énonciation : cette année, hier, maintenant, ce soir, l'année prochaine, le mois dernier.
Lieu de l'énonciation : ici.

15. Les types de phrases (p. 112)

1 **a.** impérative de forme négative ; **b.** déclarative ; **c.** interrogative ; **d.** déclarative de forme exclamative

2 Les phrases **b** sont des interrogations totales.

3 **a.** Vend-il son vélo (sa bicyclette) ? **b.** Pars-tu ? **c.** Joue-t-il ? **d.** Pourquoi dis-tu ça (cela) ?

4 **a.** Rien n'est interdit ici. / Tout n'est pas interdit ici. **b.** Pourquoi ne se lève-t-il pas tôt ? **c.** Personne n'a sonné. **d.** Ne pas marcher sur les dalles rouges. **e.** N'entrez pas sans sonner.

16. La phrase complexe (p. 113)

1 **a.** 1 ; **b.** 2 ; **c.** 1 ; **d.** 3

2 **a.** Les fables que nous connaissons le mieux *(subordonnée relative)* font parler les animaux. **b.** La Fontaine dit que la justice n'est pas équitable *(subordonnée conjonctive complétive)*. **c.** La Fontaine est si habile qu'il échappe à la censure *(subordonnée conjonctive circonstancielle de conséquence, ou consécutive)*.

3 **a.** [Certaines fables ne présentent pas de morale explicite] *(prop. indépendante)* ; [le lecteur doit deviner la leçon] *(prop. indépendante)*. **b.** [La fable est un poème] *(prop. princ.)* [qui développe un récit] *(prop. sub. relative)* et [qui a une fonction didactique] *(prop. sub. relative)* **c.** [Les animaux *(prop. princ.)* [dont se sert La Fontaine] *(prop.sub. relative)* sont personnifiés *(suite de la prop. princ.)*].

17. La proposition subordonnée relative (p. 114)

1 Pronoms relatifs : que, lequel, dont, qui, quoi, où, duquel.

2 **a.** *Pas de relative, mais une interrogative (pas d'antécédent).* **b.** Le roman que nous étudions s'intitule *Notre-Dame de Paris*. **c.** L'héroïne dont tu me parles est Esméralda. **d.** Victor Hugo, qui s'est opposé à Napoléon III, est parti en exil.

3 **a.** Quasimodo, **qui** est sonneur de cloches à Notre-Dame, est un être difforme. **b.** Esméralda est une bohémienne **que l'**on prend pour une sorcière. **c.** Les personnages de ce roman, **dont** l'intrigue se déroule au Moyen Âge, sont étonnants. / Ce roman, **dont** l'intrigue se déroule au Moyen Âge, présente des personnages étonnants.

4 **a.** Victor Hugo, qui est connu pour son œuvre littéraire, est aussi un excellent dessinateur. **b.** Le forçat dont Victor Hugo raconte l'histoire est Jean Valjean. Voici la maison où il a vécu. **c.** Le roman auquel vous faites allusion s'intitule *Les Misérables*.

18. Les formes passive, pronominale et impersonnelle (p. 115)

1 **a.** Ton gâteau a été apprécié par Paul. **b.** La pizza fut apportée par un nouveau livreur. **c.** La coupe sera remportée par notre équipe ! **d.** La lèpre sera vaincue.
La phrase **d** n'a pas de complément d'agent parce que le sujet, à la voix active, est le pronom personnel indéfini *on*.

2 Les phrases **a** et **d** ont une construction pronominale.

3 **a.** réfléchi ; **b.** passif ; **c.** réciproque ; **d.** réfléchi ; **e.** réciproque

4 Les phrases **b** et **e** ont une construction impersonnelle.

19. Formation des mots et orthographe (p. 116)

1 *Par exemple :* un tapis : tapisserie – un front : frontal – un poing : poignée – un camp : campement – un pied : piédestal

2 bi/cycl/ette – dés/agré/able – im/mort/al/ité *(deux suffixes)* – in/vari/able

3 crier : il crie, un cri – employer : il emploie, un emploi – plier : il plie, un pli – essayer : il essaie, un essai

4 des tire-bouchons – des rouges-gorges – des années-lumières ou années-lumière – des laissez-passer

20. Les homophones (1) (p. 117)

1 **Ceux** qui ont acheté leur billet à l'avance **se** mettent de **ce** côté de la file.

2 **a. Ce** dont vous me parlez m'intrigue ; est-**ce** une histoire vraie ? **b. Ceux** qui racontent cette histoire croient **à** la présence de fantômes **ou** d'esprits. **c. À** l'époque **où** il vivait, **ce** fantôme était un seigneur.

3 **a. C'est** le chien des Baskerville qui **s'est** jeté sur lui. **b.** La lande déroule à l'infini **ses** étendues plates. **c. Ces** légendes me rappellent Conan Doyle et **ses** histoires policières.

4 **a. Quels** bons moments nous avons passés en Angleterre ! **b. Quelle** surprise ! **c. Quel** que soit le temps, nous avons l'intention de nous promener.

d. Quelle mouche t'a piqué ? **e. Quelle qu'elle** soit, ton idée est la bienvenue !

21. Les homophones (2) (p. 118)

1 **a.** Ce château n'est habité **qu'en** partie. **b.** Il ne voyage **qu'en** avion. **c. Quand** Xavier arrive-t-il ? **Quant** à Martin, il sera en retard.

2 **a.** Quand mes frères auront fini de préparer **leurs** bagages, nous pourrons partir ; je vais **leur** dire de se dépêcher. **b.** Je **leur** ai dit d'apporter **leur** sac de couchage et **leurs** affaires de toilette. **c.** J'espère qu'ils ont pensé à prendre **leurs** chaussures de sport et **leur** raquette.

3 **a. Peu** à **peu** la pluie cesse et on **peut** alors sortir. **b.** Il a très **peu** de chances de gagner. **c.** Tu **peux** toujours tenter ta chance.

4 **a. Si** tu avais un peu de temps, nous pourrions aller à la piscine ; mon frère doit **s'y** rendre. **b. Ni** Paul **ni** moi **n'y** entendons quelque chose ! **c. Sans s'en** rendre compte, il a mangé beaucoup trop de cerises.

22. L'accord du verbe (p. 119)

1 **a. Tu** nous indiqueras le chemin. **b.** Hanna et **moi** allons au cinéma. **c.** Joséphine et **elle(s)** sont reparties.

2 **a.** La plupart de nos camarades **font** partie d'un club sportif. **b.** Au travers des arbres **scintille** une étrange lumière. **c.** Ni Emma, ni Lucas, personne ne **parvient** à ouvrir cette porte. **d. Peux**-tu nous aider, toi qui **as** les bons outils ?

3 Ce jardin qu'il ignorai**t** la veille était une jouissance extraordinaire. Tout l'emplissai**t** d'extase, jusqu'aux brins d'herbe, jusqu'aux pierres des allées, jusqu'aux haleines qu'il ne voyai**t** pas et qui lui passai**ent** sur les joues. Son corps entier entrai**t** dans la possession de ce bout de nature, l'embrassai**t** de ses membres ; ses lèvres le buvai**ent**, ses narines le respirai**ent** ; il l'emportai**t** dans ses oreilles. [...] À droite montai**ent** les fraxinelles légères, les centranthus retombant en neige immaculée. [...] À gauche, c'étai**t** une longue rue d'ancolies.

23. Verbes en *-ai* ou *-ais*, *-rai* ou *-rais* ? (p. 120)

1 savoir : je savais, je sus, je saurai, je saurais – supplier : je suppliais, je suppliai, je supplierai, je supplierais – appuyer : j'appuyais, j'appuyai, j'appuierai, j'appuierais

2 **a.** Je **rêvais** d'être vétérinaire. **b.** Alors je **décidai** de faire un stage. **c.** Ce jour-là, je me **levai** tôt, alors que d'habitude je **traînais**. **d.** J'ouvris la porte et **m'avançai** dans l'allée.

3 **a.** Je ne sais pas si je **pourrai** venir. **b.** On m'a demandé si je **préparerais** un exposé. **c.** L'année prochaine, je **séjournerai** en Irlande. **d.** Je **voudrais** une brioche. **e.** Je pense que j'**irai** à la bibliothèque demain.

24. Indicatif ou subjonctif ? (p. 121)

1 Verbes au présent du subjonctif : sache, fassiez, allions, veuille, nagiez, courent, puisse, aille, ait, soyons, voyions, dise, aie, sois.

2 avoir : j'ai, que j'aie, nous avons, que nous ayons – oublier : j'oublie, que j'oublie, nous oublions, que nous oubliions – croire : je crois, que je croie, nous croyons, que nous croyions – vérifier : je vérifie, que je vérifie, nous vérifions, que nous vérifiions – pouvoir : je peux, que je puisse, nous pouvons, que nous puissions – courir : je cours, que je coure, nous courons, que nous courions.

3 **a.** Je sais qu'il ne **voit** rien. **b.** J'aimerais qu'il me **croie**. **c.** Il croit qu'il **sait** bien son rôle. **d.** Il faut qu'il **puisse** venir. **e.** Il veut que je **coure** plus vite. **f.** Il pense que je **cours** vite.

25. L'accord des adjectifs (p. 122)

1 **a.** le camélia et la jacinthe fleuri**s** ; **b.** le pull et la jupe noir**s** ; **c.** le pont et le donjon détruit**s** ; **d.** la chienne et la chatte réconcilié**es**

2 des écharpes **roses** – des écharpes **orange** – des écharpes **vert olive** – des écharpes **bleues**

3 des chaussures marron – des cahiers rouge foncé – des carreaux verts et fuchsia

4 **a. Réjouies** à l'idée d'aller à ce bal si **prestigieux**, Léa et Jade préparaient leurs tenues : de **somptueuses** robes. **b. Venus** du nord, les oiseaux **migrateurs** annoncent le retour des jours plus **sombres**, des ciels **gris** et des températures **fraîches**. **c.** Ces oiseaux **tropicaux** ont des plumes **vermeilles**, **rose foncé** et **dorées**.

26. L'accord du participe passé (p. 123)

1 **a.** auxiliaire *avoir* ; **b.** verbe pronominal ; **c.** auxiliaire *avoir* ; **d.** verbe pronominal

2 **a.** Les écureuils **les** ont entassé**es**. **b.** Ils se **les** sont écorché**s**. **c.** Cette excursion **les** a enchanté**s**. **d.** Nous nous **la** sommes partagé**e**.

3 Elle l'a vu**e**. → la souris *(féminin singulier)* – Elle les a pri**s**. → les gâteaux *(masculin pluriel)* – Elle les a cuit**es**. → les tartes *(féminin pluriel)* – Elle l'a obten**u**. → le diplôme *(masculin singulier)*

4 Réveillés par la marée montante, ils **se sont levés** de bonne heure et **ont emporté** les sandwichs qu'ils **ont préparés**. En traversant la lande, ils **se sont blessés** et **se sont griffé** les jambes.

27. Les accords dans la subordonnée relative (p. 124)

1 **a.** Les élèves **auxquels** le CPE a fait des remarques sont venus s'excuser. **b.** Les histoires **auxquelles** je fais allusion sont véridiques. **c.** Les astronautes **auxquels**

je m'intéresse sont Thomas Pesquet et Sophie Adenot. **d.** Raconte-moi l'événement **auquel** tu te réfères.

2 **a.** Le courrier **sur lequel** je comptais ce matin n'est pas arrivé. **b.** Neil Armstrong, **à qui** nous devons rendre hommage, est le premier homme à avoir marché sur la Lune. **c.** Les chaises **sur lesquelles** vous venez de vous asseoir sont fragiles.

3 **a.** Est-ce toi qui **as** un labrador ? **b.** Toi qui **es** là, aide-moi. **c.** C'est Pierre et moi qui **sommes** délégués de classe.

4 **a.** Ces professeurs **avec lesquels** je travaille sont très exigeants. **b.** Ces compétitions **pour lesquelles** je m'entraîne sont en mars.

28. Les adverbes (p. 125)

1 **a.** adverbe ; **b.** adjectif ; **c.** adjectif ; **d.** adverbe ; **e.** adverbe ; **f.** adjectif

2 Adverbes : heureusement, peut-être, demain, toujours, sagement.

3 vivement – densément – doucement – rapidement – aimablement – précisément

4 brièvement – puissamment – prudemment – sèchement – récemment – étonnamment

29. L'organisation et la présentation d'un texte (p. 126)

1 enfin – puis – tout d'abord – pendant que – cependant

2 Le mot *enfin* peut introduire une conclusion. Les mots *donc* et *par conséquent* peuvent aussi être acceptés.

3 **L**orsque **G**regor **S**amsa se réveilla**,** un matin**,** après des rêves agités**,** il se trouva métamorphosé dans son lit en un monstrueux insecte**. Il** était étendu sur le dos**,** un dos aussi dur qu'une carapace**,** et**,** en relevant la tête**,** il voyait [...] son ventre**,** sur la hauteur duquel la couverture**,** prête à glisser tout à fait**,** ne se tenait plus qu'à peine**.**

4 Indice temporel : un matin. Événement antérieur : après des rêves agités.

30. L'étude de l'image (p. 127)

1 une rivière → le temps qui passe ; un crâne → la mort prochaine ; un livre → le savoir ; un miroir → la coquetterie ; un rayon de lumière entrant par la fenêtre → la présence de Dieu

2 **a.** Il s'agit d'un point de vue en plongée ; le peintre surplombe la scène. **b.** Le gris et le beige dominent, ce qui permet d'exprimer la saison : la scène se déroule en hiver. **c.** Les personnages sont nombreux et très petits ; on ne les distingue pas bien et on a l'impression qu'ils font partie du paysage. C'est une impression d'ensemble que veut transmettre Pissaro.

31. Les niveaux de langue (p. 128)

1 le courroux, la colère – âgé, chenu – aimable, affable – inepte, stupide

2 choir, tomber, se casser la figure – ma femme, mon épouse, ma régulière – se morfondre, s'ennuyer, crever d'ennui – abhorrer, détester, haïr – l'effroi, la peur, la trouille

3 **a.** Ils regardent la télé. **b.** J'ai jamais [je n'ai jamais] pu la blairer. **c.** On lui a piqué son ordi. **d.** Tu pourras [Est-ce que tu pourras] venir à la patinoire ?

4 **a.** Quand rentre-t-il de son voyage en Chine ? **b.** Où Lucas habite-t-il ? **c.** Joue-t-il au rugby ?

32. Le vocabulaire (p. 129)

1 Champ lexical de la **nature** : naturel, gazouillis, ruisseau, ciel, forêt, mer.

2 tendre, tendresse, attendrir, tendrement – dégustation, dégoûtant, goût, gustatif, goûter – aimer, amitié, amical, amour – cœur, courage, cordial

3 illicite – méconnaître – incroyable – impatient

4 Mots contenant un préfixe **négatif** : impossible, mésalliance, défaire, atypique, antimite.

5 **a.** La **conjoncture** économique s'améliore. **b.** Le **précepteur** fait travailler les enfants. **c.** Il aime m'**agonir** d'insultes.

33. L'expression du temps (p. 130)

1 Indices temporels : depuis, toujours, longtemps, ensuite, dès lors.

2 Expressions qui indiquent une durée : pendant cinq minutes, longtemps, deux heures durant, éternellement, tout au long de la journée.

3 **a.** objective ; **b.** subjective ; **c.** objective ; **d.** subjective

4 **a. Quand il fut rentré chez lui**, il lut. **b.** Nous avons organisé une fête **avant qu'il parte**. **c. Quand ils aperçurent l'enfant qui pleurait**, ils se précipitèrent aussitôt.

34. Les paroles rapportées (p. 131)

1 **a.** discours indirect ; **b.** discours direct ; **c.** discours indirect libre ; **d.** discours indirect

2 **a.** Elle lui **dit** qu'il **était** agréable de se promener tôt et qu'elle **était** matinale. **b.** Il **demanda** pourquoi il lui **faudrait** mettre le réveil à sonner à six heures.

3 **a.** Elle lui dit : « Il est agréable de se promener tôt et je suis matinale. » **b.** Il demande : « Pourquoi faut-il que je mette le réveil à sonner à six heures ? »

4 **a.** Il lui demanda s'il savait si Théophile viendrait avec eux. **b.** Elle expliqua qu'elle comptait aller au CDI à midi. **c.** Il promit qu'il viendrait l'aider le lendemain.

35. Les connecteurs logiques (p. 132)

1 Connecteurs logiques : car, comme, mais, bien que, même si.

2 Connecteurs logiques introduisant une conséquence : donc, si bien que, par conséquent.

3 **a.** Il ment souvent, **si bien que** nous ne pouvons pas lui faire confiance. **b. D'une part** nous développons la recherche médicale, **d'autre part** nos armes se perfectionnent. **c.** Les résistants étaient souvent pacifistes, **mais** ils ont su s'engager. **d.** Nous devons l'aider **car** elle a besoin de nous. **e. Si** nous restons vigilants, nous éviterons les erreurs.

4 L'opposition : mais, d'une part… d'autre part… La cause : car. La conséquence : si bien que.

5 en premier lieu : introduit le premier élément – donc : introduit une conséquence / la conclusion – de plus : ajoute un nouvel élément – enfin : introduit un dernier élément / la conclusion

36. Les procédés ou figures de style (p. 133)

1 **a. L'euphémisme** atténue une idée pour la rendre moins choquante, alors que **la litote** l'atténue pour lui donner plus de force. Ce sont deux figures d'**atténuation**. **b.** L'oxymore associe deux termes **éloignés**, alors que **l'antithèse** se contente de les mettre en présence dans la même phrase ou le même passage.

2 **a.** oxymore ; **b.** comparaison (et hyperbole) ; **c.** euphémisme ; **d.** oxymore ; **e.** métaphore ; **f.** litote

3 **a.** Personnification : la nature prend vie et devient humaine. **b.** Euphémisme : le caractère négatif est atténué. **c.** Antithèse et parallélisme syntaxique : le changement d'humeur est souligné.

37. Étudier ou écrire un récit (p. 134)

1 Passé simple : il apporta, je mélangeai, tu pris, ils vécurent, je préparai.

Imparfait : nous plaisantions, je savais, il faisait, je voyais.

2 Quand le soir **vint**, il **marchait** encore, ayant parcouru cinquante kilomètres de montagne. Comme il se **trouvait** trop loin de sa maison pour y rentrer et trop fatigué pour se traîner plus longtemps, il **creusa** un trou dans la neige et s'y **blottit** avec son chien sous une couverture qu'il avait apportée. Et ils se **couchèrent** l'un contre l'autre. [...] Le jour **allait** paraître quand il se **releva**.

3 **a.** ellipse ; **b.** progression chronologique ; **c.** ellipse ; **d.** anticipation

38. Étudier ou écrire une description (p. 135)

1 Sont exactes les propositions **a** et **b**.

2 aquilin : nez – crochu : nez – perçants : yeux – saillantes : pommettes – en bataille : cheveux, sourcils – carrées : épaules – soyeux : cheveux – en trompette : nez

3 Adjectifs mélioratifs : magnifique, somptueux, passionnant, tranquille, attirant, délicieux.
Adjectifs péjoratifs : grisâtre, menaçant, repoussant, inquiétant.

4 Verbes de perception : scruter, apercevoir, entrevoir, sentir.

5 Par exemple : Les murs de la vaste demeure étaient grisâtres et les volets clos à la peinture écaillée lui donnaient un aspect inquiétant. Une grille menaçante, haute et hérissée de pointes acérées, fermait le domaine ; elle était fixée à deux piliers surmontés d'une statue représentant une créature monstrueuse et repoussante.

39. Étudier ou écrire un dialogue (p. 136)

1 La phrase correcte est la phrase **c.**

2 **a.** reprit-il ; **b.** répond-il ; **c.** questionne-t-il ; **d.** répliqua-t-il

3 **a.** – Rangez vos affaires immédiatement, **ordonna-t-il**. **b.** – Vous devriez aller lui rendre visite à l'hôpital, **suggéra-t-il**. **c.** – À quelle heure avez-vous quitté votre domicile ? **interrogea-t-il**. **d.** – Il n'en est pas question, **répliqua-t-il**. **e.** – Oui, c'est moi qui ai sali le carrelage, **avoua-t-il**.

40. Étudier ou écrire une argumentation (p. 137)

1 *Thèse A :* **d.** Le progrès technique nuit à l'homme.
Thèse B : **f.** Le progrès technique améliore la vie des hommes.

2 *Argument a :* Le progrès technique menace l'équilibre social. *Exemple c :* La robotisation a été un facteur de chômage.
Argument b : Le progrès technique facilite la vie quotidienne. *Exemple a :* Les appareils ménagers simplifient les tâches domestiques.
Argument c : Les découvertes scientifiques sont au service de la destruction. *Exemple d :* L'énergie nucléaire a d'abord été utilisée dans les bombes atomiques.
Argument d : La médecine a fait de gros progrès. *Exemple b :* Certaines maladies, comme la peste, ont disparu.

3 Le progrès technique facilite la vie quotidienne. Le gain de temps, par exemple, est appréciable. En effet, nous n'allons plus au lavoir pour faire notre lessive ; une machine s'en charge. Et que dire du TGV qui, sans la fatigue et les aléas de la diligence, m'amène de Lille à Marseille en une demi-journée ?

HISTOIRE – GÉOGRAPHIE – EMC

1. La Première Guerre mondiale (1914-1918) (p. 142)

1

La Grande Guerre (1914-1918)

- Une guerre **violente**
  - – Génocide arménien
  - – Combats et vie quotidienne dans les tranchées
  - – 10 millions de morts
- Une guerre **totale**
  - Participation des civils (emprunts d'État, fabrication des armes, travaux dans les champs)

2 **a.** Ce document est une lettre écrite par un soldat depuis une tranchée, en 1917 (pendant la guerre de position).
b. Les soldats combattent dans des tranchées pendant la guerre de position entre 1915 et 1918 (la guerre de mouvement se déroule d'abord de 1914 à 1915 puis reprend en 1918). Ce sont des fossés creusés dans la terre, à ciel ouvert, avec parfois un sol fait de planches de bois, et aux abords protégés par des fils barbelés.
c. Le poilu manque de nourriture, malgré les colis que lui envoie sa famille. Il souffre de la faim mais aussi de la soif. Sa vie quotidienne est également rendue difficile par le manque de confort et d'hygiène dans les tranchées : il vit dans la boue, ne peut pas changer de vêtements et n'a pas d'eau propre pour se laver, nettoyer ses vêtements ou sa vaisselle. Ces conditions favorisent la prolifération des rats et des poux. Le poilu dort souvent parmi les cadavres qui n'ont pas pu être enterrés, cette guerre devenue industrielle ayant fait de très nombreuses victimes (utilisation d'armes de plus en plus meurtrières : obus, chars d'assaut, gaz, mitrailleuses).

2. Le régime totalitaire de Staline en URSS (1924-1953) (p. 143)

1

Staline contrôle la population

- Par la **propagande**
  - – Endoctrinement de la population
  - – Culte de la personnalité
  - – Affiches, art officiel, films, à l'école, organisations de jeunesse, contrôle des médias
- Par la **terreur**
  - – Surveillance par la police politique
  - – Procès contre ceux qui s'opposent, exécutions, Goulags

2 **a.** Ce document est une affiche de propagande réalisée en 1932.
b. Staline impose la collectivisation dans les campagnes (les paysans travaillent dans des exploitations agricoles qui appartiennent à l'État). Il impose également la planification, avec des plans quinquennaux qui fixent les quantités à produire dans les campagnes et dans les usines.
c. Staline est le chef absolu de l'URSS. Le seul parti politique autorisé est le Parti communiste (drapeau rouge). Les opposants sont pourchassés par la police politique et éliminés.

3. Le régime totalitaire d'Hitler en Allemagne (1933-1945) (p. 144)

1 Hitler et les nazis prennent d'abord le pouvoir légalement en profitant de la crise économique et sociale qui touche l'Allemagne. Ils gagnent les élections législatives en 1932 ; Hitler devient chancelier en 1933, puis il obtient les pleins pouvoirs et supprime toutes les libertés : les opposants sont condamnés ; les SS et la Gestapo installent la terreur. En 1934, Hitler s'impose comme le Führer du IIIe Reich.

2 **a.** Le personnage principal est Hitler, dont le portrait est affiché au mur.
b. Les nazis endoctrinent la population dans sa vie quotidienne. Chaque famille doit posséder un poste de radio (fabriqué par l'État nazi) pour écouter les discours d'Hitler, dont des portraits doivent être accrochés aux murs. L'endoctrinement passe aussi par les affiches de propagande, les articles de presse, les films, la présence des portraits d'Hitler (affiches, statues) dans tous les lieux publics, les meetings, les organisations de jeunesse.
c. La radio permettait à Hitler de diffuser l'idéologie nazie et d'endoctriner son peuple : conquête de l'espace vital, exclusion des Allemands de religion juive et des communistes.

4. Le Front populaire (p. 145)

1 Dans les années 1930, la France a des difficultés économiques et sociales (faillites des entreprises, montée du chômage). Cette crise entraîne des difficultés politiques, avec la montée des ligues racistes.

2 **a.** Ce texte de loi a été rédigé par Léon Blum, chef du Front populaire, nommé président du Conseil après la victoire de la gauche aux élections législatives de 1936.
b. Les accords Matignon du 7 juin 1936 renforcent le droit de grève et le droit de s'engager dans un syndicat. Ils protègent davantage les salariés face aux patrons, grâce aux contrats de travail et à la représentation des salariés par des délégués qui peuvent discuter de leurs conditions de travail avec les représentants du patronat.
c. Avec les accords Matignon, Léon Blum décide l'augmentation des salaires. Cette augmentation est plus forte pour les salariés les plus modestes. Des lois

sociales instaurent ensuite deux semaines de congés payés et la réduction du temps de travail hebdomadaire à 40 heures.

5. La Seconde Guerre mondiale (1939-1945) (p. 146)

1 Les États-Unis combattent le Japon dans le Pacifique (ils seront le premier pays à utiliser l'arme nucléaire). Ils jouent un rôle très important dans la libération de la France et de nombreux autres territoires européens occupés par l'Allemagne nazie.

2 **a.** L'Italie est le principal allié européen de l'Allemagne en 1939.
b. Les deux principaux États européens qui résistent à l'Allemagne sont le Royaume-Uni et, à partir de 1941-1942, l'URSS.
c. Les pays européens conquis par l'Allemagne de 1939 à 1940 sont : la Pologne (la moitié Ouest), le Danemark, la Norvège, les Pays-Bas, la Belgique et le Nord de la France.
d. Les pays européens conquis par l'Allemagne de 1941 à 1942 sont : la Pologne (moitié Est), la Yougoslavie, la Grèce, l'URSS (jusqu'à Moscou, Stalingrad, Leningrad).

6. La France dans la Seconde Guerre mondiale (1940-1945) (p. 147)

1 De Gaulle refuse l'armistice signé par Pétain avec l'Allemagne nazie. Il condamne le régime de Vichy et la « Révolution nationale » qui ont mis fin à la République, ainsi que la politique antisémite et le choix de la collaboration imposés par Pétain et son gouvernement.

2 **a.** Léon Bonnet doit se soumettre au STO, Service du travail obligatoire instauré en 1943.
b. Léon Bonnet a désobéi à l'État français instauré par Pétain lors de sa « Révolution nationale ».

7. Indépendances et construction de nouveaux États (p. 148)

1 **1945 :** les colonies demandent leur indépendance, soutenues par les États-Unis, l'URSS et l'ONU.
1946-1955 : décolonisation de l'Asie. Le Royaume-Uni accorde l'indépendance à l'Inde en 1947, la France fait une guerre en Indochine (1946-1954).
1956-1965 : indépendance des colonies d'Afrique, le plus souvent pacifiquement. La France fait une guerre en Algérie (1954-1962).
1965-2000 : les nouveaux États indépendants constituent un Tiers-Monde confronté à la pauvreté.

2 **a.** Cette déclaration est prononcée en 1944, avant la fin de la Seconde Guerre mondiale, par un parti politique marocain.
b. Ce parti souhaite l'indépendance de son pays, qu'il juge méritée pour avoir participé à la libération de la France.
c. La France est le pays européen concerné par cette déclaration. Elle refuse, dans un premier temps, le principe de la décolonisation, qu'elle accorde finalement par le dialogue au Maroc en 1956.

8. La guerre froide (1945-1991) (p. 149)

1 Les États-Unis et l'URSS veulent imposer leur domination au monde. Ils s'opposent dans une lutte idéologique, pour la conquête de l'espace, la course à l'armement nucléaire, la domination en Europe et dans les anciennes colonies d'Afrique et d'Asie. Ils ne s'opposent pas militairement d'une façon directe, mais en soutenant parfois des pays en guerre.

2 **a.** Ce document est une caricature (un dessin humoristique) réalisée pour le journal *Le Monde* après la chute du Mur de Berlin (9 novembre 1989).
b. La scène se passe à Berlin, en novembre 1989. Cette caricature montre l'ouverture du Mur suite aux manifestations de la population de Berlin-Est.
c. Ce document rappelle l'opposition entre l'Est et l'Ouest, la coupure de Berlin par un mur (1961-1989), la surveillance militaire (et par la police politique) de la population, et le manque de liberté dans le bloc de l'Est, où les communistes ont mis en place des systèmes totalitaires.

9. La mise en œuvre du projet européen (p. 150)

1 **La naissance de la CEE :** rapprochement de la France et de l'Allemagne (CECA).
L'élargissement : union des pays du bloc Ouest, puis ouverture de l'UE aux anciens pays du bloc Est après la fin de la guerre froide.
Des projets pour l'Union européenne : ouverture des frontières pour les échanges de marchandises, citoyenneté européenne, euro, espace Schengen.

2 **1957 :** France, Allemagne de l'Ouest (RFA), Italie, Belgique, Pays-Bas, Luxembourg.
1973 : Royaume-Uni, Danemark, Irlande.
1981 : Grèce.
1986 : Espagne, Portugal.
1995 : Autriche, Suède, Finlande.
2004 : Estonie, Lettonie, Lituanie, République Tchèque, Slovaquie, Hongrie, Chypre, Malte, Pologne, Slovénie.
2007 : Roumanie, Bulgarie.
2013 : Croatie.

10. Le monde après 1989 (p. 151)

1 Les États-Unis imposent d'abord leur domination économique : ils sont la 1re puissance agricole, industrielle, commerciale et financière, et le 1er pays touristique du monde. Leur puissance est également politique et militaire : leur armée est présente dans le monde entier. Ils sont enfin une grande puissance culturelle : la musique ou les films produits par les grandes compagnies sont écoutés et regardés dans le monde entier ; leur mode de vie est adopté partout. Cette puissance est cependant contestée. L'Union européenne est un partenaire mais aussi un concurrent. Les pays émergents (la Chine, l'Inde, le Brésil) s'affirment de plus en plus par leurs progrès économiques et leur volonté de défendre leurs intérêts au sein des organisations internationales. Les États-Unis doivent également affronter des organisations terroristes qui menacent les populations des pays démocratiques.

2 **a.** Au Proche-Orient et au Moyen-Orient, les pays touchés par une guerre sont le Liban, Israël, l'Irak et l'Afghanistan.
b. Le pétrole est la principale richesse de cette partie du monde.
c. Les informations qui révèlent la puissance des États-Unis sont :
– la présence de très nombreuses bases militaires américaines ;
– la présence de soldats américains en Irak et en Afghanistan.

11. La République française de 1944 à 2027 (p. 152)

1 En 1958, De Gaulle est président. Les présidents qui lui succèdent restent les leaders de la droite politique jusqu'en 1981. François Mitterrand est le premier président de gauche, jusqu'en 1995. Jacques Chirac (1995-2007) et Nicolas Sarkozy (2007-2012) qui lui succèdent sont leaders de la droite, puis François Hollande (2012-2017) est à nouveau un président de gauche.

2 **a.** Ce document montre l'alternance à la présidence de la République (un président de gauche, puis un président de droite) et à l'Assemblée nationale (la gauche l'emporte aux élections législatives de 1981, 1988 et 2002 ; victoires de la droite en 1986, 1993 et 1997).
b. Ces deux présidents doivent gérer une cohabitation avec un Premier ministre et un gouvernement qui sont des adversaires politiques, à cause de la défaite de leur propre parti aux élections législatives.

12. Les aires urbaines (p. 153)

1 La périurbanisation accompagne l'étalement des aires urbaines. Elle se caractérise par le mitage des campagnes dans les espaces périurbains des villes (création de nouveaux lotissements et de maisons individuelles, forte augmentation de la circulation automobile), au détriment des terres agricoles et de la nature.

2 **a.** Dans cet espace périurbain, le bâti se caractérise par de nombreux lotissements de villas et la présence de bâtiments commerciaux.
b. Les familles qui s'éloignent du centre-ville sont à la recherche d'un cadre de vie plus calme, moins pollué, moins bruyant. Elles bénéficient aussi de prix de terrains moins élevés. Ce sont le plus souvent des personnes qui travaillent en ville. Elles multiplient donc les allers-retours quotidiens entre le centre-ville et leur commune périurbaine. On observe aussi de plus en plus de déplacements au sein de l'espace périurbain, car de plus en plus d'habitants des communes périurbaines travaillent dans les zones d'activités construites en périphérie des villes.

13. Les espaces productifs agricoles et industriels (p. 154)

1 Les espaces les plus dynamiques sont : la vallée de la Seine et la région parisienne, l'Alsace et la vallée du Rhône. Les régions du Sud et de l'Ouest progressent. Les industries modernes et dynamiques se sont aussi multipliées dans les villes (technopôles dans les zones périurbaines).

2 **a.** Les espaces industriels traditionnels sont la région Île-de-France, la vallée de la Seine, les anciennes régions Alsace et Rhône-Alpes, ainsi que les territoires du Nord-Est et les ZIP (zones industrialo-portuaires).
b. Certains espaces industriels traditionnels en crise sont en cours de reconversion (Nord-Est), tandis que de nouveaux espaces industriels se développent, notamment grâce à l'industrie de haute technologie, dans les métropoles (qui bénéficient de la présence d'une main-d'œuvre bien formée, de centres universitaires intégrés à des technopôles), le long des littoraux ou à proximité des frontières (territoires les plus favorisés par la libre circulation au sein de l'Union européenne et par la mondialisation).

14. Les espaces productifs de services (p. 155)

1 Dans les centres des villes se sont maintenus des commerces de proximité (boutiques), ainsi que les services administratifs et culturels (musées). Des quartiers d'affaires ont été construits à Lille et à Lyon. Le quartier de La Défense est situé dans l'agglomération parisienne, mais à l'extérieur de la ville-centre (Paris). Des services se sont développés dans les espaces périurbains : zones commerciales, zones d'activités (avec des laboratoires de recherche, des universités, des services aux entreprises).

2 **a.** Les principaux espaces touristiques du territoire sont : le littoral méditerranéen (la Côte d'Azur, l'ancienne région Languedoc-Roussillon et la Corse), le littoral atlantique, les Pyrénées, les Alpes, Paris. D'autres régions sont touristiques, mais le nombre de visiteurs est plus modeste (Territoires d'outre-mer, Massif central, Vosges, Jura, sites historiques remarquables…).
b. Les massifs montagneux permettent la pratique des sports d'hiver (tourisme blanc) et le tourisme vert (randonnées, VTT).

15. Les espaces de faible densité (p. 156)

1 Les espaces ruraux se caractérisent par une faible densité de population. Cependant, la population qui habite ces espaces augmente légèrement (périurbanisation dans les campagnes).
Les espaces ruraux sont traditionnellement agricoles. Les exploitations sont de plus en plus grandes, spécialisées et modernes, elles obtiennent des résultats de production qui participent ainsi à la réussite économique de la France. Certaines exploitations valorisent les « produits du terroir » et développent de nouvelles activités (fermes-auberges, gîtes).
Les montagnes bénéficient aussi de l'essor de la pratique des sports d'hiver. Des stations de ski accueillent des millions de touristes chaque année.

2

Savoie-Mont Blanc, un territoire de faible densité

↓

Un territoire qui bénéficie de plusieurs atouts

↓	↓	↓
Un patrimoine naturel qui favorise la pratique d'activités de plein air : sports d'hiver dans les stations, randonnée, VTT sur les alpages.	De nombreux aménagements qui permettent l'accueil des touristes : hôtels, résidences, campings, refuges, gîtes, auberges, villages de vacances.	Un patrimoine culturel : des monuments ou des sites historiques, des produits locaux renommés (productions de fromages, vins, brasserie).

16. Inégalités et aménagement du territoire français (p. 157)

1 Paris est la capitale du pays. S'y concentrent les pouvoirs politiques centraux (présidence, Parlement, commandement militaire). Les sièges sociaux de grandes entreprises transnationales ont été implantés dans le quartier de La Défense. Paris regroupe des universités prestigieuses, les musées et les sites historiques les plus visités du pays.

2 **a.** Les régions les plus dynamiques sont l'Île-de-France, l'ancienne région Rhône-Alpes et la Provence-Alpes-Côte d'Azur.
b. Le cœur de la région Île-de-France est Paris, qui concentre les pouvoirs politique, économique, financier et culturel. Paris est une métropole mondiale.
Les régions Auvergne-Rhône-Alpes et Provence-Alpes-Côte d'Azur sont dominées par deux métropoles, Marseille et Lyon, et concentrent de nombreuses activités industrielles ou de services. Ce sont des régions qui bénéficient de l'essor du tourisme. Ce sont également des espaces transfrontaliers très intégrés à l'Europe.

17. L'Union européenne (p. 158)

1 Les régions les plus dynamiques de l'Union européenne sont la Mégalopole (cœur économique, financier et politique, avec Francfort, Bruxelles, Strasbourg et Luxembourg qui sont les capitales des institutions de l'Union européenne) et les pays du Nord-Ouest, qui concentrent les richesses, les métropoles et les infrastructures de communications les plus denses.

2 **a.** Les propositions sont à rédiger dans la légende, dans l'ordre suivant :
– métropole mondiale ;
– métropole européenne ;
– espace très peuplé et très dynamique ;
– espace peuplé et dynamique.
b. La Mégalopole européenne rassemble donc des métropoles importantes (parmi lesquelles les villes des institutions de l'Union européenne), parfois mondiales. C'est un territoire très peuplé, avec des activités économiques dynamiques et un réseau de voies de communication rapides dense et connecté à des façades maritimes.

18. La France et l'Europe dans le monde (p. 159)

1 L'Union européenne est d'abord une puissance économique (industrielle, agricole, commerciale, touristique). Elle est également une puissance culturelle (riche patrimoine historique et artistique), diplomatique et militaire (la France possède l'arme nucléaire et est membre permanent du Conseil de sécurité de l'ONU).
Cette puissance a cependant d'importantes limites. Les entreprises européennes doivent faire face à la concurrence de celles du Japon, des États-Unis et des pays émergents. L'Union européenne traverse une grave crise financière. Ses pays membres ne parviennent pas à s'imposer face à la puissance militaire et diplomatique des États-Unis.

2 **a.** Ce document permet d'étudier la puissance commerciale de l'Union européenne.
b. L'Union européenne est un pôle majeur du commerce mondial de marchandises.
Ce dynamisme concurrence celui des pays d'Asie et devance nettement celui des pays d'Amérique du Nord.

19. Les fondements de la République française (p. 160)

1 **1789** : Déclaration des droits de l'homme et du citoyen.
1948 : Déclaration universelle des droits de l'homme.
1958 : Constitution de la Ve République.

2

	Sécurité	Protection des libertés	Droits à l'égalité	Droits économiques et sociaux
Art.	**3, 5**	**1, 13, 18, 19**	**1, 7**	**22, 23, 25, 26**

20. La citoyenneté française (p. 161)

1 Le citoyen a des droits politiques (voter, se présenter à une élection), économiques et sociaux (éducation, travail, santé), et civils (liberté, égalité). En qualité de citoyen européen depuis le traité de Maastricht (1992), il peut circuler, se loger, étudier, travailler librement dans les pays de l'Union européenne et participer à certaines élections.

2 **a.** Les symboles de la République qui apparaissent sur cette photographie sont : le drapeau tricolore, la *Marseillaise*, le coq.
b. Cet événement peut être considéré comme un moment de communion et de solidarité : les supporters et les joueurs sont unis sous les couleurs du pays et chantent la *Marseillaise* dont le texte défile sur grand écran. Tous les supporters sont unis pour former le drapeau tricolore dans les tribunes.

21. La République est une démocratie (p. 162)

1 Les médias sont essentiels à la démocratie. Ils assurent le droit des citoyens à l'information et leur permettent ainsi de se faire une opinion (lors d'une campagne électorale, par exemple). Le pluralisme des médias est donc indispensable pour garantir la diffusion de toutes les opinions et favoriser leur confrontation. Ils peuvent cependant parfois fausser les règles de la vie démocratique. Certains candidats ou partis politiques peuvent bénéficier d'une exposition médiatique plus importante sur les plateaux de télévision ou à la radio. La télévision est accusée de simplifier les débats, d'avoir davantage le souci de l'audimat que celui de l'information. Certains journalistes ne respectent pas toujours leurs obligations : l'exactitude de l'information, la vérification des sources, l'impartialité, l'intégrité (résistance face aux pressions, à la corruption).

2 **a.** Internet facilite l'accès à l'information. Nous sommes désormais informés très rapidement des événements du monde entier. Internet favorise également la liberté d'expression et les débats entre citoyens.
b. L'information qui circule sur la Toile n'est pas toujours suffisamment contrôlée ; il est facile de créer un site ou un blog pour diffuser des rumeurs, des idées qui sont parfois fausses, incomplètes ou condamnables.

22. Agir individuellement et collectivement (p. 163)

1 Les citoyens peuvent participer à la vie politique en se présentant à des élections, en adhérant à un parti politique, ou simplement en votant. Ils peuvent participer à la vie sociale en s'engageant dans l'action d'une association, comme bénévole ou en faisant des dons. Ils participent aussi à la Défense nationale.

2 **a.** Les institutions de l'ONU sont l'Assemblée générale, le secrétaire général, le Conseil de sécurité, la Commission économique et sociale, la Cour internationale et les Tribunaux pénaux internationaux.
b. L'ONU tente d'abord de protéger le droit des peuples à la sécurité. Les pays membres du Conseil de sécurité décident ainsi l'envoi de Casques bleus dans les régions où la paix est menacée. La Cour pénale internationale et les Tribunaux pénaux internationaux jugent les personnes accusées de crimes de guerre, de crimes contre l'humanité ou de génocide.
L'ONU tente également de favoriser l'amélioration des conditions de vie des plus défavorisés. La Commission économique et sociale encourage ainsi la coopération des États en cas de catastrophe naturelle ou de crise humanitaire. Elle coordonne les missions d'institutions spécialisées (le FAO pour la lutte contre la faim dans le monde, l'UNICEF pour la protection des droits des enfants, l'OMS pour la protection du droit à la santé...).

Sujets du Brevet

Sujet 1 – MATHÉMATIQUES (p. 171)

Exercice 1

1. $\dfrac{5 \times 10^6 \times 1{,}2 \times 10^{-8}}{2{,}4 \times 10^5} = \dfrac{5 \times 1{,}2}{2 \times 1{,}2} \times 10^{6+(-8)-5}$
$= \mathbf{2{,}5 \times 10^{-7}}$.

> **Rappel** $10^m \times 10^n = 10^{m+n}$ $\dfrac{10^a}{10^b} = 10^{a-b}$

Une notation scientifique est de la forme $a \times 10^n$ avec $1 \leqslant a < 10$.

2. Pour $x = 20$ et $y = 5$, $\dfrac{1}{R} = \dfrac{1}{20} + \dfrac{1}{5} = \dfrac{1}{20} + \dfrac{4}{20} = \dfrac{5}{20} = \dfrac{1}{4}$ donc $\boldsymbol{R = 4}$.

3. Pour un article à 120 € soldé à 90 €, la réduction est de 30 €.
Le pourcentage de réduction est $\dfrac{30}{120} \times 100\,\%$, soit **25 %**.

4. En appliquant un agrandissement de coefficient 2, on obtient un rectangle qui mesure 10 cm sur 16 cm et dont l'aire est **160 cm²**.

> **Méthode** On peut aussi calculer l'aire du rectangle initial et la multiplier par 2^2, car dans un agrandissement de coefficient k, les aires sont multipliées par k^2.

Exercice 2

1. a) Par lecture graphique, la distance totale de l'étape est **190 km**.

b) Les cent premiers kilomètres ont été parcourus en 2,5 h, soit **en 2 h 30 min**.

c) On a 190 – 170 = 20.
20 kilomètres ont donc été parcourus pendant la dernière demi-heure.

2. Si la distance parcourue et la durée de parcours de cette étape étaient proportionnelles, alors la représentation graphique serait un morceau de droite passant par l'origine du repère, ce qui n'est pas le cas.
Il n'y a pas proportionnalité entre la distance parcourue et la durée de parcours de cette étape. Cela est dû au fait que le terrain peut ne pas être régulier, ainsi qu'aux efforts fournis par les coureurs.

Exercice 3

1. Par lecture graphique, la fréquence d'apparition de la somme 3 est **15 %**.

2. La fréquence d'apparition de la somme 1 est 0. Il est impossible d'obtenir une somme de 1, car sur chaque dé le minimum vaut 1 et donc la somme minimum est 2.

3. a) Pour obtenir une somme de 3, on peut avoir 1 sur le premier dé et 2 sur le second ou bien 2 sur le premier dé et 1 sur le second dé.

b) Cela représente 2 cas sur les 4 × 4 cas possibles.

La probabilité d'avoir une somme de 3 est $\dfrac{2}{16}$, soit **12,5%.**
On n'obtient pas la fréquence, car à la question **1.**, c'est une simulation et les résultats peuvent varier d'une simulation à une autre, alors que la probabilité est un résultat théorique.

Exercice 4

Soit x le nombre choisi au départ.
On calcule $(x - 10)^2 - x^2$ et on obtient – 340.
On a donc $(x - 10)^2 - x^2 = -340$, ce qui donne successivement :
$x^2 - 20x + 100 - x^2 = -340$;
$-20x + 100 = -340$;
$-20x = -340 - 100$;
$-20x = -440$;
$x = -440 \div (-20)$;
$x = 22$.
Le nombre choisi au départ est 22.

Exercice 5

1. On peut affirmer que les droites (LH) et (MN) sont parallèles car « les deux hélicoptères se situent à la même altitude et le peloton des coureurs roule sur une route horizontale ».

2. AMN est un triangle avec L sur (AN), H sur (AM) et (LH) et (MN) parallèles.
D'après le théorème de Thalès, on a :

$$\frac{AM}{AH} = \frac{AN}{AL} = \frac{MN}{HL},$$

soit $\dfrac{1}{0{,}72} = \dfrac{1}{0{,}72} = \dfrac{MN}{0{,}270}$.

On a donc $\dfrac{1}{0{,}270} \times 0{,}270 = MN$, soit $0{,}375 = MN$.

Il y a 0,375 km, soit 375 mètres entre les deux motos.

Exercice 6

1. On a 81 h 00 min – 80 h 45 min
= 80 h 60 min – 80 h 45 min = 15 min.
Il y a **15 minutes** entre le temps de course de Leopold Konig et celui de Vincenzo Nibali.

> **Rappel** 1 h = 60 min

2. a) La différence calculée à la question **1.** représente **l'étendue de la série statistique**.

b) Il y a 9 valeurs dans la série statistique. La médiane est la valeur centrale de la série, soit la cinquième valeur.
La médiane de la série vaut 80 h 55 min.

c) Le temps de course du premier français est 80 h 53 min,
soit $\dfrac{80 \times 60}{60}$ h + $\dfrac{53}{60}$ h,

ou encore $\frac{4853}{60}$ h.

On a $v = \frac{3\,260{,}5}{\frac{4853}{53}}$, soit environ 40,31.

La vitesse moyenne de Thibaut Pinot est 40 km.h^{-1} à l'unité près.

> **Méthode** $v = \frac{d}{t}$
> Il faut convertir les heures minutes en heures décimales pour effectuer une division par un temps.

Exercice 7

1) *ABCD* est un carré, donc *ABC* est un triangle rectangle isocèle en *B*.
D'après le théorème de Pythagore,
on a $AC^2 = AB^2 + BC^2$, soit $AC^2 = 2 \times 35{,}5^2$
ou encore $AC^2 = 2520{,}5$.
Comme *AC* est une longueur, on a $AC = \sqrt{2\,520{,}5}$.
La pyramide étant régulière, le pied *H* de la hauteur est le centre du carré, c'est-à-dire le milieu de [*AC*].
On a donc $AH = 0{,}5AC = 0{,}5\sqrt{2\,520{,}5}$.
Dans le triangle *AHS* rectangle en *H*, d'après le théorème de Pythagore, on a :
$AS^2 = AH^2 + HS^2$, soit $33{,}14^2 = (0{,}5\sqrt{2\,520{,}5})^2 + HS^2$.
On a donc $1\,098{,}2596 - 630{,}125 = HS^2$.
On obtient $\sqrt{468{,}1346} = HS$.
La hauteur de la pyramide est de 21,64 m, au centimètre près.

2. a) On a 35,50 m ÷ 800 = 0,044375 m, soit 4,4 cm au mm près
et 33,14 m ÷ 800 = 0,041425 m, soit 4,2 cm au mm près.

b) Un patron de la pyramide est donc constitué d'un carré de 4,4 cm de côté et de 4 triangles isocèles avec un côté de 4,4 cm et deux côtés de 4,2 cm.

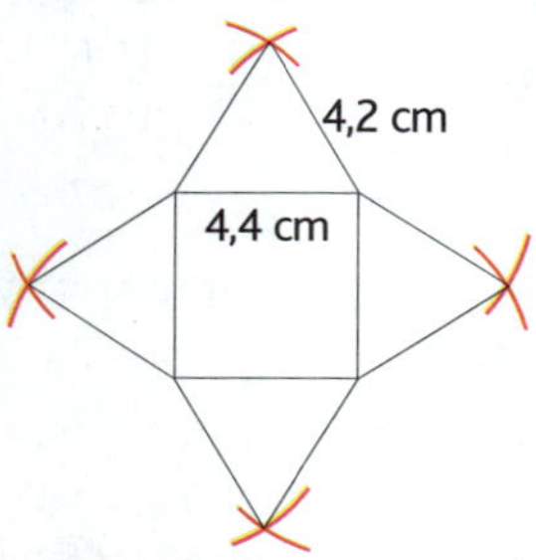

Sujet 2 – PHYSIQUE-CHIMIE / TECHNOLOGIE (p. 174)

▶ Partie I. PHYSIQUE-CHIMIE

Exercice 1

L'essence de rose

1. L'huile essentielle de rose est obtenue par hydrodistillation des pétales de roses. La molécule est extraite de la fleur : il s'agit donc d'une **espèce chimique naturelle.**

2. D'après le document (2), l'essence de rose n'est pas miscible avec l'eau. Elle flotte au-dessus de l'eau. **Ce mélange est donc hétérogène.**

3.

Nom de l'atome	Carbone	Hydrogène	Oxygène
Symbole de l'atome	C	H	O
Modélisation			

4. D'après le document (4), la molécule de citronellol contient **1 atome d'oxygène, 20 atomes d'hydrogène et 10 atomes de carbone.**

5. La formule chimique de la molécule de citronellol est donc $C_{10}H_{20}O$.

6.

Nom de l'atome	carbone	hydrogène	oxygène
Symbole	C	H	O
Numéro atomique	6	1	8
Nombre de charges positives contenues dans le noyau	6 +	1 +	8 +
Nombre d'électrons contenus dans le nuage électronique	6 –	1 –	8 –

7. Un atome est électriquement neutre, car il contient **autant de charges positives dans son noyau que d'électrons (négatifs) dans son nuage d'électrons.**

Exercice 2

Fonctionnement du brûle-parfum

1. Schéma annoté :

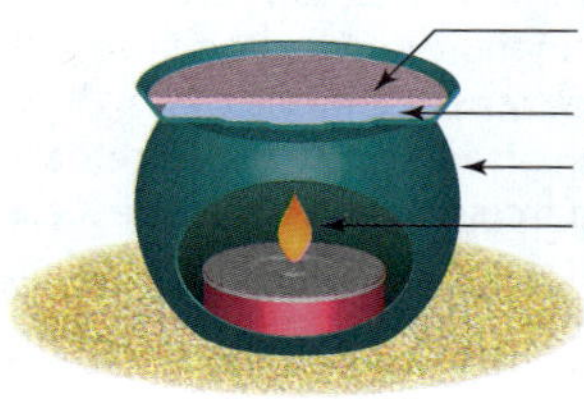

2.

État solide —FUSION→ État liquide

3. Un changement d'état est une **transformation physique.** La cire passe de l'état solide à l'état liquide. Les molécules qui constituent la cire ne sont pas modifiées. Seule leur disposition change.

4. Réactifs : **cire et dioxygène**
Produits : **dioxyde de carbone et eau**

5. Bilan de la transformation chimique :
cire + dioxygène → dioxyde de carbone + eau

6. Lors l'une transformation chimique il y a : **conservation des atomes et conservation de la masse.**

▶ Partie II. TECHNOLOGIE

Exercice 1

1. a) L'objet créé par la société Aspi-Tech va rendre service aux **clients appartenant au secteur professionnel du nettoyage hôtelier.**

b) L'objet va **agir sur la poussière.**

c) Cet objet va permettre à l'utilisateur (professionnel du nettoyage) d'**enlever la poussière sur le sol.**

d)

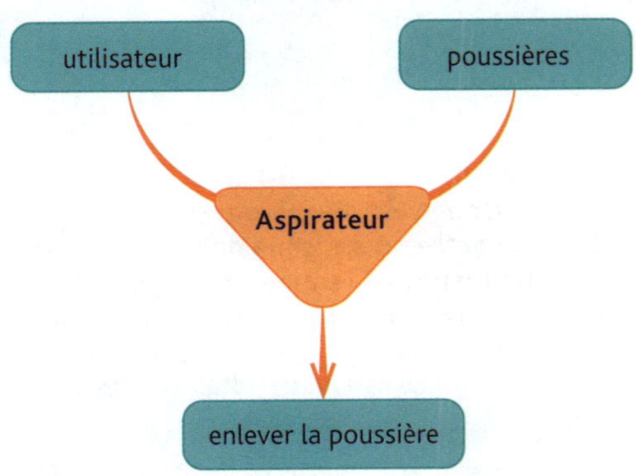

2. Permettre aux employés du secteur hôtelier d'aspirer la poussière se trouvant sur les moquettes.

3. Les trois questions sont :
À qui l'objet rend-il service ?
Sur quoi l'objet agit-il ?
Quel est le but de l'objet ?

Exercice 2

1. La fonction principale d'un objet technique représente l'**action accomplie par l'objet technique pour répondre au besoin de l'utilisateur.**

2. Fonction principale FP : l'aspirateur doit permettre d'**aspirer la poussière sans perdre d'aspiration.**

3.

Fonctions de service		Description
FC1	mobilier	s'adapter aux formes spécifiques de l'hôtel
FC2	énergie	fonctionner sous la tension du secteur
FC3	esthétique	être de la couleur demandée par le client
FC4	utilisateur	être facilement transportable
FC5	prix	avoir un prix compétitif

4. Ces cinq fonctions sont des **fonctions contrainte.**

5.

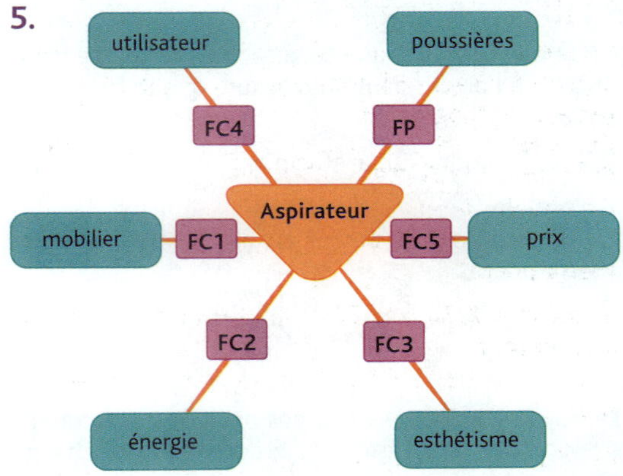

SUJET 3 – PHYSIQUE-CHIMIE / SVT (p. 178)

▶ Partie I. PHYSIQUE-CHIMIE

Exercice 1

Fonctionnement du détecteur

1. Le détecteur contient 4 piles de 1,5 volt.
La tension reçue par le détecteur est donc de :
$$U = 4 \times 1{,}5 = 6 \text{ volts.}$$

2. Un **voltmètre** permet de mesurer une tension électrique.

3. $P = U \,.\, I$ avec P en watt, U en volt et I en ampère.

4. Puissance électrique reçue par la bobine :
$P = U \cdot I$ avec U = 6 volts et I = 2,5 ampères.
$P = 6 \times 2,5$; $\mathbf{P = 15}$ **watts.**

5. $\mathbf{E = P \cdot t}$ avec E en wattheure, P en watt et t en heure.

6. Énergie électrique consommée par le détecteur en deux heures :
$E = P \cdot t$ avec P puissance du détecteur : 15 watts, et t durée de fonctionnement : ici, 2 heures.
$E = 15 \times 2$; $\mathbf{E = 30}$ **wattheures.**

Exercice 2

Un métal inconnu

1. La bague est plongée dans une éprouvette contenant 50,0 mL d'eau. Après immersion, le volume est de 52,5 mL. Le volume de la bague est donc de :
$V = 52,5 - 50,0 = 2,5$ mL soit 2,5 cm^3.
On connaît la masse et le volume de la bague. On peut donc calculer sa masse volumique ρ :

$\rho = \frac{m}{V}$; $\rho = \frac{48,25}{2,5}$; $\rho = 19,3$ g/cm^3.

Cette masse volumique correspond à la masse volumique de l'or. On peut en conclure que **la bague est en or.**

2. Modélisation d'un atome d'or :

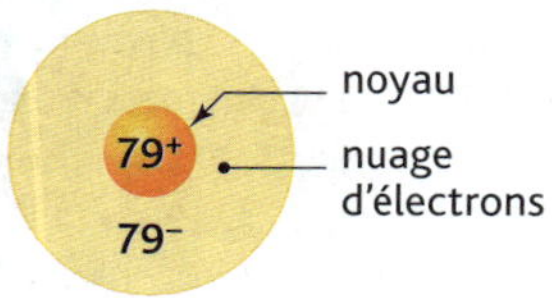

Le noyau contient 79 charges positives et le nuage d'électrons contient 79 électrons (de charge négative).

3. L'ordre de grandeur du diamètre de l'atome d'or est de $\mathbf{10^{-10}}$ **mètre.**

4. L'atome d'or est électriquement neutre, car il contient **autant de charges positives dans son noyau que d'électrons (négatifs) dans son nuage d'électrons.**

5. La température de fusion de l'or est de 1 064 °C. Cela signifie que, à 1 064 °C, l'or commence à fondre (il devient liquide). **À la température de 1 000 °C, l'or reste** donc **solide.**

6. La chevalière pèse 48,25 grammes. Un atome d'or pèse $3,27 \times 10^{-22}$ gramme.
Le nombre d'atomes d'or contenus dans la bague s'obtient par le rapport de la masse de la bague par la masse d'un atome d'or :

$$\text{Nb atomes} = \frac{\text{masse bague}}{\text{masse d'un atome}} ;$$

$$\text{Nb atomes} = \frac{48,25}{3,27 \times 10^{-22}} ;$$

Nb atomes $\approx \mathbf{1,47 \times 10^{23}}$ **atomes.**

▶ Partie II. SVT

Exercice 1

Une infection bactérienne

1. La quantité de bactéries augmente dans le sang (de 450 UA en 11 jours) suite à la contamination : c'est l'**infection.**

2.

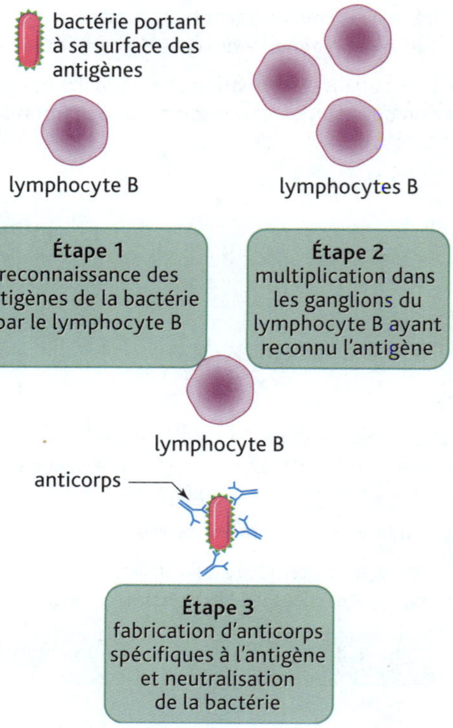

3. Une personne est dite **séropositive lorsque des anticorps contre un antigène donné sont présents dans son organisme.** Bastien est séropositif pour la bactérie responsable de sa bronchite, car ses lymphocytes B ont fabriqué des anticorps spécifiques contre cette bactérie et qu'ils sont détectables dans son sang.

4. L'antibiotique qui sera **prescrit à Bastien est le n° 5.** La plage de lyse autour de la pastille imprégnée de cet antibiotique est la plus grande, donc la quantité de bactéries tuées par celui-ci est la plus importante. Cet antibiotique est, par conséquent, le plus efficace contre cette bactérie.

5. Il ne faut pas arrêter la prise d'antibiotiques avant la fin du traitement, même si les symptômes disparaissent au bout du deuxième jour ; en effet, **les bactéries les plus résistantes sont encore présentes dans l'organisme jusqu'au quatrième jour.** Si le traitement est stoppé, les bactéries les plus fortes pourront à nouveau se multiplier et développer une résistance face à cet antibiotique.

6. Le médecin ne prescrit pas d'**antibiotiques** lors d'une bronchite virale, car ceux-ci sont **inefficaces contre les virus.**

Exercice 2

Le principe de vaccination

1. Un vaccin contient **une forme inoffensive de la bactérie.**

2. Un vaccin a une action **préventive, afin d'éviter une maladie infectieuse.**

3. La vaccination permet **de produire des lymphocytes B mémoires spécifiques de la bactérie.**

4. Si une personne vaccinée entre en contact avec l'antigène présent dans le vaccin, **elle ne sera pas malade.**

5. Suite à un vaccin, la production d'anticorps spécifiques à l'antigène présent dans le vaccin **sera plus rapide et plus importante.**

6. Les rappels de vaccination **permettent de maintenir la quantité de lymphocytes mémoires suffisante.**

Sujet 4 – FRANÇAIS (p. 183)

Partie I : Travail sur le texte littéraire et sur une image

Premier réflexe : observer le texte

• L'auteur est Colette (1873-1954), qui a dû s'imposer comme femme écrivain dans le monde littéraire du début du XXe siècle.

• Un texte écrit dans une langue simple et donc facile à comprendre.

• Colette a elle-même passé une enfance heureuse en Bourgogne. Elle a été initiée à l'observation de la nature par sa mère, Sido.

▶ **Questions**

Remarques préalables

• Traitez en premier les questions de grammaire et d'orthographe (questions 1 à 4) : elles vous demandent d'appliquer les règles de la langue que vous avez étudiées depuis l'école primaire. Si vous les traitez rapidement, vous aurez plus de temps pour répondre aux questions d'interprétation du texte qui figurent ensuite (questions 5 à 9).

• La question 8 est celle qui vous demande le plus de réflexion car elle revient sur l'ensemble du texte : c'est une question de synthèse qui exige un développement de la réponse. D'ailleurs elle compte pour 7 points. Refaites une lecture de tout le texte pour y répondre.

Grammaire et compétences linguistiques

1. a) Le groupe nominal « ces atroces petits corps lisses et froids » désigne les serpents.
b) Le mot « atroces » appartient à la classe grammaticale des adjectifs. Il complète le nom « corps ». Les autres adjectifs sont « petits », « lisses » et « froids ». Il faut relever les trois adjectifs.

Réécriture

Repérer les difficultés

• Passer d'un GN au féminin singulier – « une couleuvre » – à un GN au masculin pluriel modifie non seulement les accords au sein du GN mais a aussi des conséquences sur l'adjectif possessif : on ne peut plus employer « son, sa, ses » qui renvoient à un possesseur singulier mais « leur, leurs » pour le pluriel.

• Passer les verbes à l'imparfait n'est pas l'exercice de conjugaison le plus difficile : c'est un temps régulier. Pensez bien aux terminaisons : -ais pour la 1re personne du singulier, -ait pour la 3e du singulier et -aient pour la 3e du pluriel.

2. a) Vingt fois je me suis retrouvée haletante en trouvant sous ma main, près de la « passe-rose », **des serpents** bien **sages, roulés** en colimaçon régulièrement, **leur** tête en dessus, **leurs** petits yeux dorés me regardant.
b) **C'était** un village, et pas une ville ; les rues, grâce au ciel, **n'étaient** pas pavées ; les averses y **roulaient** en petits torrents, secs au bout de deux heures ; **c'était** un village, pas très joli même, et que pourtant **j'adorais.**
On pourrait accepter de laisser au présent « j'adore » qui serait un présent d'énonciation, du moment où le personnage s'exprime, ou un présent d'éternité (Claudine continue à adorer ce village du passé) mais la consigne incite plutôt à tout mettre à l'imparfait.

3. Dans cette phrase de la ligne 20, le pronom personnel « les » est complément d'objet direct (COD) du verbe « trouent ». Il remplace le GN masculin pluriel « les bois ».

4. a) Le participe passé « battus » s'accorde au masculin pluriel car le COD du verbe « battre » au passé composé est le pronom « les » placé avant le verbe. Dans ce cas le participe passé s'accorde avec le COD qui remplace « les bois » GN au masculin pluriel.

Compréhension et compétences d'interprétation

5. a) Les bois sont décrits comme « profonds et envahisseurs », ils « moutonnent et ondulent ... aussi loin

qu'on peut voir ». Ils sont qualifiés de « superbes, dévorant tout » et d'un « vert velouté ». Les bois émerveillent Claudine par leur ampleur et leur luxuriance mais il y en a un peu trop.

b) Les seuls éléments du paysage qui échappent à la prolifération des bois sont « des prés verts », « de petites cultures aussi ».

6. Claudine retourne dans les bois malgré la peur que lui provoquent les serpents car les bois sont aussi « pleins de soleil, de fraises, de muguet ». C'est pour elle un lieu de vie, de découvertes, d'aventures. Elle préfère avoir peur que de ne vivre aucune émotion.

7. Le pronom « ça » désigne les autres fillettes, les camarades de Claudine. L'emploi de ce pronom, qui est la contraction de « cela », est surprenant car il remplace habituellement des « choses », on ne l'emploie pas pour des personnes. Son emploi marque ici l'irritation de Claudine – voire son mépris – envers les autres filles trop timorées qui ont peur de tout, notamment de petites bêtes que Claudine trouve « si jolies, rondes et roses comme des perles ».

8. Claudine est très attachée à son village tout en étant consciente des défauts de son village et de sa région : la rivière Thaize est quasiment à sec, la tour sarrasine « s'effrite », la contrée est « belle » mais « pauvre ». Elle est heureuse d'y vivre parce qu'elle aime observer la nature dans les bois touffus qui regorgent de vie et de découvertes.

Claudine n'y vit pas que des émotions positives : elle éprouve des « terreurs » quand elle rencontre des serpents, elle souffre peut-être de solitude car elle ne peut avoir comme amies des filles trop « mijaurées », elle se rend compte de la pauvreté de la région car les bois « profonds et envahisseurs » ne laissent pas beaucoup de place à la culture. D'ailleurs, dès les lignes 1-2 elle pense qu'elle n'y vivra pas toute sa vie mais ce village lui a offert une enfance heureuse fondée sur des jeux simples où jamais elle ne s'est ennuyée.

Image

9. La « fillette au cerceau » semble très différente de Claudine : elle évoque plutôt les « petites grandes filles » qui l'agacent. Cette fillette au cerceau avec ses souliers noirs vernis, sa jolie robe à volants et son large ruban noué en guise de ceinture n'aimerait sans doute pas accompagner Claudine dans les bois, les ronces, à la découverte de serpents. Jouer au cerceau (cela consiste à le faire rouler en le frottant avec la baguette qu'elle tient) peut demander de l'adresse et de courir mais cela se fait dans une cour ou les allées d'un jardin alors que Claudine aime avant tout pénétrer dans les bois, les taillis, des espaces sauvages.

▶ Dictée

Repérer les difficultés

• **Difficultés grammaticales :**

– Accords dans le GN : penser à mettre au pluriel tous les adjectifs qualifiant le nom (« les chers bois », « des yeux mobiles et brillants ») ; écrire au pluriel « leurs plumes » car les oiseaux en ont forcément plusieurs (en revanche on aurait pu écrire « leur plumage »).

– Accord sujet / verbe ou sujet / participe passé : toujours se demander qui fait l'action, qui est concerné ; par exemple, « Qui bourdonne ? », les bois, donc verbe au pluriel ; « Qui regarde ? », les oiseaux, donc pluriel ; « Qui est couché ? », Claudine, donc au féminin (couchée »).

• **Difficultés de conjugaison :**

– La majeure partie des verbes sont au présent, sans piège : « je sais », « ils bourdonnent », « pompent », « font », « chantent », « ils se tiennent », « cherchent », « lissent », « regardent », « on voit ».

– Attention au conditionnel « je serais couchée » avec sa terminaison en -ais car c'est ce qu'imagine Claudine, ce dont elle rêve.

• **Difficultés lexicales :**

– Retenir l'orthographe des noms d'arbres, singulier et pluriel : « tilleul(s) » et « sureau(x) ».

– Identifier le mot plutôt rare « aise » dans « morte d'aise » (penser à « aisance », « aisé » plus fréquents).

– Ne pas oublier l'orthographe des démonstratifs : « cette heure-ci ».

Partie II : Rédaction

Sujet A : Imagination

Comprendre le sujet A

• C'est un sujet d'imagination assez ouvert : décrire votre lieu préféré de jeux quand vous étiez enfant. Vous avez certainement un lieu qui vous tient à cœur.

• Ce lieu n'est pas précisé : grenier, jardin d'une maison, quartier d'une ville, square, forêt, plage ou tout simplement votre chambre. Il n'est pas nécessaire de choisir un lieu extraordinaire. En revanche, il vous faut bien le décrire et raconter le plaisir que vous aviez à y jouer ou à découvrir ses « trésors » : la consigne dit de mêler « description et narration ».

• C'est un jardin qui est décrit dans l'exemple proposé ici mais vous pouvez exploiter d'autres idées : des jouets anciens et des jeux de société dans un grenier (comment pouvait-on s'amuser quand on n'avait pas les jeux vidéo ?), des photos jaunies à partir desquelles on invente les vies des disparus ; des vêtements avec lesquels on se déguise et on s'invente des personnalités ; des disques et un électrophone avec lesquels on organise un bal ; de la vaisselle pour recevoir le roi et la reine... Claudine, qui emprunte de nombreux traits de sa personnalité à Colette elle-même, parle avec émotion et enthousiasme de ses « chers bois » de Montigny qu'elle a parcourus, seule ou avec des amies, lorsqu'elle était plus jeune...

Comme elle, je me rappelle un lieu qui m'a profondément marqué(e) et que j'évoque toujours avec une grande tendresse parce qu'il a représenté (et représente toujours d'ailleurs !) pour moi un lieu unique, un magnifique espace de jeux et de découvertes : le jardin qui entourait la maison de mes grands-parents.

Maintenant que je suis adolescent(e), j'apprécie beaucoup d'habiter en ville parce que je peux retrouver facilement mes ami(e)s pour aller au cinéma, faire du shopping, visiter un musée ou aller à un concert... mais lorsque j'étais enfant j'avais moins de liberté et je devais rentrer tout de suite à la maison après l'école.

Aussi c'était avec joie et un immense soulagement que je partais passer des vacances chez mes grands-parents qui habitaient la campagne ! À peine arrivée chez eux je me précipitais dans le jardin !

Rien qu'en fermant les yeux j'en retrouve l'odeur unique : un subtil mélange de senteurs mêlant celles de la terre fraiche, de l'herbe, des fleurs...

La joie de cueillir les cerises directement dans l'arbre, de m'en faire des pendants d'oreilles et de me barbouiller la figure avec le jus des framboises si rouges et parfumées ! Et si je me faisais des taches sur les vêtements qu'importait ! j'allais pouvoir les laver à la pompe à eau ! et quelle rigolade quand j'en profitais pour asperger mon grand-père ! J'aimais, avec les outils de jardinage de mon grand-père, farfouiller dans la terre. Les vers de terre qui en sortaient ne me dégoûtaient pas : je me faisais un plaisir d'aller les porter aux poules qui caquetaient d'impatience en me voyant arriver avec un tel mets de choix ! Elles me laissaient aller regarder dans leur nid et quelle fierté de trouver un œuf tout frais pondu dont je me régalerais le soir même ! Pour le citadin / la citadine que j'étais j'avais l'impression de partir à la recherche d'un trésor !

Mon grand-père m'avait construit une espèce de tente-cabane : j'y invitais les enfants du voisin et cette cabane se transformait tout à tour en palais où, châtelain(e), je leur proposais un festin de roi : des petits pâtés de sable se transformaient en somptueuses pièces montées trônant sur quelques feuilles vertes devenues des plats en argent. Nous pouvions aussi nous transformer en pirates ou en Robinson Crusoé et la cabane devenait un navire sur la mer en furie, le moindre bout de ficelle nous servait de cordage et notre préoccupation essentielle était : comment survivre sur une île déserte ?

Les jours où je n'avais pas de compagnons de jeu je m'y réfugiais pour lire. Comme j'étais immobile, je pouvais apercevoir un hérisson sortant de son abri de feuilles sèches ou un écureuil batifolant dans le noisetier. Le chat venait en ronronnant se blottir à mes côtés mais guettait aussi d'un œil les oiseaux qui chantaient au-dessus de nos têtes... Les jours de pluie, je chaussais mes bottes (bottes de sept lieues bien sûr) : je ne pourchassais pas le Petit Poucet et ses frères mais les escargots qui, eux, n'étaient pas trop difficiles à rattraper à la course...

Une balançoire était suspendue à la grosse branche d'un pommier et de là je m'envolais vers les étoiles ! Je ne voyais pas vieillir mes grands-parents mais ils sont morts et la maison a été vendue. J'ai eu l'occasion de repasser par là récemment : j'ai été étonnée de voir que ce jardin magique qui m'avait offert tant de jeux et de découvertes était finalement tout petit !

Sujet B : Réflexion

Comprendre le sujet B

- Vous êtes peut-être un peu déconcerté(e) par ce sujet parce que, à votre âge, selon l'endroit où vous habitez, vous connaissez la ville ou la campagne mais pas les deux et il vous est difficile de comparer.
- Prenez bien la dimension du sujet : il faut comparer ville et campagne sur le plan des « possibilités de jeux et de découvertes ». Ne recopiez pas un corrigé appris par cœur sur les avantages et les inconvénients de la ville par rapport à la campagne : si vous parlez des transports, de la pollution, des lieux de rencontre... vous serez hors-sujet.
- Passez en revue les textes que vous avez pu lire ou les films vus pour collecter quelques exemples culturels : Gavroche (dans *Les Misérables* de Victor Hugo) qui, malgré sa misère, arpente Paris avec gaieté, le jeune Jean-Paul (Sartre) essayant de partager les jeux des autres enfants dans le Jardin du Luxembourg (*Les Mots*), le Kid de Chaplin qui détourne un « jeu » des galopins – casser les carreaux des maisons – pour aider son protecteur ; les photos de Doisneau montrant les enfants espiègles tirant les sonnettes des portes d'immeuble ; à l'inverse, le jeune Marcel parcourant les collines d'Aubagne avec un immense plaisir, dans *La Gloire de mon père*.

• L'important est que vous construisiez votre devoir autour de questions simples : par exemple, ici, quels jeux et quelles découvertes permet la ville ? et la campagne ? lesquels sont les plus agréables ? les plus enrichissants ? qu'est-ce qui a changé depuis l'époque de Colette ?

• Parlez bien des activités qui se font dehors : chez soi, les jeux peuvent être les mêmes pour tous les enfants.

[Introduction] La jeune Claudine parcourt en toute liberté les bois autour de son village qui lui apparaissent comme un magnifique terrain de jeux et de découvertes, parfois un peu rudes. Elle est une fillette du tout début du XXe siècle : qu'en est-il pour les enfants du XXIe siècle ? La ville et la campagne offrent-elles les mêmes les mêmes jeux et aventures qu'avant ? Lesquels sont les plus bénéfiques pour les enfants ?

[Jeux et découvertes à la ville] Dans le monde contemporain, la ville semble regorger de jeux car elle rassemble les innovations de la technologie et ses quartiers modernes ou rénovés ont été conçus pour répondre aux besoins des habitants. Les urbanistes essaient de préserver des aires de jeux pour les enfants : ce sont des squares, des skate-parks… Les tentations sont nombreuses : magasins où l'on peut essayer de nouveaux jeux, médiathèques où l'on peut emprunter des jeux de société ou autres ; expositions interactives dans les musées, comme la Cité des Sciences de La Villette, parfois conçues spécialement pour les enfants. On peut y expérimenter de façon ludique tout en apprenant… Ces occasions sont riches mais il faut noter que toutes les activités proposées sont encadrées.

Quant aux aventures et découvertes, Gavroche, le personnage de Victor Hugo nous montre que la ville est un terrain favorable, même quand on y est misérable : il arpente les rues, rencontre des gens, participe aux révoltes… et ces activités lui sont autant d'enseignements que de jeux.

[Jeux et découvertes à la campagne] La campagne est propice à des jeux et découvertes plus simples en apparence, plus physiques souvent. L'espace y est plus ouvert, plus vaste. On peut donc s'adonner à des parties de cache-cache, à des « chasses au trésor » pour découvrir l'environnement, ou tout simplement à des promenades consacrées à l'observation de la nature ou de la géographie. Certains collectionnent les plantes pour faire des herbiers ou s'accroupissent tout simplement pour observer la vie d'un escargot, d'un insecte ou d'un petit mammifère.

Les écrivains ont souvent exposé leur bonheur à arpenter leur région natale, que ce soit Colette en Bourgogne qui parle du cadeau magnifique que lui faisait sa mère, Sido, en la réveillant à quatre heures du matin en été pour la laisser vagabonder seule, encore petite fille, dans les bois… Marcel Pagnol ou Jean Giono décrivent leur émerveillement en Provence.

[Comparaison : y a-t-il un meilleur endroit ?] Depuis plus d'un siècle, la géographie humaine a considérablement évolué : à l'échelle de toute la planète, la population se concentre de plus en plus dans des villes qui, par conséquent, voient leur image changer. Si la ville est toujours associée aux activités culturelles, au travail, elle devient également synonyme de danger.

Les enfants vivent de plus en plus enfermés, ce qui n'est pas sans conséquence aussi sur leur santé (augmentation du nombre d'enfants obèses). Ou bien leurs jeux à l'extérieur ont lieu dans des périmètres bien définis, déjà tracés par les adultes.

[Conclusion] À la campagne comme à la ville, ce sont les enfants qui doivent faire preuve d'imagination, soit pour transformer un espace urbain réduit en monde magique d'aventures et de découvertes, soit pour inventer des jeux qui ne sont pas livrés clés en main, ou plutôt objet électronique en main…

Sujet 5 – FRANÇAIS (p. 186)

Partie I : Travail sur le texte littéraire et sur une image

Premier réflexe : observer le texte

• Marcel Aymé (1902-1967) a souvent dénoncé l'ennui, la médiocrité et l'hypocrisie du monde qui l'entourait grâce à des personnages naïfs et émerveillés comme Léopold.

• Le texte est long et son implicite n'est pas facile à comprendre. En vous appuyant sur le photogramme, sur le paratexte (« après la Seconde Guerre mondiale », « importantes destructions », 1948), prenez le temps de situer la scène, de comprendre qui sont les personnages. Toutes ces informations sont données par la dictée.

• Ne passez pas à côté de l'ironie de ce personnage un peu caricatural de Léopold, qui reste émouvant : il souligne l'écart entre la situation et l'émotion tragique du texte de Racine.

▶ **Questions**

Remarques préalables

• Les questions paraissent difficiles si on n'a pas compris la situation : il faut se concentrer sur les indices donnés par l'extrait, le paratexte et l'image.

• Les questions 6 à 8 marient analyse de la phrase, passage du discours direct à indirect et vocabulaire : elles exigent que vous ayez bien révisé vos cours.

Compréhension et compétences d'interprétation

1. La scène se déroule dans un café dont Léopold est le « patron » (l. 1 à 3), le « cafetier » (l. 35). Ce qui est surprenant, c'est que ce café sert de salle de classe où le professeur, M. Didier, donne son cours de français aux élèves. Comme, en 1948, il y a eu « d'importantes destructions » dues à la Seconde Guerre mondiale, on peut supposer que l'école a été détruite ou qu'elle est impraticable et qu'il faut faire classe ailleurs.

2. En l'absence de clients (Léopold a fermé la porte l. 3), un cafetier est censé laver ses verres, ranger ses bouteilles, nettoyer son comptoir ou, ici, s'absenter pour ne pas gêner la classe. Léopold ne fait rien de tout cela car il est passionné par ce cours de français : il se « penche » (l. 8) pour écouter l'élève, « sui(t) la récitation des écoliers » avec tellement d'intérêt qu'il en « remu(e) les lèvres » en même temps et semble plus anxieux de ne pas se tromper que les récitants eux-mêmes (l. 16-17). Il aimerait « réciter » à leur place (l. 19).

3. Léopold éprouve « timidité » et « respect » (l. 22) pour le personnage tragique d'Andromaque qui l'émeut car elle exprime sa tristesse inconsolable d'avoir perdu son époux, le seul homme qu'elle aimait. Il est sensible à cette fidélité à son « deuil » (l. 24), à son désespoir et aimerait le faire comprendre en récitant le texte avec des intonations plus sentimentales de « tendresse » et de « mélancolie » (l. 24).

4. *Attention ! « Une image » ne renvoie pas au photogramme, sinon on aurait écrit « l'image » ; ici « une image » est une figure de style à chercher dans les lignes citées.*

Léopold est bouleversé par Andromaque, cette reine déchue, qui s'humilie en se prosternant aux pieds d'Hermione. La petite fille qui récite, Odette, déclenche ses pleurs car elle s'exprime d'une voix « où trembl(ent) des perles d'eau fraîches », c'est-à-dire d'une voix cristalline où l'on entend comme des sanglots ou des « larmes ». Cette métaphore des « perles d'eau » traduit la fragilité d'Andromaque.

Image

5. a) *Un photogramme est une image extraite isolément d'un film.* Le comique de la scène joue sur trois contrastes. Contraste entre la posture très « inspirée » de Léopold (joué par Gérard Depardieu) – comme celle des tragédiens des XIXe-XXe siècles – et son aspect physique avec ses mains pataudes et son costume de tous les jours. Contraste également entre l'attitude de sa femme qui est concentrée sur son occupation du quotidien (éplucher des pommes de terre) et son mari qui se croit sur une scène. Opposition entre le fond du décor du café, verres et bouteilles qui évoquent le penchant de Léopold pour la boisson (il se verse deux verres de vin blanc pendant la scène, l. 4 et l. 28, et ce ne sont pas les premiers – « encore » l. 4) et la mine tragique qu'il veut prendre.

b) Le comique de la dernière scène (l. 34 à 39) repose sur l'exagération : « larmes » qui ruissellent sur les « joues cramoisies » alors qu'il s'agit juste d'enfants qui récitent – sans mettre suffisamment le ton d'ailleurs – des vers. On peut aussi parler de comique de situation car la femme de Léopold est stupéfaite et étonnée (l. 35 et l. 44) devant l'émotivité soudaine de son mari : il est même qualifié d'« étrange » (l. 42).

Grammaire et compétences linguistiques

6. a) La proposition subordonnée relative se trouve dans cette phrase et est écrite en gras : « Léopold se pencha sur son siège pour voir l'élève Hautemain **que lui dissimulait la poutre étayant le plafond** ».

b) La proposition subordonnée complétive se trouve dans cette phrase et est écrite en gras : « Léopold s'assura **que la troisième était au complet**. »

c) **« que lui dissimulait la poutre étayant le plafond »** est une subordonnée relative car elle complète le GN « l'élève Hautemain » et « que » est un pronom relatif COD qui remplace ce GN dans la subordonnée (« la poutre dissimulait l'élève Hautemain »). En revanche le « que » de l'autre phrase ne remplace aucun mot, il n'est pas un pronom mais une conjonction. La subordonnée **« que la troisième était au complet »** est le COD du verbe « s'assura ».

7. **Réécriture**

Repérer les difficultés

• Passer du discours direct au discours indirect impose de supprimer les marques du discours direct (ponctuation), changer les pronoms personnels de l'énonciation (« je » > « elle » ; « vous » > « il ») et les déterminants possessifs qui s'y rapportent, changer les mots interrogatifs (1re phrase) ou introduire une conjonction (2de phrase). L'apostrophe « Seigneur » doit disparaître ou, à la rigueur, être remplacée par « Sa Majesté ».

• Mettre le verbe introducteur au passé simple impose la concordance des temps : le présent devient un imparfait, le futur un conditionnel et le passé composé un plus-que-parfait.

Andromaque **demanda** à Pyrrhus **ce qu'il faisait** et **ce que ferait** la Grèce (ou **ce que faisait Sa Majesté** et **ce que ferait** la Grèce).
Andromaque **déclara** à Hermione **qu'elle avait vu** percer le seul où **ses** regards prétendaient s'adresser.

8. a) « étrange » signifie « bizarre, insolite », voire « incompréhensible ».
b) Le sens originel « qui n'est pas de la famille » peut s'appliquer à Léopold car il apparaît comme très différent de sa famille et de son environnement. Il est sensible aux textes littéraires alors que son origine, son métier ne l'y prédisposent pas. Il dit à sa femme qu'elle ne peut pas le comprendre (l. 38), comme s'il parlait une autre langue, aspirait à autre chose que ce que lui apporte sa vie quotidienne.

▶ **Dictée**

Repérer les difficultés

• **Difficultés grammaticales :**
– accord avec le COD seulement s'il est placé devant, quand le participe est employé avec l'auxiliaire « avoir » : ici pas d'accord nécessaire pour « avait réquisitionné », « avait vu », « avait retenti », « il n'avait pas bougé » puisqu'il n'y a pas de COD ou qu'il est placé après le verbe ;
– accord avec le sujet quand le participe est employé avec l'auxiliaire « être » : « le collège étant détruit », « Léopold était devenu » ;
– accord avec le sujet également pour les participes des verbes pronominaux réfléchis : « sa curiosité s'était éveillée ».
• **Difficultés de conjugaison :** repérer le subjonctif imparfait 3e personne du singulier de « disposât » – et non le passé simple de l'indicatif « disposa » ; l'emploi du subjonctif s'explique parce que « voir d'un très mauvais œil » exprime un sentiment de rejet, de refus.
• **Difficultés lexicales :** plusieurs mots à retenir comme « la municipalité », mot féminin sans *-e* final comme bien d'autres mots en *-té* (ex. « curiosité ») ; « réquisitionner » ; « une imprécation » ; « soupçonneux » et « attentif ».

Partie II : Rédaction

Sujet A : Imagination

Comprendre le sujet A

• C'est une scène entre deux personnages : mêlez récit et dialogue.
• Mettez-vous dans l'esprit de Léopold qui a été privé de faire des études. Pour trouver des arguments, pensez à un enfant de pays pauvre qui ne bénéficie pas d'une scolarité obligatoire en toutes disciplines jusqu'à 16 ans.
• Attention ! il ne faut pas envisager des arguments visant l'éducation en général mais plus particulièrement les cours et les œuvres de littérature, de poésie, de théâtre, d'histoire des arts...
• La consigne précise « raisons » et « émotions » : il faut donc insérer le lexique des sentiments, signalé en gras dans le corrigé.

Léopold, encore tout **remué** de la poésie légère et **poignante** de ces vers, essuya ses **larmes**, attendit que les élèves soient partis et retint par la manche Monsieur Didier qui allait sortir.

Monsieur Didier voyait bien que ce balourd attendrissant hésitait à lui dire quelque chose d'important. Les joues déjà couperosées du cafetier **prirent une teinte encore plus rouge**. Monsieur Didier encouragea les paroles décisives qu'il sentait venir.

« Léopold, n'ayez pas peur, dites-moi ce qui vous tracasse.

– Eh bien, Monsieur Didier, je voulais vous avouer quelque chose... Mais surtout ne dites rien aux autres du village ! Ils se moqueraient. Eh bien... euh... je sais à peine lire et écrire », murmura à grand peine Léopold.

– Ça compter, je sais !, reprit-il **fièrement**, c'est capital dans mon métier. Je suis à peine allé à l'école. J'ai pas eu cette chance. J'ai commencé à aider mes parents au café, j'avais douze ans. Je n'ai même pas passé mon certificat d'études, le maître n'avait pas souhaité me présenter et de toute façon je crois que je l'aurais raté. Alors voilà ! j'aimerais tant mieux savoir lire et écrire de belles choses.

– Qu'est-ce que vous voulez dire par « belles choses », interrompit M. Didier, **touché** par cette soif de savoir qu'il ne rencontrait pas toujours chez ses élèves...

– Parce que, vous savez, continuait Léopold **avec passion**, les textes que j'entends lire dans mon bar me **secouent** au-delà de ce que je n'aurais jamais pu imaginer. Ça remue des choses dans mon cœur, des choses que je ne pourrais même pas vous expliquer... Je n'ai pas les mots. Mais je sens, je sens... que c'est beau !
Monsieur Didier écoutait attentivement la confession de cet homme qui, sous sa rude écorce, semblait dissimuler **un cœur facile à émouvoir**.

« Lorsque j'entends vos élèves réciter les vers d'*Andromaque* je me vois, modeste serviteur au cœur du palais de Pyrrhus, et j'entends ses aveux à la veuve d'Hector. Comment peut-elle résister à cet amour aux accents si **déchirants** ? Elle me rappelle une de mes tantes qui avait perdu son fiancé à la Grande Guerre et qui ne s'était jamais mariée malgré les bons partis qui se présentaient : elle était restée inconsolable et éternellement fidèle à son amour de jeunesse. Mais lui, Pyrrhus, comment peut-il être aussi **cruel** en menaçant son fils* ? Moi, j'oserais jamais faire ça à une femme mais c'est vrai que quand on aime sans retour, on n'sait plus ce qu'on ferait pour la gagner. C'est violent, ça. »

– Ça, ça s'appelle la tragédie, Ou plus exactement la catharsis**.

– La quoi ? Ah ! vous en connaissez des mots, vous ! Vous en avez de la chance. »
Et Léopold se remit à pleurer à gros sanglots qui **ébranlèrent** le sage M. Didier.

« Léopold, vous savez ce qu'on va faire ? Je resterai après la classe dans votre café. Vous me servirez un chocolat bien onctueux, comme vous savez les faire, et en échange, je vous ferai lire des « beaux textes » de ma bibliothèque. On en discutera ensemble, ça vous dit ? »

Le visage de Léopold **s'illumina**.

---

* Pyrrhus menace Andromaque de livrer son fils à la vengeance des Grecs si elle ne l'épouse pas.
***catharsis* : sorte de « purification » que produit sur l'esprit des spectateurs le spectacle des personnages de tragédie qui expriment des passions violentes que la morale interdit.

Sujet B : Réflexion

Comprendre le sujet B

• Attention à bien cerner le sujet : il ne porte pas sur la lecture en général mais sur celle d'œuvres littéraires, « patrimoniales » ou contemporaines étudiées en classe, lues en dehors ou vues au théâtre.
• Au brouillon, passez en revue ces textes pour noter ce qu'ils vous ont apporté.
Mais évitez de faire un catalogue en citant un exemple d'œuvre et son intérêt, puis une autre œuvre, puis une autre : regroupez vos idées (voir le plan proposé *infra* à enrichir de vos exemples).

[Introduction] Depuis que nous avons appris à lire, les adultes mais aussi nos amis nous conseillent – voire nous imposent ! – des lectures pas toujours faciles car ce sont des œuvres littéraires qui demandent de l'attention. Nous protestons mais nous finissons souvent par les comprendre et être émus. Les œuvres littéraires sont-elles un simple divertissement ou nous apportent-elles quelque chose de plus profond ?

[La lecture d'œuvres littéraires est un divertissement]
La lecture est sans doute avant tout un divertissement, tout comme les spectacles, les jeux, le sport, la musique... Elle nous procure un réel plaisir en nous faisant vivre des aventures, en nous transportant dans un ailleurs différent du quotidien que l'on vit, nous permettant d'oublier sa monotonie. Ainsi les contes ou les histoires de science-fiction nous permettent de nous évader dans des mondes imaginaires, parfois enchantés, parfois terrifiants. Nous découvrons la vie d'autres personnages, différents de nous, à d'autres époques (par exemple, les personnages des *Misérables* de V. Hugo).
À la différence d'un film, un livre ne nous impose pas son point de vue sur l'histoire : nous avons le plaisir d'imaginer à notre guise personnages, décors et aventures.

[La lecture d'œuvres littéraires nous forme : 1 – en maîtrise de la langue] Les œuvres littéraires nous apportent aussi une aide précieuse pour apprendre à s'exprimer : la langue, le style utilisés, surtout dans les œuvres patrimoniales, améliorent nos connaissances lexicales, nos tournures de phrase et nous pouvons par imitation prétendre mettre un peu de style dans nos écrits (par exemple une apposition au nom d'un personnage en dit long chez La Fontaine ou Maupassant sur son caractère).

[La lecture d'œuvres littéraires nous forme : 2 – en élargissant nos connaissances et en affinant notre sensibilité] En nous identifiant ou non au héros, nous apprenons à nous connaître nous-mêmes. Parfois nous

découvrons, par la poésie lyrique, que tel personnage a vécu les mêmes évènements et ressenti les mêmes émotions que nous (pour la perte d'un être cher comme *Demain dès l'aube* de V. Hugo) : cette lecture permet de réfléchir à nos réactions et d'apaiser ce qui a pu nous causer révolte ou souffrance (par exemple les héros romantiques confrontés au mal de vivre peuvent offrir un miroir à l'adolescent qui cherche son identité). Ou bien, tout au contraire, certains personnages nous paraissent très éloignés, très « étranges » – Léopold pour sa femme, un ambitieux sans scrupule comme le Bel-Ami de Maupassant – et nous apprenons la différence. De même, les romans historiques de Dumas ou les romans « sociaux » de Zola ou ceux d'auteurs étrangers qui nous révèlent des époques, des sociétés et des cultures où la vie diverge complètement de la nôtre élargit notre vision du monde.
Quant aux œuvres poétiques, elles nous font apprécier des images surprenantes et nous ouvrent aux surprises et aux beautés du monde (ainsi un poème de Francis Ponge sur tel « objet » banal nous affûte le regard sur lui).

[La lecture d'œuvres littéraires interroge l'homme et le monde] Les livres permettent de forger notre esprit critique par la confrontation entre les idées : que ce soit grâce à La Fontaine dénonçant dans ses *Fables* les injustices de la société de cour ou aux auteurs du Siècle des Lumières (Montesquieu, Voltaire...) qui nous font sortir des idées reçues, nous sommes amenés à questionner les codes trop habituels de la société. L'Antigone de Sophocle ou celle d'Anouilh nous apprennent à réfléchir sur les valeurs qui nous paraissent les plus importantes. Confrontés à la lecture de la poésie engagée, nous nous interrogeons sur ce que serait notre comportement en cas de dictature. D'ailleurs les régimes politiques dictatoriaux brûlent souvent les livres qui permettraient de réfléchir : dans *Fahrenheit 451* de R. Bradbury, lire est un exercice de liberté, dont on ressort grandi et plus fort.

[Conclusion] On fréquente une œuvre littéraire comme on a des amis : on aime leur compagnie parce qu'ils nous divertissent, nous font réfléchir, ne sont pas d'accord avec nous et nous obligent ainsi à clarifier notre pensée

Sujet 6 – HISTOIRE-GÉOGRAPHIE-EMC (p. 189)

Exercice 1 (Histoire)

1. Repères sur le document 1 :
– la Première Guerre mondiale (1914/1918) ou la Grande Guerre de 1914-1918 ;
– M. Georges Clemenceau est président du Conseil (Premier ministre aujourd'hui) et ministre de la Guerre le 20 novembre 1917. Son discours s'adresse à la Chambre des députés. Il est prononcé à l'occasion de son investiture (la nomination de Clemenceau à la présidence du Conseil est validée par un vote des députés) ;
– la bataille de Verdun ;
– la Russie.

2. *Plusieurs réponses sont possibles. Par exemple :*
– **un discours volontariste** : « Messieurs, nous avons accepté d'être au Gouvernement pour conduire la guerre avec un redoublement d'efforts en vue du meilleur rendement de toutes les énergies. »
– **un discours patriote** : « (la France) accepte de souffrir encore, pour la défense du sol des grands ancêtres, avec l'espoir d'ouvrir, toujours plus grandes aux hommes comme aux peuples, toutes les portes de la vie. La force de l'âme française est là. C'est ce qui meut notre peuple au travail comme à l'action de guerre. »

3. D'habitude, le mot « poilu » désigne affectueusement les soldats français. Ici, Clemenceau englobe volontairement toute la population dans ce mot (« ces vieux paysans courbés sur leurs terres, ces robustes femmes au labour, ces enfants qui leur apportent l'aide [...] ». **C'est une manière d'évoquer la guerre totale qui rassemble toutes les énergies de la nation sur le front et à l'arrière pour vaincre l'adversaire.** Ainsi, la guerre totale n'épargne aucune catégorie d'âge, de sexe, de condition.

4. La guerre totale impose :
– **la mobilisation de tous** : des hommes en âge de se battre sur tous les fronts (terre, mer, air) ; des travailleurs à l'arrière, des femmes et des enfants pour apporter une aide morale aux soldats ;
– **le recul des libertés individuelles et collectives**, car il faut à tout prix éviter le défaitisme. Par exemple, l'effort de guerre justifie l'abandon du droit de grève en France, qui est assimilé à une trahison de la patrie. La presse censurée reprend les communiqués militaires toujours victorieux.

5. Cette carte postale représente la délégation des mutilés (ou des « gueules cassées ») français au Congrès de la Paix à Versailles.

6. L'artillerie, les gaz asphyxiants, les armes nouvelles, comme les avions ou les chars, donnent à cette guerre un niveau de violence jamais atteint jusque-là. Par exemple, les obus tirés par les canons sont étudiés pour qu'ils ne perdent pas leur vitesse et leur force après l'explosion. Leurs éclats provoquent ainsi les pires blessures sur les champs de bataille, comme le montrent les « gueules cassées ».

Pourtant, les « poilus » tiennent dans les tranchées ! Les mutineries de 1917 ne déclenchent pas d'insurrection révolutionnaire comme en Russie. Le défaitisme de l'arrière n'empêche pas les soldats français de se battre jusqu'à la victoire de 1918.

Exercice 2 (Géographie)

1. • **L'Union européenne a été créée par le traité sur l'Union européenne (TUE) signé à Maastricht en 1992.** Elle est l'aboutissement du processus lancé par la ***Déclaration Schuman***, le 9 mai 1950. Cette déclaration précise les objectifs de **la construction européenne :**
– assurer la paix grâce à la fin de *« l'opposition séculaire de la France et de l'Allemagne »* ;
– affirmer l'indépendance de l'Europe dans la Guerre froide entre les États-Unis et l'Union soviétique ;
– faire progresser le rang économique de l'Europe.
Schuman appelle à la mise en commun des productions de charbon et d'acier de la France et de l'Allemagne, au sein d'une Communauté européenne du charbon et de l'acier (CECA, 1951) ouverte aux autres pays d'Europe. Pour lui, la CECA est la première étape vers une **fédération européenne**. Par la suite, la **Communauté économique européenne (CEE, 1957)** vise la réalisation d'un **marché unique** grâce à la libre circulation des marchandises, des services et des capitaux. En même temps, ses adhérents conduisent des politiques économiques communes (*ex. :* la politique agricole commune, la réduction des inégalités entre les régions).
• **Le traité de Maastricht indique que tout pays européen qui défend les valeurs démocratiques peut devenir membre de l'Union.** Le Conseil européen de Copenhague (1993) précise encore les critères d'adhésion : le pays candidat doit avoir des institutions garantissant l'exercice démocratique du pouvoir et le respect des droits de l'homme ; son économie doit être assez forte pour supporter la concurrence ; sa population doit montrer son envie d'entrer dans l'Union par un vote parlementaire ou par un référendum ; ses relations avec ses voisins doivent être pacifiques... L'adhésion doit être approuvée par tous les membres et les institutions de l'Union.
• Après la signature du traité de Maastricht, **l'Union européenne approfondit encore les relations** entre les États et les peuples en instaurant une **monnaie unique, l'euro,** une **citoyenneté européenne** et une Politique étrangère et de sécurité commune (PESC). Parallèlement, la construction européenne s'élargit. **On désigne par élargissement le processus par lequel de nouveaux États adhèrent à l'Union européenne.** Depuis 1950, **l'Union s'est élargie à six reprises passant de six membres à vingt-huit** (avant de repasser à 27 en 2020). L'élargissement s'opère sur une base géographique : les pays de l'Europe du Nord-Ouest dans les années 1970 ; de l'Europe méditerranéenne dans les années 1980 ; de l'Europe de l'Est (anciennement communiste) dans les années 2000.

2.

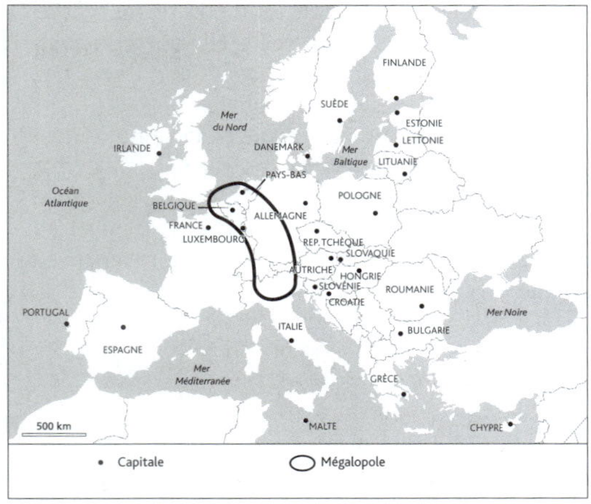

Exercice 3 (EMC)

1.

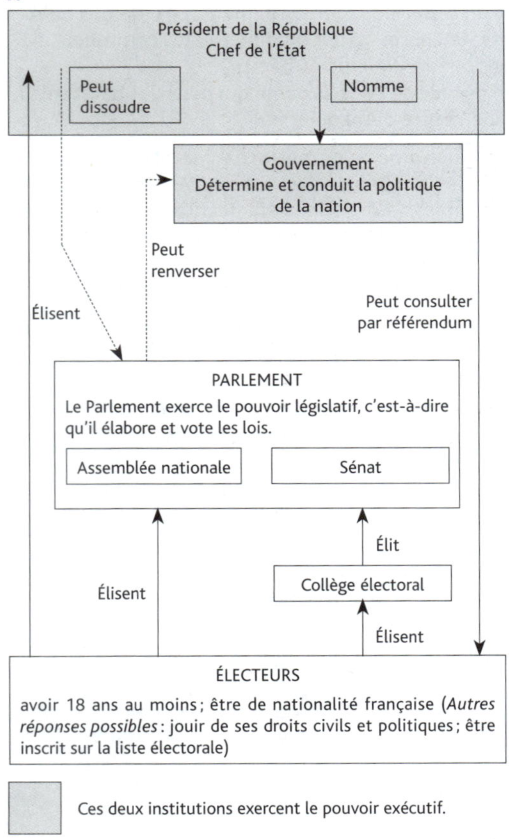

2. *Deux éléments de réponse possible parmi d'autres :*
– **La République française respecte la règle démocratique de la souveraineté du peuple** (ou des citoyens). Par exemple, elle autorise la consultation directe des citoyens par référendum. Le référendum est un vote sur une question ou un texte, qui ne sera adopté qu'en

cas de réponse positive. Ainsi, la Constitution prévoit des référendums nationaux pour soumettre au vote de tous les électeurs un projet de loi, un traité international, une révision constitutionnelle. Elle autorise aussi les référendums locaux pour recueillir l'avis des citoyens d'une collectivité territoriale.
– **La République française respecte la règle démocratique de la séparation des pouvoirs pour éviter les abus de pouvoir.** Par exemple, l'initiative législative appartient concurremment au Gouvernement et au Parlement. Mais le vote des lois est réservé au Parlement.

Sujet 7 – HISTOIRE-GÉOGRAPHIE-EMC (p. 192)

Exercice 1 (Géographie)

1. – **un espace de l'aire urbaine qui gagne des habitants**: la couronne périurbaine (ou les communes de la périphérie, ou le périurbain);
– **un espace de l'aire urbaine qui perd des habitants**: la ville-centre d'Angoulême.

2. Le phénomène de périurbanisation est mis en évidence: la couronne périurbaine d'Angoulême gagne des habitants alors que la ville-centre en perd. Cette observation peut être généralisée à l'échelle nationale: les espaces périurbains sont la partie des aires urbaines qui progressent le plus (+ 40,4 % pour la population entre 1999 et 2008), tandis que la croissance des villes-centres (ou « grands pôles urbains ») est beaucoup plus faible (+ 8,8 %).

3. *Citer deux réponses parmi les suivantes.*
La périurbanisation s'explique par:
– l'envie d'un meilleur cadre de vie;
– la possibilité de vivre en maison individuelle;
– la recherche d'une fiscalité locale plus attractive.

4.

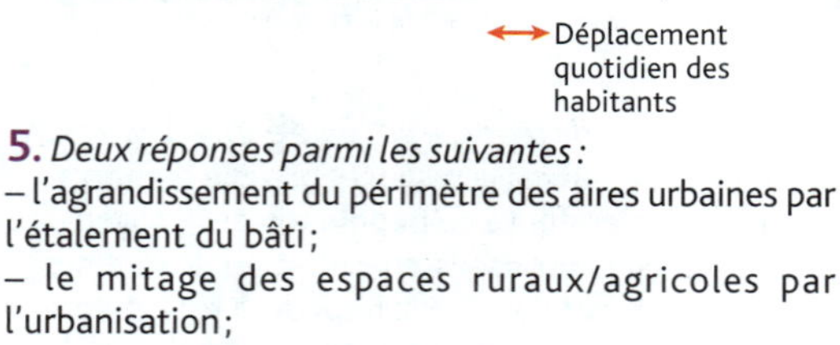

5. *Deux réponses parmi les suivantes:*
– l'agrandissement du périmètre des aires urbaines par l'étalement du bâti;
– le mitage des espaces ruraux/agricoles par l'urbanisation;
– les conflits d'usage déclenchés par le mitage des espaces ruraux/agricoles;
– l'allongement des temps de transport entre le lieu de résidence et le lieu de travail;
– le gaspillage d'énergie fossile (consommation de carburant) causé par l'étalement des aires urbaines;
– l'augmentation de la pollution de l'air provoquée par la croissance de la circulation automobile.

6.

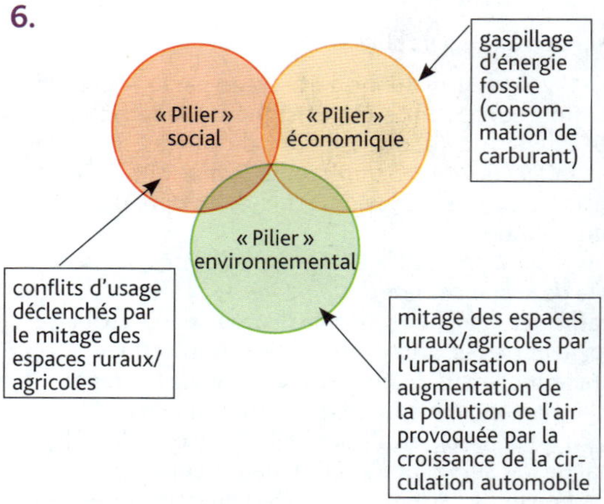

Exercice 2 (Histoire)

Après 1945, **la menace de la bombe atomique interdit la guerre** entre les superpuissances américaine et soviétique. Mais elle n'empêche pas des crises graves, notamment en Allemagne et à Berlin.
– **Occupée puis divisée, l'Allemagne n'a pas le choix de son destin.** Pendant la Deuxième Guerre mondiale, un accord entre les États-Unis d'Amérique, l'Union soviétique et le Royaume-Uni établit trois zones d'occupation militaire en Allemagne, Berlin constituant un espace à part, divisé lui-même en trois zones d'occupation. La France, à son tour, est admise à occuper une partie de l'Allemagne et de Berlin pendant la conférence interalliée de Yalta en 1945.
– Mais le désaccord entre les vainqueurs se creuse au début de l'année 1947. Le président américain Harry Truman s'alarme de la mise en place de gouvernements communistes en Europe de l'Est sans le libre consentement des populations. **L'avenir de l'Allemagne divise les superpuissances américaine et soviétique et déclenche la première crise de la guerre froide: le blocus de Berlin-Ouest par l'URSS en 1948-1949.** Cette crise aboutit à la création de deux États allemands en 1949: d'un côté, la République fédérale d'Allemagne (RFA), sous protection américaine; de l'autre, la République démocratique allemande (RDA), sous contrôle soviétique. La séparation de l'Allemagne annonce la bipolarisation de l'Europe, coupée en deux par le « rideau de fer ».
– La reprise des tensions entre les États-Unis et l'URSS en 1961 réveille la question du statut de Berlin. Elle se traduit par **la construction du Mur entre les deux secteurs de la ville en août 1961.**

– **La chute du Mur de Berlin en novembre 1989** est le signal attendu par les peuples d'Europe de l'Est pour se libérer du bloc communiste. Elle a une double signification : d'une part la fin brutale de la guerre froide à la suite de l'effondrement du système soviétique, d'autre part la reconnaissance de la pleine souveraineté de l'État allemand réunifié (3 octobre 1990).

Exercice 3 (EMC)

1. – Cartouches en haut, de gauche à droite : temps de parole écoulé (ou contrôle du temps de parole) ; journalistes ; réseaux sociaux (ou liens Internet).
– Cartouche en bas : candidats.
– Ce débat a été filmé sur un plateau de télévision (ou dans un studio de télévision).
– Le décor représente la façade de l'Élysée, qui est le palais présidentiel.

2. Les deux médias sont la télévision (chaîne TF1) et Internet (réseaux sociaux et lecture en streaming).

3. En France, la **liberté d'expression** est affirmée pour la première fois par la *Déclaration des droits de l'homme et du citoyen* de 1789. Pourtant, c'est au XXe siècle que **l'information s'est imposée dans notre vie, avec le développement des médias de masse** :
– La **presse écrite** a longtemps été le seul média d'information, permettant à toutes les opinions de s'exprimer. Les premiers journaux remontent à la Révolution française.
– La **radio** s'impose à partir des années 1930. C'est aujourd'hui encore le moyen le plus rapide pour informer en tout lieu la population.
– La **télévision** se développe à partir des années 1960.
– **Internet** est le média le plus récent. Ce réseau informatique mondial propose des services, comme le courrier électronique (e-mail), le Web (les pages des sites), l'échange de fichiers. Internet sert de plus en plus aux communications téléphoniques et à la transmission de vidéos et de sons en direct.
Ainsi, **la grande offre médiatique autorise le débat démocratique** en formant l'opinion des citoyens par la connaissance de l'actualité, la présentation publique d'arguments. **Elle permet aussi le développement de l'esprit critique** grâce à la confrontation des opinions diffusées. Dans le document proposé, les médias (télévision et Internet) font connaître les idées des deux candidats à l'élection présidentielle avant le second tour. Les citoyens voteront donc en connaissance de cause.

Les dates clés du programme d'histoire

1914-1918
Première Guerre mondiale

La Première Guerre mondiale (1914-1918)

- **1914 (3 août) :** l'Allemagne déclare la guerre à la France
- **1915-1916 :** génocide des Arméniens
- **1916 :** bataille de Verdun
- **1917 :** révolution en Russie
- **1918 (11 novembre) :** armistice de la Première Guerre mondiale
- **1919 (28 juin) :** traité de Versailles

1924-1953
Staline au pouvoir

L'Europe de l'entre-deux-guerres

- **1924-1953 :** Staline au pouvoir en URSS
- **1933-1945 :** Hitler au pouvoir en Allemagne
- **1935 :** lois de Nuremberg
- **1936 (juin) :** accords de Matignon et lois sociales du Front populaire
- **1937-1938 :** Grande terreur en URSS

1933-1945
Hitler au pouvoir

La Seconde Guerre mondiale (1939-1945)

- **1939 (1er septembre) :** invasion de la Pologne par l'Allemagne et l'URSS
- **1942-1943 :** bataille de Stalingrad
- **1945 (janvier-mai) :** libération des camps de concentration par les Alliés
- **1945 (8 mai) :** capitulation de l'Allemagne nazie
- **1945 (6 et 9 août) :** bombes nucléaires sur Hiroshima et Nagasaki
- **1945 (2 septembre) :** capitulation du Japon

1940-1945
Charles de Gaulle et la résistance

La France défaite et occupée

- **18 juin 1940 :** appel à la résistance du général de Gaulle
- **22 juin 1940 :** armistice signé par Pétain
- **1942 (16-17 juillet) :** rafle de juifs au Vél' d'Hiv ordonnée par l'État français
- **1943 :** création, par Jean Moulin, du Conseil national de la Résistance
- **6 juin 1944 :** débarquement en Normandie